Ideología y opiniones

Estudios de psicología retórica

MONTABER

Michael Billig

Ideología y opiniones
Estudios de psicología retórica

Traducción: Gerardo Di Masso

MONTABER

Colección: Psico Logos
Director: Adrià Gibernau

Título original:
Ideology and opinions: Studies in rhetorical psychology
1991, SAGE Publications Limited

SAGE Publications Limited es el propietario de las ediciones originales
en Estados Unidos, Reino Unido e India. Esta traducción se publica
de acuerdo con la edición de SAGE Publications Limited.

Ideología y opiniones. estudios de psicología retórica
1.ª edición, noviembre 2023

© 2023, Michael Billig
© de esta edición, incluido el diseño de la cubierta, ICG Marge, SL

Edita: Montaber – Marge Books
Brutau, 160 – 08203 Sabadell (Barcelona)
Tel. 931 429 486 – montaber@montaber.es
www.montaber.es

Traducción: Gerardo Di Masso
Edición: Núria Gibert
Compaginación: Mercedes Lara
Impresión: Safekat, SL (Madrid)

ISBN edición impresa: 978-84-19109-64-4
ISBN edición digital: 978-84-19109-65-1
Depósito Legal: B 19470-2023

El papel empleado en este libro no ha sido blanqueado con cloro elemental (CI_2).

Índice

El autor

Michael Billig obtuvo su doctorado en Psicología Social en la Universidad de Bristol, bajo la supervisión del catedrático Henri Tajfel. Fue profesor en el Departamento de Psicología de la Universidad de Birmingham desde 1973 hasta 1985, año en que fue nombrado catedrático en el Departamento de Ciencias Sociales de la Universidad de Loughborough. Trabajó durante más de treinta años en Loughborough y fue jefe del Departamento de Ciencias Sociales y vicedecano de la Facultad de Estudios Humanos y Medioambientales.

Billig fue pionero en la conceptualización de la psicología retórica, y sus contribuciones en el ámbito de la historia de la psicología, la retórica del lenguaje político, el psicoanálisis, el nacionalismo y el fascismo se cuentan por decenas. Además, durante su carrera, Billig también ha integrado a la agenda académica temas como el racismo académico, las teorías de la mente del siglo XVIII, el humor, el estado actual de la escritura en las ciencias sociales, la conmemoración política e incluso la historia del *rock'n'roll*.

Fue miembro fundador del Discourse and Rhetoric Group y es miembro de la Loughborough University Nationalism Network (LUNN).

Se jubiló en 2017 y fue elegido miembro de la Academia Británica en 2020. Sigue escribiendo y publicando.

Prólogo de la edición en español

Me complace y mucho que mi libro *Ideology and opinions*, publicado por primera vez en 1991, pueda contar ahora con una edición en español. No es necesario justificar ni explicar el placer que me produce este hecho. Es una buena noticia, simplemente, pensar que algunos trabajos que realicé hace ya más de treinta años no hayan perdido su validez por completo. No todos los psicólogos sociales de mi edad pueden disfrutar de una propuesta como esta. Por otra parte, también me sorprende sincera y gratamente que el libro se haya traducido al español.

¿Por qué publicar el libro ahora? Es desconcertante, sobre todo porque el libro es, en su mayor parte, una recopilación de capítulos que se publicaron primero de forma independiente como artículos en revistas especializadas o bien como textos de libros ya editados. Y, lo que es aún más sorprendente, el libro no tuvo una venta especialmente amplia en su edición original en inglés: en Estados Unidos, el país de habla inglesa con el mayor mercado de obras de psicología, se vendieron muy pocos ejemplares. Parece un misterio la razón que lleva hoy a un editor a suponer que existen potenciales lectores de habla hispana y que han permanecido ocultos durante todos estos años.

No obstante, la razón que ha motivado la traducción de esta obra no reside en que un gran número de estudiantes y profesionales de habla hispana necesiten, o quieran, leer este libro en particular. Hay un motivo más básico y más interesante que eso. *Ideology and opinions* fue uno de los primeros libros incluidos en una tendencia que se desarrolló en el seno de la psicología británica a finales de la década de 1980 y que luego se extendió de forma desigual a algunos otros países, especialmente de habla inglesa pero sin incluir a Estados Unidos. Lo que entonces comenzó siendo una tendencia poco definida ha continuado evolucionando y, en la actualidad, la psicología discursiva se ha convertido en una forma establecida de practicar la psicología, al menos en Gran Bretaña. Esto significa que si *Ideology and opinions* ha conseguido mantener cierta importancia no se debe tanto a sus propios méritos sino a que pertenece a este movimiento intelectual más amplio, cuya importancia global es mucho mayor que la suma de sus partes individuales.

Esto quedó claro hace unos años, cuando el *British Journal of Social Psychology* conmemoró los primeros veinticinco años de vigencia de la psicología discursiva publicando un número especial, editado por Martha Augoustinos y Cristian Tileagă (2012). Los editores fijaron el nacimiento de la psicología discursiva en 1987, fecha de la publicación de tres libros que argumentaban, cada uno a su manera, que el estudio de la psicología debe basarse en el examen minucioso de las formas como las personas utilizan el lenguaje en el contexto de la vida social. Esos tres libros eran: *Discourse and social psychology*, de Jonathan Potter y Margaret Wetherell; *Common knowledge*, de Derek Edwards y Neil Mercer; y mi obra *Arguing and thinking*. Los editores de ese número especial nos pidieron a los respectivos autores y a otras personas que analizáramos los primeros veinticinco años de la psicología discursiva y evaluásemos el impacto que había tenido ese nuevo movimiento en el ámbito de la psicología social.

Cabe señalar que ninguno de estos tres libros utilizó específicamente el término «psicología discursiva» para describir el trabajo de sus autores. A pesar de que Augoustinos y Tileagă determinaron que 1987 era el año que marcó el nacimiento de la «psicología discursiva», la expresión como tal no se utilizaría hasta tres o cuatro años más tarde. Aunque resulte sorprendente, estos tres libros se concibieron de forma independiente. Cuando comenzamos a trabajar en nuestros respectivos libros ninguno de nosotros conocía a los otros. Además, en líneas generales, llegamos a posiciones muy parecidas a través de caminos distintos y partiendo de intereses diferentes. Potter y Wetherell concibieron su idea del análisis del discurso a partir de lo que entonces eran nuevos desarrollos en las ciencias sociales, incluidos los estudios sociales de la ciencia, así como de los análisis foucaultianos del discurso, la filosofía lingüística y el análisis de la conversación. Edwards y Mercer, por su parte, habían estudiado y utilizado el análisis de la conversación con mayor profundidad, considerándolo como una alternativa radical a la psicología experimental ortodoxa. Y, en mi caso, el origen del texto era mi deseo de comprender los grandes modelos de la ideología entendiendo la manera en que la gente utiliza la retórica en su vida social cotidiana y en su pensamiento solitario. Creía entonces, desde una perspectiva errónea, que la retórica era una tradición intelectual que llevaba muerta hacía ya muchos años. Esta suposición equivocada podría detectarse en las páginas de *Ideology and opinions*. Si es así, el público lector de esta nueva edición en español debe estar advertido: la tradición retórica estaba viva, sobre todo en Estados Unidos, así como en algunas partes de Europa, como Bélgica. Y una de mis eternas heroínas intelectuales, Hannah Arendt, había estado utilizando antiguas ideas retóricas para entender el pensamiento en términos de debate interno (1978/2002). Yo ignoraba todo esto: imaginaba que estaba redescubriendo las ideas olvidadas de los antiguos retóricos.

Los cinco autores de los tres libros publicados en 1987 habíamos estudiado psicología y todos percibíamos que había algo que faltaba en los paradigmas experimentales existentes de la psicología social que nos habían enseñado. La psicología social ortodoxa parecía artificial y también la búsqueda de procesos cognitivos internos –como actitudes, esquemas, categorizaciones, etc.– que los psicólogos sociales consideraban como las características básicas de la mente. En cambio, los escritores de 1987 queríamos observar y analizar la vida corriente de una forma más directa. Además, todos creíamos que, para ello, era necesario estudiar directamente el uso del lenguaje en la vida cotidiana y, en particular, observar lo que la gente hacía al hablar.

No estaba claro por qué habíamos experimentado esa necesidad al mismo tiempo, salvo que entonces se advertía un giro más amplio hacia el discurso, el lenguaje y la filosofía lingüística que nos llevaba a nosotros y también a otros autores por caminos similares. Día tras día me había sentado solo en la biblioteca de mi universidad a leer viejos textos sobre retórica, asombrado de que los antiguos retóricos se plantearan las mismas preguntas que formulaban los psicólogos sociales modernos aunque con una diferencia. Los antiguos retóricos habían situado la argumentación, y no los procesos cognitivos, en el centro de la vida social e intelectual. Mi visión era que si la gente piensa en su vida cotidiana, entonces no debemos entender sus procesos internos sino de qué manera argumentan, cómo justifican y critican. Imaginé que había encontrado estos viejos libros de retórica para mí pero, como sabría explicar cualquier estudiante de ideología, se trataba de una ilusión autoengañosa. La coincidencia de los tres textos demostraba que estábamos siendo arrastrados por tendencias similares que no éramos capaces de detectar ni comprender.

Por lo tanto, es posible que no exista un gran número de estudiantes de habla hispana que puedan beneficiarse específicamente de la lectura de *Ideología y opiniones*. Sin embargo, puede haber un número significativo de ellos que se hayan sentido insatisfechos y aburridos con las formas experimentales estándar de aplicar la psicología y que, no obstante, manifiestan un gran interés en las cuestiones básicas propias de la psicología. Estos estudiantes podrían beneficiarse de conocer más sobre esas extrañas formas de hacer psicología que los angloparlantes han llamado «psicología discursiva». Por eso Montaber publica ahora ediciones en español de algunos de los primeros textos de psicología discursiva. En esta serie, cada uno de los libros que publican viene a representar algo más que a sí mismo.

La diferencia entre la presencia de la psicología discursiva en Gran Bretaña y en los países de habla hispana es fácil de demostrar aunque menos fácil de explicar. Los «ngramas» de Google ofrecen una forma sencilla de cartografiar el uso de una palabra o frase a lo largo del tiempo. Si se introduce la expresión *«discursive psychology»* en GoogleBooks Ngram Viewer, se podrá comprobar que hasta finales de la década de 1980 esta expresión no se utilizaba, si bien luego su uso se extendió, no de manera excesiva pero sí lo suficiente como para proporcionar un gráfico que continúa hasta el presente. Esta situación, sin embargo, difiere de lo que se encuentra al introducir «psicología discursiva» en el corpus español de Google. No hay ningún gráfico perceptible. En su lugar aparece el mensaje: «*Ngrams not found*: psicología discursiva». Esto implica que la frase no tiene presencia detectable ni siquiera en los textos de psicología social españoles.

El subtítulo del libro contiene la expresión «psicología retórica» y ello puede inducir a confusión. En los últimos años, a medida que la psicología discursiva ha ido evolucionando, también lo han hecho los debates sobre si existen distintas formas de psicología discursiva y, en caso afirmativo, cuántas y si las distintas variantes son compatibles entre ellas. En consecuencia, cabe preguntarse por las relaciones entre la «psicología retórica» y la «psicología discursiva». Por ejemplo, ¿es la «psicología retórica» un subtipo de la psicología discursiva, o está separada de la psicología discursiva mediante fronteras teóricas y metodológicas impenetrables, o se trata solo de una subdivisión innecesaria?

Debo confesar que no me ha interesado demasiado delimitar los ámbitos de las distintas iniciativas académicas, erigir barreras teóricas entre los diferentes campos de actuación o declarar que uno de ellos es el único genuino que merece llevar ese nombre. En cuanto a la etiqueta «psicología retórica», que no he utilizado durante muchos años, mi sensación básica es que esta denominación puede haber cumplido alguna vez una función, al menos antes de que «psicología discursiva» se convirtiera en un término establecido. Sin embargo, en la vida académica contemporánea, los términos que delimitan campos tienden a utilizarse como marcas que confieren identidades académicas. En mi opinión, con el tiempo las marcas académicas tienden a volverse restrictivas y entonces tenderán a utilizarse para imponer ortodoxias (Billig, 2013).

Yo aconsejaría a los jóvenes lectores de este viejo libro que, por lo general, es mejor intentar trascender los límites de la investigación que vigilarlos. El autor de este libro, como los demás autores de los libros de 1987, disfrutaba de la sensación de liberarse de las formas ortodoxas de hacer psicología social. Como en aquella época no había muchos textos publicados por los psicólogos discursivos, no había montañas de publicaciones que uno estuviera obligado a leer. En cambio, podíamos leer libremente más allá de las fronteras disciplinarias. Para mí, eso constituía un placer que daba lugar a una emocionante, aunque engañosa, sensación de descubrimiento.

La futura generación de psicólogos discursivos, especialmente los de habla hispana, tendrá donde elegir. Pueden acceder a la lectura de un gran número de obras ya publicadas para convertirse en psicólogos discursivos acreditados y en ejercicio; probablemente tratarán de convertirse en personas competentes en el uso de las técnicas propias del análisis de la conversación, que ha llegado a ser la metodología dominante de la psicología discursiva. O bien la próxima generación puede discutir con los llamados textos clásicos con la esperanza de exponer sus limitaciones, y entonces utilizarán las experiencias y escritos únicos de su generación para trascender esos textos.

Como habría sugerido el antiguo filósofo griego Protágoras, uno de los héroes subyacentes de *Ideología y opiniones*, ambas reacciones a la psicología discursiva, y a sus primeros textos, son posibles y ambas pueden estar justificadas. No se trata de distinguir lo correcto de lo incorrecto. La próxima generación, como ha sucedido en épocas anteriores, tendrá sus argumentos, por un lado, para criticar y, por otro, para justificar. Habrá discusiones con sus colegas académicos, incluso con colegas psicólogos discursivo, y discusiones con los psicólogos de mi generación. Y, lo que es mejor aún, para que se produzcan verdaderos avances, los miembros creativos de la próxima generación se encontrarán discutiendo no solo entre ellos, sino consigo mismos. En mi opinión, discutir con uno mismo sigue siendo un camino valioso pero incierto hacia un nuevo pensamiento. Y si alguien quiere entender por qué, le recomiendo sin vacilar que lea *La vida del espíritu* de Hannah Arendt, donde encontrará un verdadero almacén de tesoros.

Michael Billig
Septiembre de 2023

Referencias

Arendt, H. (2002). *La vida del espíritu.* Barcelona: Paidós Ibérica. (Trabajo original publicado en 1978.)

Augoustinos, M. y Tileagă, C. (2012) (eds). Número especial: Twenty-five years of Discursive Psychology. *British Journal of Social Psychology, 51*(3).

Billig, M. (1987). *Arguing and thinking: a rhetorical approach to social psychology.* Cambridge: Cambridge University Press.

Billig, M. (2013). *Learn to write badly: How to succeed in the social sciences.* Cambridge: Cambridge University Press.

Edwards, D. y Mercer, N. (1987). *Common knowledge.* Londres: Methuen.

Potter, J. y Wetherell, M. (1987). *Discourse and social psychology.* Londres: Sage.

Ideología y opiniones

Estudios de psicología retórica

Prefacio y agradecimientos

Este libro presenta una serie de estudios cuyo propósito consiste en elaborar un enfoque retórico de la psicología social. Esta perspectiva asume con seriedad las antiguas tradiciones relativas al estudio retórico y sugiere que las viejas concepciones sobre la naturaleza retórica de la argumentación pueden aplicarse para realizar una exploración de cuestiones contemporáneas respecto de la ideología y la opinión. Los primeros tres capítulos de esta obra analizan los antecedentes teóricos del enfoque retórico y lo que está en juego es un cambio teórico en el ámbito de la psicología social. Este cambio afecta a aquello que, durante años, ha constituido uno de los temas principales de la psicología social. De acuerdo con el enfoque retórico, el mantenimiento de las opiniones es una cuestión esencialmente retórica y argumentativa y, por otra parte, también es profundamente ideológica. De este modo, una psicología social retórica está vinculada al estudio de la ideología.

Con demasiada frecuencia, los críticos de la psicología social se han mostrado reacios a abandonar el terreno de la crítica. Se han dedicado a detallar los fallos de los esfuerzos ortodoxos o bien a publicar extensos manifiestos teóricos explicando de qué manera debía practicarse la psicología social. No obstante, es importante que esas voces críticas se dediquen realmente a explorar fragmentos de la vida contemporánea.

Una vez concluida la sección inicial dedicada a los capítulos teóricos se incluyen cinco capítulos «empíricos», que emplean la perspectiva retórica a fin de examinar una variedad de temas relacionados con la ideología y el pensamiento de(l) sentido común. Como veremos más adelante, los estudios empíricos utilizan un conjunto de metodologías cualitativas diferentes. El nexo que vincula los estudios no es la metodología sino una serie de cuestiones teóricas acerca de la retórica de la ideología y la naturaleza argumentativa de las opiniones. Estos temas se exploran a la luz de escenarios diferentes: las vidas corrientes de miembros jóvenes del Partido Conservador, la propaganda fascista, el concepto de «prejuicio», las opiniones dictadas por el sentido común relativas a la monarquía y la argumentación en el seno de la familia. El capítulo final retoma algunos de los asuntos más amplios de la ideología; examina las implicaciones políticas e ideológicas de la aplicación de antiguas ideas retóricas en el contexto moderno o posmoderno. Al analizar estas cuestiones, el capítulo está examinando la retórica de la retórica.

Si bien el libro representa un proyecto para elaborar una psicología social retórica, muchos de los capítulos se han publicado previamente como artículos independientes. El hecho de que aparecieran en numerosas publicaciones diferentes –algunas del ámbito de la psicología y otras no– podría haber contribuido a que el proyecto no tuviese la claridad suficiente. Es de esperar que al reunir estas piezas la configuración del proyecto se pueda describir de un modo más preciso. El proyecto en su conjunto, que enfatiza las relaciones teóricas y empíricas que existen entre ideología y retórica, se analiza en el capítulo 1. Este capítulo se redactó especialmente para el presente volumen. Asimismo se han añadido breves prefacios a los trabajos publicados previamente, de modo que puedan incluirse dentro del contexto del proyecto retórico. Pero aparte de esa consideración, y aparte también de algunas correcciones menores, he resistido la tentación de introducir modificaciones. Estos capítulos, incluso a costa de repeticiones puntuales, se mantienen en sus versiones originales.

Merecen ser incluidos en estos agradecimientos los editores de los capítulos publicados anteriormente: *Social behaviour* (John Wiley and Sons) para el capítulo 3; *Getting into life* (Methuen) para el capítulo 4; *Patterns of prejudice* (Institute of Jewish Affairs) para el capítulo 5; *Text* (Mouton de Gruyter) para el capítulo 6; *Philoshophical psychology* (Carfax Publishing) para el capítulo 7; *European Journal of Social Psychology* (John Willey and Sons) para el capítulo 8, y *Economy and society* (Routledge) para el capítulo 9. La Universidad de Loughborough publicó de manera privada mi conferencia inaugural, que ahora forma parte del capítulo 2. También debo mi agradecimiento al Social Science Research Council, institución que financió la investigación recogida en el capítulo 4 como parte de su Young People in Society Initiative, y al Economic and Social Research Council, que financió la investigación recogida en el capítulo 8 como parte integrante de un proyecto dedicado a la investigación de los análisis sociopsicológicos del discurso familiar («*Socio-psychological analyses of family discourse*»).

Me gustaría rendir homenaje a mis colegas del Departamento de Ciencias Sociales en la Universidad de Loughborough, donde se anima a la psicología social para que ocupe el lugar que le corresponde entre las ciencias sociales. También quiero mostrar me agradecimiento a los miembros del Loughborough Discourse and Rhetoric Group, que pueden estar de acuerdo con los objetivos generales del enfoque retórico del libro, pero que han argumentado en contra de la mayoría de sus capítulos. Gracias a: Derek Edwards, Mike Gane, Dave Middleton, Jonathan Potter, Margaret Wetherell, Anna Dempsey, Nigel Edley y Ros Gill. Mi agradecimiento también a John Shotter por su estímulo infatigable y jovial.

Por último debo hacer referencia a la deuda permanente con mi familia: Sheila, Daniel, Rebecca, Rachel y Benjamin. Aparte absolutamente de cualquier otra consideración, ellos son quienes han creado el ambiente ideal para disfrutar de la práctica de la argumentación.

Capítulo 1
Ideología, retórica y opiniones

Prefacio

El proyecto de crear una psicología retórica implica mover la psicología social en dos direcciones. En primer lugar, hay un nexo de unión entre la psicología y la tradición retórica. El estudio de la «retórica» representa una de las tradiciones intelectuales más antiguas en la historia occidental. Como estudio formal, la retórica debe su origen a la formación de oradores en la antigua Grecia. Desde entonces, el estudio de la retórica ocupó un lugar fundamental en la educación occidental hasta que su importancia se redujo súbitamente en el siglo XIX. En la actualidad, textos que durante siglos constituyeron una parte esencial del programa educativo permanecen sin ser leídos, excepto por un puñado de especialistas, si bien se advierten algunos signos de un renacimiento de la retórica o bien de un retorno de los textos olvidados. No obstante, hay buenas razones para volver a examinar esta tradición intelectual. En los antiguos escritos sobre oratoria se puede encontrar un rico caudal de conocimientos psicológicos; en particular, conocimientos relativos a la argumentación. De los textos antiguos podemos extraer la idea de que el propio pensamiento es retórico y argumentativo, una noción que tiene implicaciones directas para el estudio de la psicología.

El segundo movimiento que debe llevar a cabo una psicología retórica consiste en reconocer que los procesos del pensamiento cotidiano pueden ser procesos de «ideología». Esto significa el estudio del pensamiento, y del mantenimiento de las opiniones, en su contexto social más amplio. Como mínimo esto implica aceptar que el momento y el lugar en los que vive la gente afectan a la naturaleza de su pensamiento. Sin embargo, existe un factor adicional: el factor ideológico. Los propios contenidos del pensamiento cotidiano –máximas, valores y opiniones que se mantienen habitualmente, etc.– son en sí mismos productos culturales. En el pensamiento corriente, la gente utiliza un «sentido común», que no han inventado pero que tiene una historia. Como han subrayado los críticos teóricos, desde Marx en adelante, el sentido común es una forma de ideología. Esto significa que el sentido común no solo posee un historial más amplio sino que también posee funciones actuales que están relacionadas con modelos de dominación y poder. Al emplear nociones de sentido común, la gente se encontrará repitiendo los supuestos de su tiempo. Además, según los teóricos de la ideología, estará repitiendo supuestos que confirman los acuerdos de poder vigentes. De este modo, la historia continua de la dominación fluye a través de los patrones del pensamiento de sentido común.

Este estudio retórico pretende aunar los conocimientos de la teoría retórica y los que proceden del estudio de la ideología. El presente proyecto significa ampliar el ámbito de aplicación de la psicología social tal como se practica en la actualidad. La psicología social debe ir más allá del estudio del individuo con el propósito de ver cómo se reflejan patrones más amplios de la sociedad y de la historia en el pensamiento de los individuos. No se trata de una cuestión de ceder la psicología a la sociología o de rechazar la investigación psicológica en su conjunto. Nada más lejos de ello; el estudio de la ideología debe incorporar a la psicología. Por lo tanto, se sugiere que las teorías relativas a la ideología deben ser reformuladas con el fin de reconocer la centralidad de la retórica en la vida social. La persona corriente –el «sujeto» de la ideología– no es un ciego incauto cuya mente ha sido colmada por fuerzas externas y que reacciona de manera irreflexiva. El sujeto de la ideología es un ser retórico que piensa y argumenta con ideología. Y son esas interconexiones fundamentales entre psicología, retórica e ideología las que examinaremos en los capítulos siguientes.

Roland Barthes utilizaba el tiempo pasado cuando escribía sobre la tradición retórica. El imperio de la retórica, afirmaba, se había prolongado desde los días de Gorgias en la antigua Grecia hasta el reinado de Napoleón III en el siglo xix (Barthes, 2009). Mientras Napoleón III era expulsado de su trono imperial para dar paso a una república parlamentaria, la retórica cedía su imperio intelectual a las disciplinas emergentes de la sociología, la psicología y la lingüística. Ningún imperio podía ofrecer resistencia ante el avance hacia la modernidad. La historia, sin embargo, no ha finalizado donde Barthes la dejó. Es verdad, no ha existido otro Napoleón para seguir al tercero de la saga y los borbones tampoco han regresado a Versalles. Aun así, la retórica ha mostrado en los últimos años claros indicios de reactivación. En un estudio sobre este reciente y sorprendente renacimiento, Simons (1990) se refiere a este hecho como «el giro retórico». Él sugiere que este giro –que representa en parte un alejamiento respecto de la modernidad científica y un giro hacia las tradiciones intelectuales del pasado– constituye uno de los movimientos más importantes en el campo de la ciencia social contemporánea (véase también, Gane 1989; Leith y Myerson, 1989; McCloskey, 1986; Meyer y Lempereur, 1990; Nash, 1989; Nelson *et al.*, 1987; Shotter, 1990, 1991; Simons, 1989). Puede que sea demasiado pronto para juzgar la trascendencia del giro retórico, pero el hecho de que se produzca es inequívoco. En el ámbito de las ciencias sociales se pueden escuchar voces críticas que argumentan que los textos antiguos de retórica contienen elementos cruciales que están ausentes en el pensamiento moderno.

Aquí, la atención se centra en explorar las posibilidades que ofrece una psicología retórica. Esto implica utilizar las ideas de la retórica para comprender la forma de pensar de la gente. No obstante, en este proyecto no solo intervienen la psicología y la retórica; el análisis de la ideología cumple asimismo un papel fundamental, ya que el pensamiento es a la vez ideológico y retórico. Los procesos propios de la ideología contribuyen a la construcción del pensamiento y de los actos psicológicos del mismo. Por lo tanto, desde el primer momento se puede afirmar la importancia básica que tiene la retórica para el estudio de la ideología. Cabe suponer que las formas de pensar, creadas por y dentro de la ideología, son en sí mismas inherentemente retóricas. Del mismo modo, el empleo de la retórica reflejará los patrones ideológicos. Así quedan interconectados los problemas inherentes a la ideología, la psicología y la retórica.

A primera vista, esta conexión teórica de la retórica con la ideología podría resultar sorprendente. En términos históricos, los análisis *retóricos* e *ideológicos* del pensamiento han estado mutuamente en conflicto. El propio concepto de «ideología» fue un producto de ese nuevo movimiento de pensamiento que arrasó con el imperio retórico. La palabra «ideología» fue acuñada en la época de la Revolución Francesa por un grupo de filósofos materialistas y antimonárquicos para describir su psicología de las sensaciones (Billig, 1982; Head, 1985; Kennedy, 1978). La de ellos era una filosofía moderna, con fundamento científico, cuyo propósito era sustituir las formas de pensamiento antiguas y precientíficas, entre las que destacaba la retórica clásica. Utilizaron esa palabra de un modo más decisivo Marx y Engels, especialmente en una de sus primeras obras,

La ideología alemana, completada en 1846. En esta obra, el vocablo «ideología» adquirió un significado crítico del que nunca se ha librado por completo. Para Marx y Engels, *ideología* representaba error y reflejaba los mecanismos del poder. Ellos contrastaron la vida de los «individuos reales» con las fantasías de la ideología (Ricoeur, 2019). Los individuos «reales» y sus actividades «reales» se trastocaban dentro de la ideología, de modo que las visiones ilusorias de la sociedad predominaban sobre la «realidad». Marx y Engels afirmaban haber penetrado en las imágenes ilusorias para ver las actividades «reales» tal y como eran en realidad. El suyo debía ser un enfoque realista en contraste con el de la filosofía abstracta, que Marx y Engels desestimaron como ideología: «Partimos de hombres activos reales y sobre la base de su proceso vital real demostramos el desarrollo de los reflejos y ecos ideológicos de este proceso vital» (1970, p. 47).

En la descripción de su teoría de la ideología, Marx y Engels ofrecían una explicación para justificar los orígenes de los reflejos ideológicos. Las ilusiones no se originaban en los procesos psicológicos de los propios ideólogos, sino en los «procesos vitales» sociológicos de la sociedad. Marx y Engels sostenían que los reflejos ideológicos poseían una función sociológica oculta; las ilusiones servían a los intereses de la clase dominante. En la famosa frase incluida en *La ideología alemana*, «las ideas de la clase dominante son, en todas las épocas, las ideas dominantes» (p. 64). Los intelectuales de la clase dominante formulaban ideas que tergiversaban las bases «reales» de la sociedad y ocultaban el poder de la clase dominante. La teoría de la ideología desenmascararía estas ilusiones y, de este modo, contribuiría a la destrucción del poder de la clase dominante. En consecuencia, para Marx y Engels, el concepto de «ideología» formaba parte de un argumento político y social mucho más amplio. Como escribió Marx en la última de sus *Tesis sobre Feuerbach*, «los filósofos solo han *interpretado* el mundo de diferentes maneras; la cuestión es *cambiarlo*» (1975b, p. 423, cursiva en el original).

A esta especie de crítica de la ideología se le podría añadir una dimensión retórica con el fin de mostrar de qué manera la clase dominante utiliza la retórica para perpetuar el dominio de sus ideas. De hecho, esta adición podría basarse en una crítica muy antigua de la retórica. Desde la época de Platón en adelante se ha acusado a los retóricos de colocar la persuasión por encima de la verdad y se les ha criticado por valorar las habilidades de presentación que permitirían que los argumentos débiles triunfaran sobre los fuertes (Vickers, 1988). Una dimensión de clase puede añadirse a la crítica de la retórica a partir de las ideas de Marx y Engels sobre las funciones sociales de las ideas. Podría afirmarse que, en todas las épocas, la clase dominante posee la retórica dominante y que la propiedad de los medios de producción es la propiedad de los medios de retórica persuasiva. Esta propiedad permite que la clase dominante presente sus mensajes de manera persuasiva, independientemente de su carácter verdadero o falso. Este argumento parece idóneo para épocas en las que los presupuestos publicitarios destinados a jabones en polvo, emisión de acciones y campañas políticas ascienden a miles de millones de dólares.

En consecuencia, todo parece indicar que una dimensión retórica podría añadirse con facilidad a la crítica de la ideología. Por ejemplo, podría firmarse que la clase dominante emplea la retórica persuasiva con el propósito de elaborar mensajes que acceden de manera incuestionable y engañosa a las mentes de la clase dominada. Sin embargo, la adición retórica no será tan fácil de conseguir. La dimensión psicológica social es esencial. Cualquier fórmula relacionada con el uso que hace la clase dominante de la retórica para controlar el pensamiento de la clase dominada se basa en supuestos psicológicos sociales sobre la naturaleza del pensamiento y la transferencia de mensajes. Estos supuestos psicológicos no deben darse por hechos, como si la naturaleza misma del pensamiento no planteara ningún problema. Si el propio pensamiento es altamente retórico e ideológico, entonces las operaciones retóricas de la ideología no pueden explicarse en términos de una psicología que se presume externa a la ideología o a la retórica. En cambio, la psicología está vinculada a la retórica y a la ideología.

El hecho de tomar en serio el elemento retórico de la naturaleza humana da lugar a toda una serie de cuestiones interrelacionadas. En la psicología social existe en particular una necesidad de repensar algunos supuestos básicos. Aquellas teorías de la psicología social que no tienen en cuenta la dimensión retórica deben ser cuestionadas. En la actualidad, lamentablemente, estas teorías no retóricas parecen predominar en las publicaciones de psicología social. Los capítulos incluidos en este volumen representan exploraciones que tienden a un enfoque retórico de la psicología social (véase también Billig, 1985, 1987; Billig *et al.*, 1988; Edwards y Potter, 1992; Edwards y Middleton, 1988; Potter y Edwards, 1990; Potter y Wetherell, 1987; Potter *et al.*, 1990; Shotter, 1990, 1991, 2015; Terwe, 1989).

Existe aún otra razón por la que la dimensión retórica no puede añadirse con facilidad y es la que se refiere a la naturaleza de la propia ideología. Se ha sugerido que el concepto de ideología proporciona visiones paradójicas del pensamiento humano. Cualquier marco de psicología social que se utilice para investigar el pensamiento ideológico debe reflejar esta paradoja.

La paradoja de la ideología

El concepto de «ideología» forma parte con frecuencia de una crítica radical cuyo objetivo es exponer el poder de las clases dominantes sobre el pensamiento de las masas. El concepto invita a contrastar dos visiones psicológicas sociales de la persona corriente. Por una parte, las críticas a la ideología, como teorías radicales que apoyan a los oprimidos frente a la clase dominante, pretenden dar dignidad a los oprimidos. Esas críticas respetan a la persona corriente como un agente de pensamiento y como un heredero merecedor de la libertad futura. Por otra parte, existe una desestimación del pensamiento de la persona corriente. Se percibe a las masas como víctimas embaucadas por la ideología. Sus cerebros han sido colmados con reflejos ideológicos erróneos. En resumen, la persona corriente es a la vez un ser pensante y no pensante, el agente del pensamiento y un receptor pasivo de pensamientos.

La imagen de la persona corriente como pensadora se puede encontrar en *La ideología alemana*. Marx y Engels contrastan la ideología abstracta de los teóricos intelectuales con la conciencia práctica de la vida cotidiana. El pensamiento de los teóricos abstractos está plagado de errores, mientras que la conciencia práctica está libre de reflejos distorsionadores. Algunos académicos han sugerido que la famosa frase sobre «las ideas dominantes de cada época» no debe interpretarse como si indicara que las masas aceptan las ideas de sus amos (Abercrombie, 1982; Abercrombie, Hill y Turner, 1998). Ya sea que se trate o no de la mejor lectura que se puede hacer de este pasaje, existe evidencia suficiente en otros fragmentos de *La ideología alemana* y en otros textos que indican el respeto que sentía Marx por el pensamiento proletario. Las primera obras de Marx, escritas cuando establecía sus primeros contactos con los movimientos de los trabajadores, contienen frecuentes exabruptos contra el esnobismo intelectual de la clase media: «En cuanto al nivel de educación de los obreros alemanes, o a su capacidad para ello, me gustaría señalar los brillantes escritos de Weitling, que superan a los de Proudhom desde un punto de vista teórico, por muy defectuosos que sean en su ejecución» (1975a, p. 415). Al escribir esto, Marx parece estar convenciéndose a sí mismo, como si tratase de eliminar supuestos acerca de las limitaciones intelectuales de los estratos inferiores de la sociedad; estos serían precisamente la clase de supuestos que él habría aceptado de manera irreflexiva en su propio hogar familiar burgués.

Este respeto por la persona corriente se encuentra asimismo en los escritos de Antonio Gramsci, uno de los fundadores del Partido Comunista Italiano. Los escritos de Gramsci sobre ideología y cultura, especialmente sus *Cuadernos de la cárcel* (1971) han ejercido una creciente influencia en los estudios culturales modernos (véase, por ejemplo, Hall, 1988). Los cuadernos, que fueron escritos mientras Gramsci estaba en prisión por el régimen fascista, están llenos de observaciones sobre filosofía y pensamiento del sentido común. En un momento dado Gramsci comenta que «todo el mundo es filósofo» (1971, p. 323). El comentario sugiere que el hecho de filosofar no está restringido a la elite intelectual. A partir del comentario de Gramsci resulta fácil elaborar una imagen de los sectores más explotados de la sociedad –ya sea que se trate de trabajadores manuales, jornaleros migrantes o amas de casa empobrecidas– que rompen con las tareas impuestas para hablar, discutir y filosofar sobre sus mundos. Esta imagen de la persona corriente como filósofo se encuentra en la raíz de todo un género de literatura socialista desde *The ragged trousered philanthropist* en adelante. En la calle, en bares de copas o apoyados en las vallas del patio trasero se está filosofando. A través de esa imagen, la dignidad regresa al pensamiento de los oprimidos. En ellos se deposita la esperanza del futuro.

No obstante, existe una imagen alternativa de la persona corriente en el análisis de la ideología. Esta imagen suprime la autonomía de pensamiento de los oprimidos; sugiere que el pensamiento se crea socialmente mediante los procesos de ideología y que el filósofo corriente es el receptor victimizado de la retórica de la clase dominante. Esta imagen alternativa se basa, en parte, en un punto antropológico básico. La gente se socializa en comunidades. Aprende los valores y la moral de su comunidad, absorbiendo su sentido común. Los filósofos corrientes no crean su propia filosofía sino que han heredado la sabiduría acumulada de su comunidad. Su filosofar no es más que una mera reproducción. Maurice Halbwachs, un discípulo de Durkheim, expresó las implicaciones psicológicas de este punto cuando sugirió que «no nos damos cuenta de que no somos más que un eco» (1980, p. 45). Este punto se enfatiza en el intento de Serge Moscovici de crear una psicología social durkheimiana en torno al concepto de «representaciones sociales» (Moscovici, 1982, 1983, 1987). El proyecto de Moscovici, que ha tenido un impacto significativo en la teorización psicológica social actual, se analiza en profundidad en el capítulo 3. En palabras de Moscovici, «la actividad social e intelectual es, después de todo, un ensayo o un recital, sin embargo la mayoría de los psicólogos sociales la tratan como si fuese amnésica» (1983, p. 10).

En la teoría de la ideología hay otra cuestión. Se dice que el sentido común de una comunidad mantiene las relaciones sociales de poder. En este sentido, la noción de Gramsci respecto del filósofo corriente tiene dos vertientes. La perspectiva marxista, que Gramsci estaba desarrollando de una manera especial, no emplea «filosofía» como una expresión de elogio. En *La ideología alemana*, la filosofía representaba al enemigo contra el que se dirigían los análisis radicales. El objetivo era cambiar el mundo que los filósofos solo interpretaban de manera errónea. Parte del argumento de Gramsci se refería a que las abstracciones de la filosofía pueden gotear hacia abajo desde la elite hacia la masa, transformándose en el camino de intelectualismo abstracto en sentido común: «Cada filósofo corriente deja detrás una sedimentación de 'sentido común'» (Gramsci, 1971, p. 326n). En consecuencia, Gramsci sugería que la filosofía configura el sentido común de la persona corriente, ya que la hegemonía de la ideología se articula en torno a principios filosóficos. Según la terminología utilizada por Moscovici, la filosofía intelectual está representada en el sentido común como una «representación social» (Billig y Sabucedo, 1994). Los filósofos corrientes han incorporado la filosofía desde «arriba»; no son conscientes de que su manera de filosofar es un eco ideológico que reproduce las condiciones de su servidumbre. En conversaciones informales o en discusiones mientras se toman unas cañas de cerveza, los filósofos repiten una versión casera de la filosofía de sus amos.

En esta imagen, la persona corriente no es un pensador autónomo sino un eco inconsciente de la voz del amo. Cuando Gramsci sugería que todo el mundo es un filósofo continuaba devaluando esta forma de filosofar, que está contenida dentro de la estructura del propio lenguaje: «Todo lenguaje contiene una concepción del mundo» (p. 326). Cuando utilizamos un lenguaje, al menos de una manera despreocupada, no podemos sino repetir una concepción específica del mundo. El menosprecio resulta evidente cuando Gramsci se refiere despectivamente al «cura local o anciano patriarca cuya sabiduría es ley», «la viejecita que ha heredado la tradición de las brujas» y «el intelectual menor amargado por su propia estupidez» (p. 323). El hecho de «pensar» de esta manera significa simplemente «participar de una concepción del mundo impuesta mecánicamente por el entorno exterior» (p. 323). Gramsci se pregunta si es mejor poseer «conciencia y crítica» o «'pensar' de un modo inconexo y episódico». El entrecomillado indica que este 'pensamiento' —esta aceptación desordenada del entorno exterior— no es un pensamiento «real».

La imagen ha cambiado del romanticismo a la crítica. Los personajes, que podrían filosofar en sus vidas corrientes, han perdido su autonomía. Los teóricos observan desde una posición de superioridad a los ilusos culturales, quienes aceptan de manera irreflexiva el legado del pasado y el entorno del presente.

La gente corriente permanece cautiva de su pensamiento, que es irreflexivo, y de su filosofía, que no es filosófica. Su mentalidad es un reflejo que carece de reflexión. Ellos mismos –ya sea que se trate de un cura local o de una viejecita– se han convertido en estereotipos que reproducen estereotipos.

Dilemas sociales e individuales

La paradoja de la ideología es una variante de una paradoja general del lenguaje, ya que el uso del lenguaje implica tanto autonomía como repetición. El orador es responsable del lenguaje y, a la vez, está capturado por él. Barthes (1993) aludía a la ambigüedad, cuando escribía que el orador es simultáneamente «amo y esclavo del lenguaje». Por un lado, el habla es una afirmación del yo y, por lo tanto, el orador es el amo del momento. Por otro lado, el habla es una repetición de signos. Barthes sugería que dentro de cada signo «duerme ese monstruo: un estereotipo». Como esclavo, el orador debe utilizar las palabras del lenguaje y, por lo tanto, no puede sino volver a despertar a los monstruos dormidos. Sin embargo, el orador, como amo, no hace más que repetir estereotipos: «No me conformo con repetir lo que se ha dicho, con alojarme confortablemente en la servidumbre de los signos: yo digo, afirmo, confirmo lo que repito» (1993, p. 121).

Si el acto de hablar es paradójico –una repetición que es más que una repetición–, entonces habrá dos maneras diferentes de hablar sobre el hecho de hablar. Al orador se le puede retratar como amo y esclavo. Como esclavos, los oradores están condenados a reciclar conceptos, que funcionan detrás de su espalda, o mejor dicho, a través de sus laringes. Por otro lado, el orador es el amo del lenguaje: hablar es afirmar el yo, y el orador es el héroe que crea patrones de discurso, que nunca han sido pronunciados antes. La naturaleza paradójica del leguaje-en-uso sugiere que los intentos teóricos para disolver, o resolver, la paradoja serán menos convincentes que los relatos que expresan la propia paradoja. Aquello que es verdad del lenguaje-en-uso también lo es del pensamiento; se puede presentar al pensador como el esclavo de pensamientos previos o bien como el heroico formulador de pensamiento. La paradoja, nuevamente, resulta más convincente que su disolución teórica.

Esta situación puede verse en relación con dos enfoques teóricos muy diferentes del estudio del pensamiento: el enfoque de la psicología social cognitiva y las teorías de Althusser respecto de la ideología. En el primero, la determinación social del lenguaje desaparece del horizonte teórico, dejando solo al individuo solitario como el centro del pensamiento. En el segundo, el patrón se invierte; la figura desaparece y deja solo el fundamento de la determinación social.

Psicología social cognitiva y la sociedad en desaparición

En gran parte de la psicología social ortodoxa se describe el pensamiento en términos de recibir y organizar la información de los estímulos entrantes. El procesamiento de la información es una tarea que se realiza de manera individual. Los individuos construyen sus esquemas del mundo y los utilizan para dar sentido a la información. El perceptor solitario no es un héroe, pues gran parte de la psicología social cognitiva se ha centrado en los prejuicios de categorización de los estímulos, ya que los perceptores sociales utilizan todo tipo de atajos para organizar la información que reciben (Nisbett y Ross, 1980; Fiske y Taylor, 1984). El resultado es una visión del pensamiento poco halagadora, poco más que un encasillamiento parcial. Como se sugerirá en el capítulo 2, este relato tiende a ignorar los aspectos argumentativos del pensamiento.

No solo hay mucho más que decir sobre la naturaleza retórica del pensamiento de lo que contiene el relato cognitivo, sino que también se elimina la posibilidad de la crítica social. La exposición de prejuicios en la categorización de la información podría ser crítica con el pensamiento cotidiano, pero esta crítica es muy limitada. En la medida en que el individuo solitario ocupa una atención central, las críticas estarán limitadas al nivel individual; los prejuicios se atribuyen a deficiencias del individuo. Por otra parte, estas deficiencias se presentan como propiedades psicológicas generales y, en consecuencia, se consideran limitaciones de la naturaleza humana. Las desigualdades del poder, y el dominio de una clase sobre otra, tienen poca cabida en este tipo de investigación psicológica social (Sampson, 1981, 1988, 1990). La sociedad queda fuera de la puerta del laboratorio. En el interior hay individuos que categorizan el material de estímulo, y que no están realizando particularmente bien las tareas asignadas.

Como se verá en el capítulo 6, la restricción operada sobre la crítica social puede analizarse en relación con el tema del «prejuicio». Algunos psicólogos sociales han sugerido que ciertos fallos de la cognición subyacen al fenómeno del prejuicio. Por ejemplo, se ha argumentado que los pensadores son proclives a establecer «correlaciones ilusorias», llegando así a conclusiones erróneas. Se afirma que esta tendencia, que se presume que es una característica «natural» de la mente, origina estereotipos prejuiciosos (Hamilton, 2014, 2015; Hamilton y

Trolier, 1986). En consecuencia, la creación de estereotipos no se considera una ilusión ideológica y tampoco como la herencia del lenguaje. Se identifica como un reflejo cognitivo situado dentro de la psicología universal del individuo. En este caso, no hay fuerzas sociales ni patrones históricos que fluyan por la mente del individuo que combina los estímulos. Por lo tanto, la propia palabra «prejuicio» –su legado filosófico y su acceso al sentido común moderno– pasa inadvertida. En el capítulo 6, la historia ideológica se reproduce cuando la palabra se utiliza en el pensamiento del sentido común. Asimismo, la palabra, y sus significados, forman parte de los propios pensamientos. Si se ignora la dimensión social, entonces la crítica del prejuicio solo tiene al individuo como objetivo. Al igual que Gramsci con su crítica al intelectual menor, la visión cognitiva solo puede condenar a los individuos –tal vez a todos los individuos– por estar amargados por la estupidez. Se ignora la creación social de la amargura.

Ideología y el individuo en desaparición

Para disolver la paradoja se puede adoptar una estrategia alternativa. En lugar de presentar a los individuos sin una sociedad, es posible presentar una imagen de la sociedad sin individuos. En una serie de teorías sociales contemporáneas se observa una tendencia a que el individuo desaparezca de la visión teórica, dejando solo las fuerzas de la ideología. Algunas partes del análisis de Gramsci crean esta impresión; la persona corriente ya no es un pensador autónomo sino un receptor pasivo de la hegemonía del lenguaje. Como la «viejecita» que declara la tradición de las brujas, no tiene voz propia: está reproduciendo voces de sus antepasados. El individuo parece ser poco más que el obediente sirviente de la ideología. En las obras de Louis Althusser y sus seguidores se puede observar la escritura del individuo. Althusser subraya que la ideología crea al individuo, moldea a sus propios súbditos y llena sus mentes con nociones que distorsionan las «relaciones reales» de la sociedad. El individuo así moldeado es víctima de la ilusión: «En la ideología, la verdadera relación se invierte inevitablemente en la relación imaginaria que expresa una voluntad... más que describir una realidad» (Althusser, 1979, p. 234; véase Ricoeur, 2019). Si los individuos piensan en sí mismos como agentes de sus propias acciones entonces son víctimas de una imaginación que ha sido configurada por la ideología. Coward y Ellis escriben que las «ideologías colocan al individuo como si él fuera este sujeto: el individuo se produce a sí mismo en esta totalidad imaginaria, su reflejo imaginario de sí mismo como autor de sus actos» (1977, p. 76). El verdadero autor de las acciones humanas es la «ideología». Los individuos «reales, activos», de los que Marx y Engels pretenden partir, son los efectos y no las causas. El lenguaje es casi teológico, si bien los analistas han seguido a Marx y Engels en su descenso del cielo a la tierra. Aquí, en la tierra, se considera que la ideología es la creadora de todos los hombres y mujeres, que guía sus acciones como autora oculta.

En esa teorización hay escaso margen para una visión romántica del filósofo corriente. Solo existe la molienda de ideología. Esta consideración resulta particularmente evidente en el famoso ensayo de Althusser sobre la ideología en su obra *Lenin y la filosofía* (1971). Los ejemplos que ofrece respecto de la ideología en acción se refieren a comportamientos rutinarios e irreflexivos. Es el individuo que acude a misa, hinca la rodilla y entona plegarias. O es la persona que reproduce de manera acrítica las lecciones aprendidas en la escuela. Está ausente cualquier sentido de la conversación y la argumentación de la vida corriente. En cambio se observa un ritual, cuyas palabras han sido escritas previamente. La imagen que se nos presenta es una de obediencia y, según el analista, se venera al dios equivocado, el dios en su cielo.

No obstante, esta es sin duda una simplificación excesiva de la conciencia moderna. Describe una sociedad irreflexiva en donde los individuos son pasivamente obedientes y aceptan las ilusiones heredadas. Tal como ha destacado Morley (1986), el telespectador individual no recibe de manera pasiva y repite con exactitud los mensajes que aparecen en la pantalla (véase también Livingstone, 1990; Silverstone, 1989; Silverstone *et al.*, 1989). La imagen del sujeto de la ideología como un receptor pasivo prescinde de la complejidad de lo que Sloterdijk (2003) ha denominado la «falsa conciencia ilustrada» del pensamiento moderno. Ante todo lo que debe tomarse en consideración es que las democracias modernas son lugares de «opinión»; se espera que los ciudadanos «tengan opiniones», «tengan actitudes», «posean puntos de vista» sobre todo tipo de asuntos. Las poderosas fuerzas del estado, el comercio y la política están pidiendo las «opiniones» de los sujetos ideológicos. La investigación de mercado no considera dichas «opiniones» como ilusorias o imaginarias. No existe el supuesto de que la opinión es uniforme, de lo contrario esos ejercicios costosos y que consumen mucho tiempo serían superfluos. Estas diferencias de opinión reflejan que la vida corriente podría llenarse con el sonido de la charla, mientras la gente filosofa y discute, comparando críticamente «opinión» con «opinión».

Los teóricos pueden desechar esa manera de filosofar cotidiana como un desfile imaginario del pensamiento, un truco realizado por las poderosas fuerzas de la ideología. Al llevar a cabo ese movimiento teórico, los teóricos sugerirán que ellos mismos han sido capaces de escapar de las ilusiones inherentes a la «opinión» para emerger en las realidades de la verdad. El trabajo de los teóricos se presentará como situado fuera de la ideología. Por ejemplo, el contraste que establece Althusser entre las «relaciones reales» de la vida social y las «relaciones imaginarias» experimentadas en la ideología depende de un contraste entre el conocimiento científico y la ideología. Althusser atribuye al marxismo o, para ser más precisos, a su versión del marxismo la categoría de ciencia (Althusser, 1979). Este análisis promulga su propia verdad especial ya que descarta la filosofía cotidiana y exhibe, a la vez, una implicación política. Las masas necesitan ser instruidas en la filosofía científica del teórico si quieren ser conscientes de los engaños de la ideología. La política práctica, que se ajusta a esta posición teórica, puede convertirse fácilmente en elitismo al servicio del radicalismo.

En la historia del marxismo, esta posición se asocia al leninismo. En *¿Qué hacer?* (2005), Lenin argumentaba que la clase trabajadora era incapaz por sí misma de elaborar una teoría científica de la revolución. En el mejor de los casos, la clase trabajadora podía aspirar a una «conciencia sindical». No cabía esperar un despertar espontáneo de las masas. En cambio, los intelectuales de clase media, instruidos en la ciencia del marxismo, eran necesarios para elevar el nivel de conciencia de la clase obrera. Estos teóricos aportarían a la clase trabajadora el tipo de perspectiva científica que penetraría en las ilusiones de la ideología capitalista y expondría la base de la historia. El «Partido», como guardián de estas verdades científicas, tenía la misión histórica de actuar como la «vanguardia», dirigiendo a las masas hacia su destino.

Los supuestos del leninismo han configurado la teoría y la práctica de la mayoría de partidos comunistas. Estos supuestos fundamentan el pensamiento de Gramsci, él mismo miembro fundador y líder del Partido Comunista Italiano (Sassoon, 1987). Existe un contraste entre el elevado nivel de pensamiento del Partido y el escaso nivel exhibido por las masas ignorantes. Las masas necesitan «ser dirigidas para que piensen de un modo coherente y de la misma manera coherente sobre el mundo real presente». Dirigir a las masas hacia esa coherencia constituye la verdadera tarea de la filosofía, «mucho más importante… que el descubrimiento por parte de algún 'genio' filosófico de una verdad que sigue siendo propiedad de un pequeño grupo de intelectuales» (p. 325). Cualquier levantamiento espontáneo de las masas, basado en la «experiencia cotidiana iluminada mediante el sentido común», sería insuficiente: sería necesario contar con un «liderazgo consciente» para que el pensamiento de las masas pudiera llevarse a un «plano más elevado» (p. 198-199). Para Althusser, quien también fue miembro durante años del Partido Comunista ortodoxo, existe la misma distinción entre las verdades científicas de la teoría y las limitaciones conceptuales impuestas por la ideología.

De acuerdo con el leninismo, las masas están esperando el liderazgo del partido de la vanguardia. Si la ideología no les permitiera alcanzar el nivel de la conciencia sindical, en el mejor de los casos, o el folclore de las brujas, en el peor, las masas responderían en última instancia a la filosofía que expresara sus mejores intereses y que se manifestara en su nombre. Los acontecimientos recientes producidos en Europa Oriental han puesto en evidencia las ilusiones de esta esperanza. En un arco que se extiende desde Polonia hasta Bulgaria –desde el Báltico hasta el Egeo– los pueblos se han agrupado para rechazar decididamente la teoría y la práctica de Lenin. Su estatua ha sido derribada en las plazas de las ciudades; la vanguardia ha sido relegada a la historia por el presente; los filósofos corrientes han afirmado de manera espontánea su propia conciencia.

Ninguna teoría de la ideología contemporánea puede ignorar estos acontecimientos trascendentales de Europa Oriental. Es probable que se produzcan más derrocamientos en la propia Unión Soviética, incluso en la República rusa. Estos hechos, no previstos por la teoría marxista de la historia, ponen de relieve el dilema contenido en la noción de ideología y advierten acerca de un elitismo que enfatiza la determinación social de la ideología y que se coloca específicamente por encima del pensamiento de la persona corriente. Por otra parte, un foco colocado en el pensamiento del individuo, tal como se ilustra según la perspectiva de gran parte de la psicología social, no puede arrojar luz sobre estas coyunturas de la historia, donde la acción de las masas configura drásticamente el desarrollo de los acontecimientos. Dicha psicología social alienta la ilusión de que los individuos crean sus propios pensamientos fuera del flujo de la historia. Existe un dilema ideológico entre el elitismo radical, que rebaja la autonomía individual, y un análisis individual, que acepta de manera acrítica los marcos del poder. El dilema debe conservarse en términos teóricos. De este modo, el analista se reserva el derecho de respetar la manera de filosofar del sentido común y también de criticarla.

Lenguaje y cuestiones de opinión

En la descripción del proyecto de su teoría de las representaciones sociales, Moscovici (1983) utilizó una frase que contiene la paradoja de la ideología. El psicólogo rumano sostenía que los psicólogos sociales deben tratar de estudiar la «sociedad pensante». De igual modo, el enfoque retórico comparte el mismo objetivo (véase el capítulo 3 para un análisis detallado de la teoría de las representaciones sociales). Esto implica cambiar el foco de la propia psicología social alejándolo de la revelación de las estructuras mentales del individuo. El foco debe trasladarse hacia los factores sociales, en especial aquellos que están relacionados con el lenguaje. No se trata simplemente de una cuestión de decidir estudiar un conjunto de fenómenos en lugar de otros, desde los estados internos hasta los procesos sociales. Es necesario que se produzca un cambio en términos teóricos para tomarse en serio la proposición de que los estados mentales son a su vez creados socialmente. Así las cosas, la mentalidad puede examinarse directamente analizando las particularidades de los procesos sociales. En este sentido, el papel que desempeña el lenguaje resulta fundamental. El lenguaje no es una especie de espejo de la conciencia, que se produce mediante la interacción social pero que representa un reflejo ineficaz del estado interno «real». Por el contrario, tal como Marx y Engels escribieron en *La ideología alemana*, «el lenguaje *es* la conciencia práctica». Por lo tanto, «la conciencia es… desde el primer momento un producto social y lo seguirá siendo mientras existan hombres» (1970, p. 51, cursiva en el original). Como sostiene Thompson (1987), la ideología opera mediante la movilización del discurso. Por lo tanto, los procesos de la ideología, como un medio de movilizar el significado, son también medios para movilizar la conciencia.

Algunos psicólogos sociales críticos han establecido esta identificación entre lenguaje y conciencia, si bien no necesariamente entre ideología y lenguaje. El vínculo entre lenguaje y conciencia es una cuestión importante en los trabajos de los teóricos del construccionismo social, sobre todo aquellos que han sido influidos por la obra de Lev Vigotsky (Edwards y Mercer, 1987, 1989; Gergen, 1982, 1989; Haste, 1990; Middleton y Edwards, 1990; Shotter, 1989; Sinha, 1989; Wertsch, 1998). Shotter (2015) analiza específicamente las paradojas del lenguaje, que surgen de la paradoja de que la individualidad se crea socialmente. El mismo énfasis sobre la practicidad de la conciencia se encuentra en la obra de Potter y Wetherell *Discourse and social psychology* (1987), que intenta reformular las cuestiones tradicionales de la psicología social en términos del análisis del discurso. Potter y Wetherell sostienen que la gente, al utilizar el lenguaje, no está simplemente diciendo cosas sino que, en la práctica, está *haciendo* cosas. Por lo tanto sugieren que los psicólogos sociales deben estudiar aquello que se consigue mediante los actos del habla. Del mismo modo, una psicología retórica no puede sino tomarse en serio el lenguaje, porque los actos retóricos son ante todo actos del lenguaje.

La contribución teórica particular de una psicología retórica se puede explorar mediante su comparación con el análisis de la conversación. Potter y Wetherell (1987), al argumentar a favor de su reconceptualización de la psicología social, abogan porque los psicólogos sociales adopten las técnicas del análisis de la conversación. De este modo, la psicología social se convertirá en una disciplina discursiva. El análisis de la conversación tiene el mérito de examinar con todo detalle de qué manera se emplea realmente el lenguaje. Los defensores de los analistas de la conversación tienden a mostrar su impaciencia ante la abstracción e insisten en examinar el lenguaje en sus usos ocasionales (Atkinson y Heritage, 1984). El lenguaje no es visto como una estructura abstracta y preformada, cuyos usuarios se describen como simples sirvientes que llevan soperas de signos lingüísticos a los grandes comedores de la vida.

En su estudio sobre el desarrollo del análisis de la conversación, Heritage (1984) sugiere que muchos analistas de la conversación han elegido de forma deliberada estudiar conversaciones «triviales», tales como saludos ocasionales, invitaciones a cenar, etc. Detrás de esta estrategia había un fundamento teórico; la intención de los analistas de la conversación era mostrar las complejidades de la regularidad social en las situaciones menos prometedoras. Como señala Heritage, el análisis de la conversación es el equivalente del microscopio de la sociología, aumentando los detalles que pasan por alto otros observadores de la vida social (1984, p. 311).

El estudio detallado del uso-del-lenguaje puede aplicarse a aquellos temas que generalmente han sido estudiados por los psicólogos sociales. En ninguna otra parte resulta esto más evidente que en el estudio de las «actitudes» u «opiniones». Como han señalado Potter y Wetherell (1987), los psicólogos sociales ortodoxos han dedicado enormes energías a la investigación de las actitudes, pero han ignorado prácticamente examinar aquello que la gente realmente hace cuando da sus opiniones. Esta es una crítica formulada enérgicamente también por Lalljee *et al.* (1984). Con demasiada frecuencia, los psicólogos sociales han asumido que una «actitud» es una realidad mental y que, al manifestar su actitud, las personas ofrecen una expresión exterior de un estado mental interior. Es el estado interior el que se presume que constituye la realidad de la cuestión. Para los psicólogos sociales discursivos este supuesto debe ser invertido en términos teóricos; la entrega de la actitud –el uso del lenguaje actitudinal– es la realidad que debe ser estudiada.

Al dedicar una atención especial al uso del lenguaje, los analistas del discurso han demostrado que las personas no tienen una única «actitud», tal como a menudo ha supuesto la teoría psicológica social. En cambio, la gente emplea modelos de conversación complejos y, a menudo, contradictorios; las personas utilizarán «repertorios interpretativos» diferentes con el fin de cumplir funciones diferentes (véase Potter y Wetherell, 1988). Por ejemplo, Gilbert y Mulkay (1984) muestran cómo la comunidad científica, cuando habla sobre la ciencia, utilizará diferentes repertorios de explicación y relato. Cuando los científicos analizan su propio trabajo hablan como si la ciencia fuese una cuestión de emplear técnicas precisas para *descubrir* elementos de la realidad. En cambio, cuando hablan sobre el trabajo de teóricos rivales ofrecen a menudo relatos muy diferentes; en esos casos utilizarán explicaciones psicológicas para hablar sobre los científicos rivales amargados por su propia estupidez. Del mismo modo, se ha demostrado que los oradores blancos articulan temas tanto prejuiciosos como tolerantes cuando hablan de otras «razas» (Billig *et al.*, 1988; Wetherell y Potter, 1988; van Dijk, 1987). Según los analistas del discurso cabe esperar esta variabilidad en el discurso. En diferentes interacciones, y en diferentes coyunturas dentro de la misma interacción, los oradores utilizarán formas del habla diferentes para realizar diferentes tipos de tareas. Para llevar a cabo estas tareas de una manera eficaz, los oradores necesitarán variar sus «repertorios de interpretación» (Potter y Wetherell, 1987) y para cambiar entre aquello que Bakhtin (1981) denominó «registros de voz» diferentes. Resumir todo esto como si fuese la expresión de una «actitud» significa desvirtuar la complejidad retórica de la emisión de opiniones.

El cambio teórico necesario no se consigue sustituyendo por el análisis de la conversación las metodologías empleadas actualmente por los teóricos de las actitudes. El enfoque retórico, y de hecho el enfoque discursivo desarrollado por Potter y Wetherell (1987), pretende ir más allá del proyecto del análisis de la conversación clásico, en el sentido que lo que describe Heritage (1984). En primer lugar, y de la mayor obviedad, no existe la restricción puritana de las llamadas conversaciones «triviales». En cambio, cuando los analistas estudian la manera en la que se emiten las opiniones, con frecuencia seleccionan un discurso en el que los oradores se refieren a cuestiones sociales importantes, tales como desigualdad racial o de género (Potter y Wetherell, 1988; Wetherell *et al.*, 1987). De hecho, muchos analistas de la conversación han ido rompiendo la restricción puritana del proyecto inicial; han analizado discursos «no triviales», como los interrogatorios en los tribunales (Atkinson y Drew, 1979) o incluso conversaciones históricamente significativas (Molotch y Boden, 1985). No obstante, cuando los analistas de la conversación estudian el discurso político (Atkinson, 1984; Heritage y Greatbatch, 1986) o el discurso persuasivo en general (Pomerantz, 1986), tienden a mostrar un mayor interés por las formas del habla empleadas más que por el contenido de lo que se dice.

Una segunda diferencia entre el enfoque retórico y el análisis de la conversación es el énfasis que se aplica a la argumentación en el enfoque retórico. Este énfasis no significa simplemente que los teóricos retóricos muestran una tendencia a seleccionar las conversaciones argumentativas para sus materias de estudio. Una parte importante de los primeros análisis de la conversación parecían seleccionar aquellas conversaciones en las que el desacuerdo era aparentemente mínimo y podían observarse «preferencias para un acuerdo» (este punto se analizará más tarde en capítulo 8). Es solo recientemente que los analistas de la conversación han comenzado a orientarse hacia el discurso argumentativo (Grimshaw, 1990). No obstante, el mencionado énfasis en la argumentación en el contexto del enfoque retórico va más allá de la mera selección de determinados tipos de discurso para su examen. El énfasis es una cuestión de teoría. La retórica se refiere a la práctica de la argumentación y la persuasión (Perelman y Olbrechts-Tyteca, 2015). Para los teóricos de la retórica es un supuesto que la argumentación no se halla confinada a esas situaciones drásticas cuando se pierden los nervios y se golpean las puertas. La retórica y la argumentación, en cambio, se extienden a través de la vida social (Billig, 1987). Y son precisamente estas dimensiones retóricas las que suelen pasar por alto los científicos sociales. Este asunto se desarrolla en el capítulo 2, particularmente en relación con la psicología. Los psicólogos han ignorado con demasiada frecuencia las dimensiones esencialmente retóricas y argumentativas del pensamiento. El pensamiento humano no representa solo una cuestión de procesar información o de seguir una serie de reglas cognitivas. El pensamiento debe ser observado en acción durante las discusiones, en toma y daca retórico de la argumentación. Reflexionar sobre una cuestión es discutir con uno mismo, incluso persuadirse. No es un accidente lingüístico que el acto de proponer una justificación razonada se denomine, con razón, «ofrecer un argumento».

No es suficiente con decir que en el hecho de dar opiniones existe una complejidad lingüística. Es necesario también reconocer las dimensiones retóricas y argumentativas de esta situación. El contexto implícito en el acto de dar una opinión es un contexto de argumentación. Las opiniones se ofrecen cuando hay opiniones contrarias. El argumento «a favor» de una posición es siempre también un argumento «en contra» de una posición opuesta. En consecuencia, el significado de una «opinión» depende de las opiniones a las que se opone (Billig, 1987). Estos son los puntos que ejemplifican los estudios descritos en los capítulos empíricos posteriores.

La tercera diferencia entre el enfoque retórico actual y el tipo de análisis de la conversación, según ha descrito Heritage (1984), se relaciona con la cuestión de la ideología. En términos generales, los analistas de la conversación no se han mostrado interesados en cuestiones críticas de la ideología. De hecho, la selección de conversaciones triviales alienta a que los temas más amplios de la crítica ideológica escapen de la agenda teórica. Tal como sugiere Heritage en su metáfora, los analistas de la conversación han estado desarrollando el microscopio sociológico y examinando cómo se llevan a cabo las tareas propias de la interacción. La metáfora del microscopio resulta reveladora, ya que la visión microscópica es limitada. El microscopio metafórico de la sociología podría aumentar los detalles de las interacciones presentes, pero no sugiere que estas interacciones encajen en un modelo histórico. Los ecos del pasado están ausentes en el análisis de la conversación. Para continuar con la citada metáfora: los tejidos de una muestra biológica pueden ampliarse bajo el microscopio con todo lujo de detalles, pero aun así es necesario contar la historia evolutiva que ha dado lugar a los especímenes que se encuentran en el portaobjetos. Para contar esa historia, el analista necesita alzar la vista del microscopio. Es necesario construir una historia que nunca puede ser reducida al portaobjetos de un microscopio. Y lo mismo se aplica al laboratorio de la vida social. Las interacciones estratégicas de los individuos, que se saludan, culpan, excusan, etc., entre ellos se producen dentro de un patrón social más amplio. Incluso las palabras que utilizan tienen una historia que encuentra su eco en el presente. Este es un elemento integral de la paradoja del lenguaje. Del mismo modo que la historia de la evolución está contenida dentro de los especímenes debajo del microscopio del biólogo, así también se representa, y se continúa, la historia de la ideología en la retórica cotidiana observada a través del microscopio conversacional.

Estos diferentes temas retóricos se estudian en los capítulos «empíricos» que se incluyen a continuación de los tres primeros capítulos teóricos. El enfoque retórico, naturalmente, se puede aplicar a una infinita variedad de fenómenos en la vida cotidiana. En este caso, los ejemplos están relacionados principalmente con el mantenimiento de las opiniones, sobre todo aquellas que son de naturaleza política. Podría decirse que el mantenimiento de opiniones políticas es una cuestión que permite que los aspectos ideológicos del pensamiento resulten especialmente visibles. Sin embargo, los temas ideológicos no se limitan a las cuestiones de índole política, ya que, de manera implícita, las cuestiones políticas, en su sentido más amplio, subyacen a muchos otros temas del pensamiento cotidiano. Existe aún otro punto a tratar. La ideología no está limitada al mantenimiento de opiniones que son inusuales en términos estadísticos. Varios capítulos abordan la cuestión de las opiniones, que no son aquellas que sustenta la mayoría, como el fascismo o el republicanismo en la Gran Bretaña contemporánea. Esta elección del tema no debe inducir a error: la ideología no solo existe en los márgenes de la política sino que, naturalmente, se encuentra mucho más extendida.

Esta complejidad de «opiniones», y el lugar que ocupan en la vida corriente tal como se la vive, se exploran en el capítulo 4. Este capítulo, aparentemente, parece basarse en un estudio etnográfico de un grupo poco habitual: los Jóvenes Conservadores, es decir, el ala juvenil de los *tories*. Solo un pequeño porcentaje de la población es miembro de algún partido político. No obstante, el asunto sobre los Jóvenes Conservadores es que ellos afirman ser personas «normales» que han llegado a un partido político por razones esencialmente no políticas. Al unirse a un partido, su «normalidad» se sitúa en un contexto en el que las resonancias del poder son audibles. Lo que puede encontrarse es cierta clase de armonía entre las opiniones «corrientes» y el contexto extraordinario. Clase y colonialismo tienen sus ecos retóricos e ideológicos en la vida suburbana.

El capítulo 5 aborda el tema del significado esencialmente argumentativo de las opiniones, y lo hace considerando las opiniones dentro de un contexto político «inusual». Aquello *contra* lo que se argumenta debe comprenderse con el fin de entender *a favor* de qué se está argumentando. Este capítulo reflexiona sobre la propaganda de los grupos fascistas contemporáneos en Gran Bretaña, examinando los textos impresos más que el discurso conversacional. Los propagandistas fascistas, que buscan adeptos para su causa, pueden intentar ocultar algunos de los temas subyacentes de su ideología (Billig, 1977, 1989b; Orfali, 1990). A menos que los lectores de esa propaganda entiendan la posición opuesta, contra la que se dirige el mensaje, pueden ser engañados por el mensaje. Por lo tanto, la posición retórica puede ofrecer una ayuda práctica para la lectura de los textos de propaganda, sobre todo cuando el propagandista no es sincero.

El capítulo 6 considera la naturaleza histórica del sentido común, ya que analiza la naturaleza retórica del prejuicio. El concepto de «prejuicio» pertenece al sentido común; y, como tal, posee una historia ideológica. Esta historia, que no puede construirse a partir del examen microscópico de la interacción presente, se continúa, no obstante, mediante el uso actual.

El capítulo 7 examina la naturaleza histórica de las opiniones antimonárquicas con el propósito de señalar que los patrones más amplios de la historia forman parte del contexto de la formación de opiniones. Además del contexto inmediato en el que se expresan las opiniones, existe también un contexto más amplio. Los oradores están situados dentro del flujo general de la historia y los cambios históricos en el contexto argumentativo alteran el significado de una opinión expresada. Los dibujos de James Gillray se utilizan para ejemplificar esta cuestión.

Cuando alguien manifiesta su opinión en el curso de una conversación, este hecho podría generar todo tipo de cosas. El capítulo 8, mediante el empleo de alguna de las técnicas propias del análisis de la conversación, examina en detalle a un hombre que expresa opiniones muy firmes sobre una familia real. Este individuo lo hace en el contexto de su familia, en que su esposa y sus hijos rebaten sus argumentos; en este caso intervienen muchos asuntos familiares. El padre no es el amo del argumento y tampoco el esclavo de un repertorio repetido. Mientras la familia discute se puede observar a sus miembros en la actividad práctica del pensamiento: opiniones a favor y opiniones contrarias se enfrentan en el desarrollo de un concurso de argumentación. La propia exposición de puntos de vista se convierte en un tema de debate, y se pueden manifestar opiniones sobre las opiniones, ya que los participantes discuten sobre sus argumentos.

El contexto retórico de la manifestación de opiniones es un contexto estratégico donde se verá a los oradores argumentando y persuadiendo, criticando y justificando, ocultando y exponiendo. Al esbozar esa visión retórica del pensamiento, la atención se ha desplazado del individuo solitario, el Robinson Crusoe que baraja la información de los estímulos en el orden esquemático. Esta circunstancia destaca la cuestión general enunciada por Foucault en el sentido de que «el discurso no es la manifestación majestuosa de un sujeto pensante, conocedor y hablante» (1972, p. 55). El portaobjetos colocado debajo del microscopio está lleno de movimiento; contiene oradores, que se combinan y vuelven a combinarse para formar nuevos modelos de discurso, mientras se dan empellones con sus opiniones y opiniones contrarias. Tal como escribe Jean-François Lyotard en *La condición postmoderna: informe sobre el saber,* «hablar es luchar, en el sentido de jugar, y los actos del habla caen en el dominio de una agonística general» (1986, p. 10). Estos son juegos que incluyen estrategia y tácticas. Pero discutir, como pensar, es más que un juego estratégico. Existe la sociedad más amplia, y su historia de desigualdad, que ha proporcionado las pelotas y los bates lingüísticos para los jugadores. Si esto se olvida, entonces los temas más amplios de la crítica ideológica se desvanecerán del horizonte teórico.

El carácter contrario del sentido común

Cuando la gente opina está haciendo varias cosas. Podría tener un interés comercial estratégico, ya que contrarresta las opiniones de otros. Podría estar realizando diversas tareas de autopresentación. Y así sucesivamente. Más allá de esas cuestiones de interacción interpersonal hay otro aspecto en la expresión de las opiniones, un aspecto tan obvio que resulta fácil pasarlo por alto. Los oradores no solo están hablando para alcanzar objetivos estratégicos. Ellos también están hablando sobre las cosas. Las manifestaciones del orador tienen tanto contenido como contexto. Por lo tanto, el analista de opiniones debe escuchar atentamente *qué* es lo que se dice, no solo *cómo* se dice.

En los capítulos siguientes se puede escuchar a los oradores discutiendo, y pensando, sobre ellos mismos, naciones, razas, creencias políticas, etc. Estos argumentos emplean temas de sentido común y, en consecuencia, los oradores debaten aquello que debe pasar como algo sensato. Los oradores no están inventando su propio sentido común. El reconocimiento de este hecho supone plantear la otra cara de su paradoja ideológica. Al utilizar los argumentos del sentido común, los oradores están despertando de su letargo a los monstruos estereotipados.

La teoría retórica clásica destaca las conexiones que existen entre el sentido común y la emisión de opiniones. La opinión era considerada el objeto de la retórica, más que determinado conocimiento. Aristóteles insistía en este punto en las secciones iniciales de su *Retórica*. El razonamiento retórico, escribía el filósofo de Estagira, se utiliza «solo sobre temas de debate reconocidos»; se trata de asuntos inciertos, ya que «a los asuntos que no admiten ambigüedad, pasados, presentes o futuros, nadie los discute» (1909, I, ii, p. 12). El objeto puede ser discutible, pero los oradores están tratando de persuadir a los oyentes respecto de su propia postura. Aristóteles, en consonancia con otros teóricos clásicos, ofrecía un consejo a los oradores. Con el fin de maximizar sus posibilidades de ser persuasivos, estos deben apelar al *sensus communis* que comparten con su audiencia. En este sentido eran especialmente útiles los lugares comunes, o la clase de máximas morales que están cargadas de tópicos que apelan a los valores (Perelman y Olbrechts-Tyteca, 2015). De este modo, el discurso del orador, que pretende crear nuevos movimientos de opinión hacia una posición que no es comúnmente compartida, ensayará viejos estereotipos comunes.

La situación retórica no es simple y su complejidad revela algo acerca de la naturaleza del sentido común. En la argumentación, los oradores no están solo recordando la «concepción única del mundo» contenida dentro del sentido común compartido, sino que están reproduciendo concepciones contradictorias incluidas dentro del sentido común. En un argumento ambas partes recurrirán con frecuencia a diferentes máximas relativas al sentido común para conseguir que sus casos parezcan persuasivos. Los manuales retóricos citaban con frecuencia el ejemplo de la oratoria en la sala del tribunal. Se recomendaría a la defensa que utilizara los lugares comunes de la clemencia, y la acusación podría contrarrestarlo con los pertenecientes a la justicia. Se supondría que el sentido común contiene los temas opuestos de que «hay que ser clemente» y de que «hay que aplicar la justicia». Así pues, el sentido común será «dilemático» en el sentido de que contiene temas contrarios (Billig *et al.*, 1988).

La variabilidad en la emisión de opiniones, que los analistas del discurso han demostrado, no es simplemente una reflexión de consideraciones estratégicas. También representa la naturaleza del propio sentido común y sus temas contrarios, y ello permite que los oradores continúen con sus asuntos retóricos. Las máximas del sentido común pueden enfrentarse entre ellas; valentía contra prudencia, obediencia contra originalidad, justicia contra clemencia, y así sucesivamente. De este modo puede llevarse a cabo el asunto de filosofar con sentido común. Los estereotipos opuestos pueden despertarse, de modo tal que los viejos adversarios volverán a verse las caras nuevamente en la batalla. En este sentido, no debe considerarse que el lenguaje contenga una única concepción del mundo, como sostenía Gramsci. En cambio, como también reconocía en otro pasaje de *Cuadernos de la prisión*, el sentido común expresa concepciones diferentes del mundo. El pensamiento corriente, sostenía Gramsci, es «inconexo y episódico» ya que contiene «elementos de la Edad de Piedra y principios propios de una ciencia más avanzada, prejuicios de todas las fases pretéritas de la historia a nivel local e intuiciones de una filosofía futura que será la de una raza humana unida en todo el mundo» (1971, p. 324).

Para Gramsci, esta falta de coherencia era un problema que sería superado conduciendo a las masas hacia el pensamiento avanzado y coherente del partido revolucionario. Sin embargo, la variabilidad no debe desvalorizarse en sí misma, ya que permite la posibilidad de la crítica argumentativa. Los elementos del sentido común pueden emplearse para criticar el sentido común. En este sentido, la ideología no impide necesariamente la argumentación, pero puede proporcionar los recursos para la crítica. Los argumentos para la libertad se pueden contrarrestar con aquellos relativos a la igualdad, o los principios de la Edad de Piedra pueden oponerse a las intuiciones de la filosofía del futuro. Esto puede conseguirse sin apartarse de la ideología. Incluso la crítica de la ilusión ideológica puede hacerse con temas del sentido común. Las páginas iniciales de *La ideología alemana* lloriquean en su sarcasmo contra los «profesores alemanes» que no saben nada de la vida real; un conjunto de viejos estereotipos era movilizado por los engendradores radicales del nuevo mundo.

La repetición retórica es algo más que una repetición: los esclavos pueden ordenar a sus amos nuevas batallas argumentativas. Los oradores pueden reproducir el sentido común pero sus reproducciones no dejarán inalterada la ideología. Las representaciones del momento presente adaptarán el armamento del pasado, y se puede ver fluir a las tradiciones de la ideología a través del juego agonístico. Aun así, estas tradiciones no son constantes ya que representan la suma de dichos momentos ideológicos, cada uno de ellos extendiéndose hacia el pasado mientras se abren a un futuro que es retóricamente incierto. Por lo tanto, el pasado no controla el presente hasta el punto de insistir en su propia reproducción exacta. Cada eco es en sí mismo una distorsión porque ninguna puede ser una repetición perfecta de lo que ya era una serie de repeticiones. No hay dos contextos exactamente idénticos y, por lo tanto, no hay dos enunciados que puedan tener exactamente el mismo significado. Cada repetición será una creación y llevará el pasado hacia su futuro.

Crítica del relativismo

El analista debe construir el significado retórico con el objeto de analizar los modelos de argumentación. Esta construcción no requiere una metodología específica, o un conjunto de procedimientos definido, que el analista debe aplicar con experiencia profesional (Billig, 1989b). La confianza en una única metodología opacaría inevitablemente el aspecto crítico. El analista, en lugar de contar con una caja de herramientas de instrumental especializado, habría dispuesto de un solo cortacésped, avanzando y retrocediendo, dejando siempre la hierba a una altura uniforme. Como veremos más adelante, los capítulos empíricos emplean una variedad de metodologías. Las técnicas de análisis formales pueden variar, pero algunas de las cuestiones subyacentes relacionadas con la retórica y la argumentación permanecen constantes. Existe, sobre todo, un intento permanente de reconstruir el significado retórico del pensamiento ideológico.

Un elemento común destaca en estas diferentes reconstrucciones del significado retórico: son en sí mismos argumentos. El analista no puede apartarse de la argumentación porque la reconstrucción de la retórica no puede sustraerse a la retórica. En este sentido, la retórica es tanto el medio como el objeto de la investigación. Debido a ello, y no a pesar de ello, existe la posibilidad de crítica. El analista, a distancia, puede unirse a los argumentos que se están examinando y argumentar sobre los mismos. No se puede esperar nada menos de un analista que construye el significado retórico de una pieza de propaganda fascista. En el último análisis, o más bien en el primero, la crítica depende del argumento producido por el analista.

Este punto es básico para combatir la acusación que en ocasiones se hace contra el giro de la retórica. Es la acusación del escepticismo relativista. Existen diferentes tipos de relativismo y diferentes críticas que pueden hacerse en contra y a favor de los distintos tipos de relativismo (Raven *et al.*, 1988; Margolis, 1990). No todas estas cuestiones son relevantes aquí. Pero sí hay una crítica en particular del relativismo que, si se aplicase al giro de la retórica, socavaría su capacidad para proponer una crítica ideológica. Habermas (1985, 2008), en su contundente crítica a Foucault y Derrida, sostiene que cualquier análisis radical debe asumir declaraciones claras respecto de la preferencia; algunas posiciones deben defenderse como preferibles, más persuasivas, incluso más verdaderas que otras. Un análisis que rechace hacer esto no puede ser radical, ya que alienta la crítica de cualquier crítica. Habermas sostiene que el posmodernismo ha abandonado el proyecto radical del modernismo porque somete todas las proposiciones a la misma duda.

Los detalles de la posición de Habermas no tienen relevancia aquí, pero sí la tiene la dirección general de su argumento. Se ha afirmado que el giro de la retórica permite un escepticismo generalizado, que impide una perspectiva genuinamente crítica (véase, por ejemplo, Simons, 1990, y la crítica formulada por Keith y Cherwitz, 1989; véase también el análisis feminista de la filosofía de Richard Rorty realizado por Fraser en 1989). Esta crítica debe tomarse en serio si los partidarios de la posición retórica pretenden emplear la retórica como una herramienta para analizar la ideología desde una perspectiva crítica. Se sugerirá que hay rasgos de la posición retórica que parecen invitar a esta crítica, pero que, sin embargo, la crítica está en sí misma fuera de lugar.

A primera vista, la acusación de escepticismo acrítico parece tener algún fundamento. Este giro retórico es una reacción a lo que se ha dado en llamar «fundacionalismo»: los teóricos retóricos han cuestionado que el conocimiento pueda construirse sobre cimientos firmes e incuestionables (Gergen, 1990; Rorty, 1987). En lugar de verdades científicas inequívocas, los teóricos del giro retórico se han centrado en lo razonable o persuasivo. Han hecho hincapié en que los puntos opuestos pueden formularse con razonabilidad (Perelman, 1979). Por lo tanto, una proposición y su contraria pueden parecer ambas razonables. La descripción de la paradoja ideológica es un buen ejemplo: es razonable considerar que el pensamiento está determinado social e individualmente, con el pensador como amo y esclavo a la vez. Ninguna representación es absolutamente verdadera ni absolutamente falsa. En esta etapa, la crítica puede hacer su aparición con la acusación de escepticismo acrítico: se niega la posibilidad del conocimiento; se afirma que la opinión y la contraopinión son igualmente válidas, o igualmente inválidas, sin que exista diferencia; no hay un posicionamiento comprometido; no puede haber una crítica al estilo de Marx o de Gramsci.

El capítulo 2 parece invitar a esta clase de acusaciones. Escoge al antiguo sofista griego Protágoras como héroe retórico (véase también Billig, 1987). Todos los escritos de Protágoras se han perdido, por lo que solo quedan fragmentos citados por otros escritores, junto con la reconstrucción de Platón en los diálogos *Protágoras* (1956) y *Teeteto* (1942). Dos dichos, atribuidos a Protágoras, le han convertido en el héroe de los relativistas. En primer lugar, su célebre observación, citada por Platón y Diógenes Laercio, de que «el hombre es la medida de todas las cosas», con su adjunto de que todo lo que «los hombres» piensan que es así, así es. En segundo lugar, está la afirmación citada tanto por Diógenes como por Séneca de que «en toda cuestión es posible argumentar con igual fuerza por ambas partes». Séneca (1979) llegó a comentar que «si me aferro a Protágoras, no hay nada en el esquema de la naturaleza que no sea dudoso» (Epístola 98, p. 43).

La acusación de Séneca en el sentido de que la filosofía de Protágoras es tan relativista que resulta imposible comprometerse con ninguna posición: lo opuesto a dicha posición debe parecer siempre igualmente razonable. No hay crítica social posible, ya que hay que admitir que su contraposición es tan razonable como la crítica. Sin embargo, esta no es la única manera de interpretar a Protágoras. Sus comentarios se pueden tomar como una observación sobre las capacidades retóricas de los seres humanos para criticar y argumentar. En cada cuestión sobre la que se exponen opiniones, puede formularse una opinión contraria con la misma fuerza retórica que la opinión original. Esta observación psicológica no compromete a los observadores con la posición que personalmente debe considerar que tanto la opinión como la contraopinión son siempre igualmente razonables. De hecho, lo prohíbe; la propia observación forma parte de un argumento, que reivindica su propia razonabilidad superior.

Existe un caso histórico para negar que Protágoras fuese un escéptico y cuyo relativismo le impedía adoptar una posición. La reconstrucción que hace Platón de Protágoras en *Teeteto* establece esta cuestión con claridad. En este diálogo, Protágoras no aparece como personaje sino que es Sócrates quien imagina un diálogo con él. Sócrates, tal como lo imaginó Platón, se muestra escrupuloso al figurarse como sutil la posición de Protágoras. Sócrates plantea el argumento de que la propia posición asumida por Protágoras se refuta a sí misma: si Protágoras dice que todas las opiniones pueden ser rebatidas, entonces también puede serlo su opinión de que todas las opiniones pueden ser rebatidas. Sócrates entonces le ofrece a Protágoras una respuesta inmediata que descarta la acusación de autorrefutación. Este Protágoras doblemente imaginado niega que la posición retórica conduzca a la incapacidad para emitir juicios. Cada persona debe establecer su propio juicio y, dice el reconstruido Protágoras, que eso también le incluye a él: «No digo en absoluto que la sabiduría y el sabio no existan» (*Teeteto*, p. 95). Aquí se establece una posición firme. Y, como aparece claramente en *Protágoras*, el llamado escéptico cínico podría expresar una concepción de la sociedad deseable.

Protágoras no está eludiendo el argumento y tampoco desea hacerlo. El propio acto argumentativo constituye una negación de la clase de relativismo estricto que impide la toma de posiciones morales y críticas. En el acto de argumentar se critica la posición contraria, reivindicando la superioridad argumentativa de la propia posición. Así pues, la argumentación es una negación práctica de este escepticismo estricto. Los argumentos esgrimidos por Protágoras estaban dirigidos hacia los contraargumentos de los otros. En *Protágoras* no ceden fácilmente ante Sócrates, y la retórica de sus argumentos supone que sus posiciones son «mejores», «más fuertes», «más sabias», «más convincentes» que las de su famoso oponente. Lo mismo sucede con la formulación de la posición retórica para la psicología social. Esta formulación es en sí misma un argumento, orientado contra otras opiniones, incluida la imagen unilateral del pensador contenida en el modelo cognitivo. En la práctica, la expresión del argumento asume su propia capacidad de persuasión y, en este caso, la teoría de la argumentación es ejemplo de la práctica del argumento.

Perelman y Olbrechts-Tyteca (2015) sugerían que el acto de discutir implica hacer un llamamiento implícito a la «audiencia universal»: los oradores suponen que su argumento sería considerado razonable a los ojos de una audiencia mítico y totalmente racional. La noción de una «audiencia universal» se puede comparar con la noción de «comunicación sin distorsiones» expuesta por Habermas (2010): los argumentadores hacen la afirmación implícita de que su argumento sería convincente en esas condiciones míticas de comunicación, libres de toda distorsión. De este modo, la práctica de la argumentación consiste en dejar atrás la indiferencia absoluta. Solo el completo escéptico no se molestaría en argumentar.

El giro retórico, por lo tanto, no es una huida de la discusión y tampoco un abandono de la crítica ideológica. Una visión moral puede colocarse en el centro de la perspectiva retórica para permitir dicha crítica, un concepto que se elaborará en el capítulo final. El giro hacia la retórica se puede formular como una celebración del argumento. En su punto neurálgico se puede colocar la visión utópica de los filósofos cotidianos que argumentan en condiciones de diversión y libertad, con argumentos que no se ven amargados por la estupidez y tampoco por las condiciones sociales de la distorsión. Esta celebración de la argumentación expresaría el deseo de unas condiciones de comunicación sin distorsiones. Este deseo es un argumento contra las condiciones actuales, que pretenden reemplazar las contradicciones del sentido común por la filosofía coherente del partido. La articulación de la crítica no representa una huida del sentido común actual hacia una teorización abstracta. No tiene por qué haber un rechazo total del sentido común, si la esperanza radical es que se superen las actuales condiciones de desigualdad. Mientras tanto, el sentido común puede volverse contra sí mismo, ya que la ideología contendrá las semillas de su propia crítica.

Referencias

Abercrombie, N. (1982). *Clase, estructura y conocimiento*. Barcelona: Edicions 62.

Abercrombie, N., Hill, S., y Turner, B. S. (1998). *La tesis de la ideología dominante*. Madrid: Siglo XXI Editores.

Althusser, L. (1971). *Lenin and philosophy and other essays*. Londres: New Left Books.

Althusser, L. (1979). *For Marx*. Londres: Verso.

Aristóteles (1909). *Rhetoric*. Cambridge: Cambridge University Press. [Aristóteles (2005). *Retórica*. Madrid: Gredos.]

Atkinson, J. M. (1984). *Our master's voices*. Londres: Methuen.

Atkinson, J. M., y Drew, P. (1979). *Order in court*. Londres: Macmillan.

Atkinson, J. M. y Heritage, J. (1984). *The structures of social action*. Cambridge: Cambridge University Press.

Bakhtin, M. M. (1981). *The dialogic imagination: four essays* (Vol. 1). Austin: University of Texas Press.

Barthes, R. (1993). *El placer del texto y lección inaugural de la cátedra en semiología lingüística del Collège de France*. Buenos Aires: Siglo XXI Editores.

Barthes, R. (2009). *La aventura semiológica*. Barcelona: Paidós Ibérica.

Billig, M. (1977). *Fascists: A social psychological view of the National Front*. Londres: Harcourt Brace Jovanovich.

Billig, M. (1982). *Ideology and social psychology*. Oxford: Blackwell.

Billig, M. (1985). Prejudice, categorization and particularization: from a perceptual to a rhetorical approach. *European Journal of Social Psychology, 15*(1), 79-103.

Billig, M. (1987). *Arguing and thinking: a rhetorical approach to social psychology*. Cambridge: Cambridge University Press.

Billig, M. (1989a). Methodology and scholarship in understanding ideological explanation. En C. Antaki (ed.), *Analysing everyday explanation: a casebook of methods* (pp. 199-215). Londres: Sage.

Billig, M. (1989b). The extreme right: continuities in anti-Semitic conspiracy theory in post-war Europe. En R. Eatwell y N. O'Sullivan (eds.), *The nature of the right: European and American politics and political thought since 1789* (146-166). Londres: Frances Pinter.

Billig, M., Condor, S., Edwards, D., Gane, M., Middleton, D. y Radley, A. R. (1988). *Ideological dilemmas: a social psychology of everyday thinking*. Londres: Sage.

Billig, M. y Sabucedo, J. (1994). Rhetorical and ideological dimensions of common sense. En J. Siegfried (ed.), *The status of common sense in psychology* (pp. 121-149). Nueva York: Ablex.

Coward, R. y Ellis, J. (1977). *Language and materialism*. Londres: Routledge.

Diógenes Laercio (2003). *Vidas de filósofos ilustres*. Barcelona: Ediciones Omega.

Edwards, D. y Mercer, N. (1987). *El conocimiento compartido: el desarrollo de la comprensión en el aula*. Barcelona: Paidós Ibérica.

Edwards, D. y Mercer, N. (1989). Reconstruction context: the conventionalization of classroom knowledge. *Discourse Processes, 12*(1), 91-104.

Edwards, D. y Middleton, D. (1988). Conversational remembering and family relationships: how children learn to remember. *Journal of Social and Personal Relationships, 5*(1), 3-25.

Edwards, D. y Potter, J. (1992). The Chancellor's memory: language and truth in discursive remembering. *Applied Cognitive Psychology, 6*(3), 187-215.

Fiske, S. T. y Taylor S. E., (1984). *Social cognition*. Nueva York: Random House.

Foucault, M. (1972). *The archeology of knowledge*. Londres: Tavistock. [Foucault, M. (2009). *La arqueología del saber*. Madrid: Siglo XXI editores.]

Fraser, N. (1989). *Unruly Practices: power, discourse, and gender in contemporary social theory*. Cambridge: Polity Press.

Gane, M. (ed.) (1989). *Rhetoric* (edición especial de *Economy and Society*). Londres: Routledge.

Gergen, K. J. (1982). *Toward transformation in social knowledge*. Nueva York: Springer.

Gergen, K. J. (1989). Social psychology and the wrong revolution. *European Journal of Social Psychology, 19*(5), 463-484.

Gergen, K. J. (1990). The checkmate of rhetoric (but can our reasons become causes?). En H. W. Simons (ed.), *The rhetorical turn: invention and persuasion on the conduct of inquiry* (pp. 293-307). Chicago: University of Chicago Press.

Gilbert, G. N. y Mulkay, M. (1984). *Opening Pandora's box*. Cambridge: Cambridge University Press.

Gramsci, A. (ed. 1971). *Prison notebooks*. Londres: Lawrence y Wishart. Londres. [Gramsci, A. (2023). *Cuadernos de la cárcel*. Madrid: Akal.]

Grimshaw, A. D. (ed.) (1990). *Conflict talk: sociolinguistic investigation of arguments in conversations*. Cambridge: Cambridge University Press.

Habermas, J. (2010). *Teoría de la acción comunicativa: racionalidad de la acción y racionalización social. Crítica de la razón funcionalista*. Madrid: Editorial Trotta.

Habermas, J. (1985). La modernidad, un proyecto incompleto. En H. Foster (ed.), *La posmodernidad* (pp. 19-36). Barcelona: Kairos.

Habermas, J. (2008). *El discurso filosófico de la modernidad*. Madrid: Katz.

Halbwachs, M. (1980). *The collective memory*. Nueva York: Harper and Row. [Halbwachs, M. (2004). *La memoria colectiva*. Zaragoza: Prensas de la Universidad de Zaragoza.]

Hall, S. (1988). The toad in the garden: Thatcherism among the theorists. En C. Nelson y L. Grossberg (eds.), *Marxism and the interpretation of culture* (pp. 35-57). Londres: Macmillan.

Hamilton, D. L. (2014). Cognitive biases in the perception of social groups. En J. S. Carroll y J. W. Payne (eds.), *Cognition and social behavior* (pp. 81-93). Londres: Psychology Press.

Hamilton, D. L. (2015). Stereotyping and intergroup behavior: some thoughts on the cognitive approach. En *Cognitive processes in stereotyping and intergroup behavior* (pp. 333-353). Londres: Psychology Press.

Hamilton, D. L. y Trolier, T. K. (1986). Stereotypes and stereotyping: an overview of the cognitive approach. En J. F. Dovidio y S. L. Gaertner (eds.), *Prejudice, discrimination and racism* (pp. 127-163). Orlando: Academic Press.

Haste, H. (1990). "Moral rhetoric, lay social theory and self". Trabajo presentado en la *Third Ringberg Conference on Morality and Self*.

Head, B. W. (1985). *Ideology and social science: Destutt de Tracy and French liberalism*. Dordrecht: Martinus Nijhoff.

Heritage, J. (1984). *Garfinkel and ethnomethodology*. Cambridge: Polity Press.

Heritage, J. y Greatbatch, D. (1986). Generating applause: a study of rhetoric and response at party political conferences. *American Sociological Review 92*(1): 110-157.

Keith, W. M. y Cherwitz, R. A. (1989). Objectivity, disagreement and the rhetoric of inquiry. En H. W. Simons (ed.), *Rhetoric in the human sciences* (195-210). Londres: Sage.

Kennedy, E. (1978). *A "philosophe" in the age of Revolution. Destutt de Tracy and the origins of "ideology"*. Filadelfia: American Philosophical Society.

Lalljee, M., Brown, L. B. y Ginsburg, G. P. (1984). Attitudes: disposition, behaviour or evaluation? *British Journal of Social Psychology, 23*(3): 233-244.

Leith, D. y Myerson, G. (1989). *The power of address: explorations in rhetoric*. Londres: Routledge.

Lenin, V. I. (2005). *¿Qué hacer?* Madrid: Akal.

Livingstone, S. M. (1990). *Making sense of television*. Oxford: Pergamon Press.

Lyotard, J. F. (1986). *The post-modern condition*. Manchester: Manchester University Press. [Lyotard, J. F. (2006). *La condición posmoderna*. Madrid: Cátedra.]

Margolis, J. (1990). Reconciling realism and relativism. En H. W. Simons (ed.), *The rhetorical turn: Invention and persuasion on the conduct of inquiry* (pp. 308-319). Chicago: University of Chicago Press.

Marx, K. (1975a). Critical notes on the article "The king of Prussia and social reform. By a Prussian". En *Marx: Early writings*. Penguin: Harmondsworth.

Marx, K. (1975b) "Theses on Feuerbach". En *Marx: Early writings*. Penguin: Harmondsworth. [Marx, K. (2004). Tesis sobre Feuerbach. Florida: El Cid Editor.]

Marx, K. y Engels F. (1970) *The German ideology*. Londres: Lawrence and Wishart. [Marx, K. y Engels, F. (2014). *La ideología alemana*. Madrid: Akal.]

McCloskey, D. N. (1986). *The rhetoric of economics*. Brighton: Harvester.

Meyer, M. y Lempereur, A. (eds.) (1990). *Figures et conflicts rhétoriques*. Bruselas: Universidad de Bruselas.

Middleton D. y Edwards, D. (1990). *Collective remembering*. Londres: Sage.

Molotch, H. L. y Boden, D. (1985). Talking social structure: discourse, domination and the Watergate hearings. *American Sociological Review, 50*(3), 273-288.

Morley, D. (1986). *Family television*. Londres: Routledge.

Moscovici, S. (1982). The coming era of representation. En J. P. Codol y J. J. Leyens (eds.), *Cognitive Approaches to Social Behavior* (pp. 115-150). La Haya: Nijhoff.

Moscovici, S. (1983). The phenomenon of social representations. En R. Farr y S. Moscovici (eds.), *Social representations* (pp. 3-69). Cambridge: Cambridge University Press.

Moscovici, S. (1987). Answers and questions. *Journal for the Theory of Social Behaviour, 17*(4), 513-529.

Nash, W. (1989). *Rhetoric: the wit of persuasion*. Oxford: Blackwell.

Nelson, J. S., Megill, A. y McCloskey, D. N. (1987). *The rhetoric of the human sciences*. Wisconsin: University of Wisconsin Press.

Nisbett, R. E. y Ross, L. (1980). *Human inference: strategies and shortcomings of social judgment*. Nueva Jersey: Prentice Hall.

Orfali, B. (1990). *L'Adhésion au front national*. París: Editions Kimé.

Perelman, C. (1979). *The new rhetoric and the humanities*. Dordrecht: D. Reidel:.

Perelman, C. y Olbrechts-Tyteca, L. (2015). *Tratado de la argumentación: la nueva retórica*. Madrid: Gredos.

Platón (1956). *Protagoras*. Harmondsworth: Penguin. [Platón (2019). *Protágoras*. Madrid: Tecnos.]

Platón (1942). *Theaetetus*. Londres: Loeb Classical Library. [Platón (1996). *Diálogos: Teeteto; Sofista*. Barcelona: Editorial Planeta DeAgostini.]

Pomerantz, A. (1986). Extreme case formulations: a new way of legitimating claims. *Human Studies, 9*, 219-229.

Potter, J. y Edwards, D. (1990). Nigel Lawson's tent: attribution theory, discourse analysis and the social psychology of factual discourse. *European Journal of Social Psychology*, 20, 405-424.

Potter, J. y Wetherell, M. (1987). *Discourse and social psychology*. Londres: Sage.

Potter, J. y Wetherell, M. (1988). Accomplishing attitudes. *Text-Interdisciplinary Journal for the Study of Discourse, 8*(1-2), 51-68.

Potter, J., Wetherell, M., Gill, R. y Edwards D. (1990). Discourse – noun, verb or social practice. *Philosophical Psychology 3*(2), 205-217.

Raven, D., Vucht Tijssen, B. E. van y de Wolf, J. (eds.) (1988). *Cognitive relativism and social science*. Utrecht: University of Utrecht Press.

Ricoeur, P. (2019). *Ideología y utopía*. Barcelona: Gedisa.

Rorty, R. (1987). Science as solidarity. En J. S. Nelson, A. Megill y D. N. McCloskey (eds.), *The rhetoric of the human sciences*. Wisconsin: University of Wisconsin Press.

Sampson, E. E. (1981). Cognitive psychology as ideology. *American Psychologist, 36*(7), 730-743.

Sampson, E. E. (1988). The debate on individualism: indigenous psychologies of the individual and their role in personal and societal functioning. *American Psychologist, 43*(1), 15-22.

Sampson, E. E. (1990). Social psychology and social control. En I. Parker y J. Shotter (eds.), *Deconstructing social psychology* (pp. 117-126). Londres: Routledge.

Sassoon, A. S. (1987). *Gramsci's politics*. Londres: Hutchinson.

Séneca (1979). *Epistles*. Londres: Loeb Classical Library. [Séneca (2018). *Cartas a Lucilio*. Madrid: Cátedra.]

Shotter, J. (1989). Social accountability and the social construction of "you". En J. Shotter y K. J. Gergen (eds.), *Texts of identity* (pp. 133-151). Londres: Sage.

Shotter, J. (1990). *Knowing of the third kind: selected writings on psychology, rhetoric, and the culture of everyday social life: Utrecht, 1987-1990.* Utrecht: ISOR.

Shotter, J. (1991). The rhetorical-responsive nature of mind: a social constructivist approach", en A. Costal y A. Still (eds.), *Against cognitivism: alternative foundations for cognitive psychology* (pp. 35-79). Sussex: Harvester Press.

Shotter, J. (2015). Social individuality versus possessive individualism: the sounds of silence. En I. Parker y J. Shotter (eds.), *Deconstructing social psychology* (pp. 155-169). Londres: Psychology Press.

Silverstone, R. (1989). Let us turn to the murmuring of everyday practices: a note on Michel de Ceteau, television and everyday life. *Theory, Culture and Society, 6*(1), 77-94.

Silverstone, R., Morley, D., Dahlberg, A. y Livingstone, S. M. (1989). *Condemned to the family: the household study of communication technologies.* Documento de trabajo, Centre for Research into Innovation, Culture and Technology. Universidad de Brunel.

Simons, H. W. (ed.) (1989). *Rhetoric in the human sciences.* Londres: Sage:

Simons, H. W. (1990). Rhetoric of inquiry as an intellectual movement. En H. W. Simons (ed.), *The rhetorical turn* (pp. 1-35). Chicago: University of Chicago Press.

Sinha, C. (1989). *Language and representation.* Hertfordshire: Harvester Wheatsheaf.

Sloterdijk, P. (2003). *Crítica de la razón cínica.* Madrid: Siruela.

Terwe, S. J. S. (1989). *Hermeneutics in psychology and psychoanalysis.* Amsterdam: Universidad de Amsterdam.

Thompson, J. B. (1987). Language and ideology: a framework for analysis. *Sociology, 35*(3), 516-536.

Van Dijk, T. A. (1987). *Communicating racism.* Newbury Park: Sage.

Vickers, B. (1988). *In defence of rhetoric.* Oxford: Clarendon Press.

Wertsch, J. V. (1998). *Vygotsky y la formación social de la mente.* Barcelona: Paidós Ibérica.

Wetherell, M. y Potter, J. (1988). Discourse analysis and the identification in interpretative repertoires. En C. Antaki (ed.), *Analysing everyday explanation* (pp. 168-183). Londres: Sage.

Wetherell, M., Stiven, H. y Potter J. (1987). Unequal egalitarianism: a preliminary study of discourses concerning gender and employment opportunities. *British Journal of Social Psychology, 26*(1), 59-71.

Capítulo 2
El pensamiento como argumentación*

Prefacio

Este capítulo presenta algunas de las ideas básicas relativas al enfoque retórico de la psicología. En el centro de este enfoque reside la conexión entre argumentar y pensar. En el enfoque retórico, el pensador es visto como un polemista, comprometido en argumentar ya sea en silencio con el yo o, de una manera más sonora, con otras personas. Esta imagen retórica se reconstruye a partir de las teorías clásicas de la retórica. A medida que se toman en serio las antiguas teorías de la psicología, se critican las teorías psicológicas más modernas. Por lo tanto, el enfoque retórico, al volver la vista atrás hacia una psicología pretérita, está desarrollando una argumentación que se sitúa en el presente.

Uno de los argumentos de este capítulo se refiere a que el significado está relacionado con el contexto argumentativo y lo mismo sucede con el propio capítulo. Originalmente este texto era una lectura inaugural, presentada en un momento determinado y en un lugar concreto. El momento era, y sigue siendo, uno en el cual el gobierno británico amenaza directamente los valores de la investigación académica. No se espera que las universidades y las escuelas politécnicas persigan el conocimiento por sí mismo, sino que compitan con éxito como empresas comerciales. El conocimiento debe ser considerado como un producto que tiene un precio. Esa institución en particular, donde se realizó la lectura inaugural, no está protegida por años de tradición e inversión. Al igual

---

* Una versión de este capítulo se entregó originalmente como clase inaugural en la Universidad de Loughborough, 14 de mayo de 1986.

que sucede en muchos otros centros de enseñanza en Gran Bretaña, no estaba claro si cabía entrar o no de lleno en la atmósfera de la época. En estas condiciones, una llamada al disfrute de las teorías del pasado no es del todo inocente. Representa una negativa a adoptar la retórica de la utilidad económica promulgada por el gobierno. En consecuencia, el voluntarismo lúdico de una «psicología de anticuarios» no es un adorno extra que pueda sustraerse para abandonar el núcleo serio. Su expresión es un argumento de resistencia; pero ha sido un argumento pronunciado en un momento simbólico de la incorporación.

En el terreno de las ciencias físicas, las relaciones entre ideas antiguas y modernas son bastante directas. En la actualidad es mucho más lo que sabemos sobre el mundo físico de lo que jamás se llegó a conocer en la antigüedad y, por lo tanto, las teorías antiguas no resisten una comparación seria con sus homólogas modernas. El sueño de los alquimistas de transmutar en oro los metales parece inevitablemente ingenuo cuando se les coloca junto a la química moderna. La superioridad manifiesta de la ciencia moderna se torna incluso más dramáticamente obvia cuando se compara la tecnología actual con la de tiempos pasados. No se requiere un análisis exhaustivo para entender la velocidad superior que desarrolla un coche deportivo respecto de un carruaje, la mayor potencia de cálculo de un ordenador sobre un ábaco o la mayor y apabullante capacidad destructiva de un F-111 comparada con una antigua catapulta romana construida con madera y cuero. En cada caso, como en muchos otros ejemplos, el rendimiento de la tecnología moderna supera obviamente al que exhibían las máquinas antiguas.

No obstante, cuando se evalúa la psicología, o las ciencias de la naturaleza humana, las comparaciones no son tan sencillas. La psicología moderna no muestra una claridad tan superior a la psicología antigua como la del coche deportivo respecto del carruaje y tampoco las aplicaciones de la psicología moderna, ni su tecnología, llevan la marca de una superioridad incontestable. No resulta obvio más allá de toda duda que, en una era posfreudiana o pos-Spock, los padres estén criando hijos más felices y moralmente más dignos que hasta la fecha. Es posible que así sea, pero la cuestión no se resuelve con la misma mirada rápida que puede confirmar la superioridad del ordenador sobre el ábaco.

En algunos casos, la antigua tecnología psicológica puede incluso mostrarse superior a la de las psicologías modernas. La cuestión relativa a la memoria proporciona un buen ejemplo para ilustrar esta cuestión. Los psicólogos modernos han dedicado ingentes esfuerzos a la investigación de la memoria. Los antiguos retóricos también lo hicieron y han sido los precursores de los psicólogos modernos. Los retóricos antiguos intentaron, en particular, idear sistemas para ampliar la duración natural de la memoria humana. Algunos de sus éxitos fueron realmente prodigiosos. Se dice que Hipias, el retórico de la antigua Grecia, podía escuchar cincuenta nombres y luego ser capaz de repetirlos textualmente sin cometer ningún error.[1] Séneca el Viejo presumía de que podía mejorar esa marca: afirmaba tener la habilidad de repetir dos mil nombres sin equivocarse. El propio Séneca se remitió a los logros de Latro. Se dice que Latro llegaba a la casa de subastas por la mañana temprano, permanecía allí durante todo el día hasta la puesta de sol y luego recordaba con exactitud todos los detalles de cada puja y cada venta.[2]

Los psicólogos modernos no han demostrado estar a la altura de estas proezas de la memoria. Tampoco han sido capaces de elaborar estrategias que permitan a otros ampliar la capacidad de la memoria hasta estos extremos. Ante estos antecedentes, hay buenas razones para no despreciar las antiguas visiones de la naturaleza humana. De hecho, sugiero que la psicología antigua es interesante por derecho propio y contiene percepciones intelectuales que no pueden descartarse a la ligera. Además, las concepciones antiguas poseen algo específico que ofrecer a las teorías psicológicas modernas, sobre todo a la psicología moderna del pensamiento. El elemento que acentúan las teorías retóricas, y que se ha perdido en gran parte del trabajo moderno, es una valoración de la importancia del argumento y de la íntima conexión que existe entre argumentar y pensar. Esta idea quedó perfectamente expresada por el extranjero de Elea en el diálogo platónico *El sofista*, cuando dice que «pensamiento y habla son la misma cosa: solo que al primero, que es una silenciosa conversación interior del alma consigo misma, se le ha dado el nombre especial de pensamiento».[3]

Retórica y psicología

El estudio antiguo de la retórica se puede considerar como un precursor de la psicología moderna puesto que los retóricos estaban interesados en muchos de los mismos estudios de problemas que desarrollan hoy los psicólogos y en particular los psicólogos sociales.[4] La retórica era un estudio desarrollado en Grecia en el siglo v aC. Aquellos eran tiempos de un notable fermento intelectual, especialmente en Atenas, y se proponían nuevas filosofías mientras los pensadores debatían apasionadamente sobre la naturaleza del Universo y el lugar que ocupaba el ser humano en ese Universo. Las viejas ideas, basadas en las historias que hablan sobre lo que hacían los dioses en el Monte Olimpo, eran cuestionadas. Como acostumbra a suceder, cuando las nuevas filosofías se enfrentan a las ortodoxias tradicionales, el fermento intelectual se produjo en una época de cambios políticos y económicos, a medida que la evolución de la estructura de la sociedad se reflejaba en su vida intelectual. La Atenas del siglo v no fue una excepción en lo que concierne a este vínculo creado entre el cambio social e intelectual; la afluencia del debate filosófico coincidió con el desarrollo de una forma limitada de democracia.

La constitución política emergente permitía que cualquier ciudadano hablase en la Gran Asamblea. Naturalmente, no todos los habitantes de Atenas tenían derecho a la ciudadanía: las mujeres y los esclavos eran algunos de los excluidos. El desarrollo de esta forma limitada de democracia significó que aquellos que tenían ambiciones políticas debían dominar nuevas capacidades. Cualquier hombre joven que quisiera destacar en la sociedad civil ateniense debía dominar la oratoria y la argumentación públicas. Para adaptarse a la cambiante estructura de la vida política era necesario modificar el currículo educativo de Atenas. Ya no era suficiente basar la educación en el aprendizaje de las acciones de los antiguos héroes míticos. En cambio, los progenitores, ambicionando el éxito de sus vástagos, querían contar con maestros capaces de ofrecer una formación basada en la oratoria y las presentaciones públicas.[5]

El vacío que existía en la educación ateniense lo llenó principalmente un notable grupo de figuras intelectuales, los sofistas. Hombres como Hipias, Gorgias y Protágoras fueron atraídos desde sus estados provinciales por las oportunidades que ofrecía la efervescencia de la sociedad ateniense. Los sofistas constituían una extraña mezcla. En parte eran educadores y ofrecían cursos en retórica, pero también eran filósofos, que participaban activamente en los debates de la época, y personalidades del mundo del espectáculo que atraían a grandes multitudes con sus deslumbrantes exhibiciones de ingenio y argumentación. Los más exitosos consiguieron grandes fortunas, notable fama y la enemistad eterna de los tradicionalistas.[6]

Los sofistas, por encima de cualquier otra consideración, eran expertos en el habla, o por utilizar el término griego, en el *logos*. En la educación de los jóvenes pretendían enseñar el arte de la retórica, o cómo hablar bien. Este arte de hablar bien tenía dos dimensiones y ambas habrían de continuar teniendo una importancia superlativa en la historia posterior de la retórica. Hablar bien puede referirse a hablar, lo que se ajusta a los cánones del buen gusto. En esta interpretación, hablar bien implica un gusto estético, una entrega elegante y una voz agradable y meliflua. Por otra parte, hablar bien puede interpretarse, no en términos de normas estéticas sino en términos de los efectos que ejerce sobre los oyentes. Según esta interpretación, un buen discurso es aquel que logra su objetivo de persuadir a la audiencia, independientemente de si el mensaje se ha emitido con buen gusto o no. Es este último aspecto de la retórica –el persuasivo más que el estético– el que posee fuertes afinidades con la psicología moderna.

Si alguien se autoproclama experto en persuasión se está atribuyendo cierta capacidad psicológica. Esa persona pretende saber cómo conmover los corazones y las mentes de la gente y comprender la psicología de las audiencias. La *Retórica* de Aristóteles, que era uno de los mejores manuales antiguos de retórica, pretendía ser un análisis de los «medios de persuasión disponibles».[7] Este texto incluía muchos de los mismos temas que estudian los psicólogos sociales modernos; cómo presentarse de manera eficaz en público, si las actitudes pueden cambiarse, si resulta más efectivo realizar un llamamiento emocional o racional ante una audiencia, si es mejor colocar en el comienzo, en la mitad o hacia el final los argumentos más sólidos en una comunicación. En todas estas cuestiones, y en muchas otras, las mismas preguntas planteadas por Aristóteles han sido formuladas por los psicólogos sociales modernos. Lo que no resulta obvio es que los conocimientos de Aristóteles sean inferiores a los de los psicólogos modernos, al menos en la misma proporción en que la tecnología de la catapulta es inferior a la del bombardero F-111.

Existe otro vínculo entre la psicología moderna y los retóricos de la antigua Grecia. El primer psicoterapeuta fue el sofista Antífono, un hombre famoso por su poder de persuasión. Antífono alquiló una tienda cerca del mercado de Corinto y ofrecía sus servicios a los afligidos. Afirmaba que nadie sufría un dolor tan intenso que no pudiera ser aliviado mediante sus charlas especiales de «disipación de la tristeza».[8] Los psicoterapeutas modernos prefieren utilizar el lenguaje de la enfermedad al de la persuasión: hablan de *pacientes, enfermedades mentales* y *curas terapéuticas*. Sin embargo, en el fondo, quizá no actúen de forma tan distinta a la de Antífono, persuadiendo a los apesadumbrados para que se animen.

La retórica practicada en la antigua Grecia era solo el inicio de una educación tradicional que tendría una enorme importancia en la tradición intelectual de Occidente. Hasta el siglo XIX, y casi sin solución de continuidad, la retórica habría de conservar su lugar central en los planes de estudio. Durante la tiranía de la Roma imperial fue tan importante en términos educacionales como lo había ha sido en la limitada democracia de Atenas. En la Edad Media, el currículo educacional básico, o *trivium,* se dividía en tres partes: lógica, matemáticas y retórica. El contenido de los currículos retóricos, naturalmente, no permaneció inalterado durante el curso de esta larga historia, pero fue adaptado para satisfacer los intereses del momento y el lugar. Por ejemplo, durante el Renacimiento, el mayor énfasis recayó sobre las dimensiones estéticas más que en las persuasivas. En la Gran Bretaña del siglo XVIII aumentó el interés por la pronunciación, sobre todo porque los actores, como Thomas Sheridan, podían ganarse bien la vida enseñando a los jóvenes escoceses a perder su dialecto nativo y a hablar con corrección metropolitana.[9]

La importancia pedagógica de la retórica no se puede negar y tampoco la eminencia intelectual de sus teóricos, entre los que se encuentran Aristóteles, Cicerón, Erasmo de Róterdam, san Agustín y Adam Smith. A pesar de todo, la retórica siempre ha sido un tema sospechoso. Los diálogos de Platón marcaron una pauta que se repetiría muchas veces con el correr del tiempo. Una y otra vez en los diálogos platónicos, Sócrates cuestiona la probidad de los teóricos de la retórica y ataca la base moral de su disciplina. Sócrates acusó a la retórica de no ser un tema intelectualmente serio, sino que estaba, según él, al mismo nivel que la cultura de la belleza y la gastronomía.[10]

Detrás de muchas de las sospechas lanzadas contra la retórica existía un miedo. El miedo de que los retóricos pudieran haber descubierto realmente, o estuviesen a punto de descubrir, los secretos ocultos de la persuasión. Si realizaban ese descubrimiento entonces tendrían el poder de transmitir mensajes, independientemente del valor del contenido, de forma irresistiblemente persuasiva. Los retóricos, equipados con los secretos ocultos de la comunicación, serían capaces de subvertir el orden moral ya que sabrían de qué manera conseguir que el peor argumento pareciera el mejor.[11]

En el siglo XX, la psicología ha sido víctima de temores similares y, en particular, la psicología social de la comunicación. El temor se refería a que los psicólogos descubriesen los secretos ocultos e inconscientes de la mente y luego los divulgasen a políticos o publicistas. En posesión de este valioso conocimiento y del poder de los medios de comunicación modernos, tanto políticos como publicistas estarían en una posición desde la cual poder manipular a las audiencias desprevenidas, que se verían impotentes para resistir la capacidad de conocimiento del comunicador. Por lo tanto, los secretos de la psicología otorgarían un poder ilimitado a los iniciados. En la década de 1930, algunos observadores del ascenso del nazismo pensaban que la llegada de Hitler al poder había sido facilitada por los descubrimientos realizados en el campo de la psicología. Algunos psicólogos incluso temían que Hitler les hubiese superado en el descubrimiento de las profundidades de la mente inconsciente y también que el líder nazi hubiera logrado aprovechar las fuerzas secretas de la vida mental para sus propios fines perversos.[12]

Una vez acabada la guerra aún no se habían disipado los temores de que los psicólogos hubieran descubierto el poder para conseguir que los malos argumentos consiguieran triunfar sobre aquellos que fuesen mejores. En la década de 1950, y particularmente en Estados Unidos, existía una profunda preocupación respecto del poder de la «percepción subliminal». Los psicólogos habían descubierto que los mensajes podían proyectarse sobre una pantalla a una velocidad superior a la capacidad de percepción de la mente consciente, pero lo bastante lentos para que el cerebro fuese capaz de registrarlos. Aquí podía residir la técnica ideal para la manipulación masiva ya que las audiencias no serían conscientes de los mensajes que habían sido transmitidos a sus cerebros. En la prensa popular circulaban historias de terror. Por ejemplo, se decía que algunos mensajes, como *Compre Coca-Cola,* se proyectaban en las pantallas de los cines y todo el público asistente a las salas, ciegamente inconsciente de cualquier inconveniente, se dirigía con el dinero en la mano hacia el puesto de refrescos.[13]

A pesar de estos cuentos tenebrosos, lo que la moderna psicología de la persuasión ha revelado es que no existen trucos secretos que puedan ponerse a disposición de manipuladores con poder. De hecho, los oradores de la antigüedad también eran conscientes de ello. En *De oratore,* el célebre diálogo de Cicerón, Craso, el orador romano que gozaba de gran predicamento, es invitado por sus jóvenes admiradores a divulgar sus secretos de oratoria. Craso responde que no existen misterios ocultos, más allá del sentido común y el trabajo duro.[14] Del mismo modo, la psicología moderna ha demostrado la infinita complejidad de la comunicación, y esta complejidad impide la posibilidad de que exista algún truco oculto que garantice el éxito persuasivo. Hitler debía su éxito a la complicidad voluntaria de sus audiencias tanto como a su conocimiento de la oratoria. Ni siquiera la percepción subliminal funciona como voz persuasiva. Debido a esos temores sobre la manipulación inconsciente, es técnicamente ilegal mostrar mensajes en la televisión a una velocidad que exceda la capacidad de percepción consciente de los mismos. Sin embargo, cuando ocasionalmente se muestran dichos mensajes, no parecen provocar consecuencias dramáticas. Por ejemplo, recientemente se incluyó un mensaje subliminal en un programa satírico de la televisión comercial británica. El mensaje era «los guionistas de *Spitting image* son increíblemente buenos en la cama. Sal y acuéstate con uno ahora».[15] No existe evidencia alguna de que la audiencia de la televisión británica abandonara *en masse* las salas de estar para vagar lujuriosamente por las calles en busca de los escritores apropiados.

Psicología cognitiva y cumplimiento de las reglas

Una vez llegados a este punto es posible que se haya transmitido la impresión de que la psicología moderna no representa ningún avance con respecto a las ideas antiguas. Podría llegarse a la conclusión, derivada de los argumentos precedentes, de que los psicólogos actuales se limitan a repetir aquello que se decía en otras épocas. No obstante, esa conclusión sería una exageración engañosa. En todo tipo de ámbitos, los psicólogos modernos han demostrado una mayor sofisticación, no solo en la expresión de sus ideas sino también en la búsqueda de información con el fin de sustentar sus nociones teóricas. Esto es particularmente cierto en el caso de una de las tendencias más dominantes en el panorama de la psicología actual, la psicología cognitiva, o psicología del pensamiento. Los psicólogos cognitivos, al adecuar la sofisticación teórica a su objeto de estudio, han demostrado cuán complejos son los procesos del pensamiento humano.

Gran parte de la psicología cognitiva se ha preocupado por revelar las «reglas del pensamiento». Para algunos psicólogos esto implica el intento de descubrir las reglas que *deben* seguirse para que el pensamiento se desarrolle con éxito. Otros psicólogos cognitivos no se muestran tan interesados en las reglas que *deberían* seguirse sino en aquellas que realmente *seguimos*. Para ellos, una de las principales tareas de la psicología cognitiva consiste en descubrir las reglas de procedimiento que sigue nuestro cerebro cuando nos dedicamos a pensar, ya sea que estas reglas conduzcan o no a un pensamiento fructífero.

Podrá sugerirse que hay algo que falta en estos dos relatos cognitivos del pensamiento. No es que los psicólogos se basen en teorías que hacen predicciones erróneas ni que sus resultados experimentales se deban a procedimientos metodológicos defectuosos. Se trata simplemente de que se ha omitido un ingrediente esencial del pensamiento. El énfasis relativo al descubrimiento de las reglas del pensamiento ha llevado a una imagen bastante insípida de lo que es el pensamiento. La imagen del pensador que surgirá de esta psicología es la imagen de alguien que sigue las reglas y quien, más bien como un tímido burócrata, sigue los procedimientos de la oficina.[16] El elemento ausente es una percepción de la naturaleza polémica y dinámica del pensamiento. Se sugerirá que este elemento ausente puede obtenerse del anticuado y descuidado estudio de la retórica, que formaba a las personas para pensar argumentativamente. Al hacerlo, la retórica reveló que una dimensión del pensamiento es la conversación silenciosa, o más bien la disputa silenciosa, del alma consigo misma.

La importancia de esta dimensión argumentativa ausente puede verse como una consideración breve y parcial de las dos tendencias que caracterizan a la teorización cognitiva: por un lado, la tendencia a revelar las reglas del pensamiento que *deberían* seguirse para obtener un pensamiento fructífero, y por otro, la tendencia a mostrar las reglas, o los procedimientos, que de hecho se siguen mientras el cerebro procesa la información relativa al mundo exterior.

Reglas para un pensamiento fructífero

Los psicólogos cognitivos han llevado a cabo numerosas investigaciones para descubrir qué distingue psicológicamente el pensamiento fructífero del que no lo es. Normalmente, los psicólogos interesados en este tema tratan el pensamiento como «resolución de problemas». En concreto, tienden a investigar cómo las personas resuelven, o no resuelven, problemas lógicos o matemáticos. La clase de problemas, que los psicólogos establecen para las personas voluntarias experimentales, tienden a ser aquellos que se pueden encontrar en los exámenes de matemáticas para obtener el certificado de estudios en la enseñanza secundaria: por ejemplo, problemas sobre llenar y vaciar jarras de agua de diferentes tamaños con el fin de depositar un determinado volumen de líquido dentro de una cisterna. Los psicólogos han investigado los pasos mentales que da la gente en su intento de resolver esa clase de problemas. Actualmente está de moda crear modelos informáticos de estas fases del pensamiento, con el triste resultado de que los modelos informáticos pueden programarse para resolver estos problemas con más eficacia que los candidatos a obtener el certificado de estudios de la enseñanza secundaria.

El problema que plantea esta línea de investigación reside en que el pensamiento tiende a ser equiparado con la resolución de problemas y, especialmente, con el descubrimiento de soluciones en el ámbito restringido de problemas utilizado por los psicólogos experimentales. En consecuencia, el pensamiento es considerado básicamente como una cuestión de conocer y seguir las reglas que conducen a la solución correcta de esos problemas. No obstante, esta es una imagen de pensamiento muy limitada y solo aborda una fracción de las cosas que la gente realiza cuando piensa en sus vidas cotidianas, más que en esos momentos extraordinarios en los que se realizan exámenes.[17]

Parte del problema surge del hecho de que los psicólogos utilizan esa limitada variedad de problemas cuando estudian la «solución de problemas». Estos problemas acostumbran a ser aquellos para los que existe una respuesta correcta demostrable. Cuando se descubre esta solución, el problema desaparece y no hay necesidad de pensar más. De este modo, el éxito en la resolución de problemas pone fin al mismo. Esta clase de problemas matemáticos o lógicos, que son los que estudian los psicólogos de la solución de problemas, se puede describir como poseedora de una estructura finita, en la medida en que existen procedimientos a seguir que resuelven, y por tanto disuelven, el problema.

Sin embargo, la inmensa mayoría de los problemas cotidianos que desconciertan a la gente en la vida ordinaria no poseen esa estructura finita. Por ejemplo, los problemas éticos o políticos, la evaluación del carácter de los demás o la decisión sobre qué hacer con nuestras propias vidas no tienen un punto final definible al que se pueda llegar mediante una deducción correcta. Estos problemas difieren de los que caracterizan a la lógica formal en que poseen una estructura más laxa, potencialmente infinita. Es precisamente este tipo de problemas, y no el de llenar y vaciar jarras de agua, sobre los que discutían los oradores en las asambleas públicas. Son estas cuestiones pendientes las que constituyen la materia de la retórica. Zenón de Citio, el filósofo estoico, era capaz aparentemente de distinguir entre la lógica y la retórica por el gesto: alzaba el puño cerrado y decía que eso se asemejaba a la lógica, y luego ilustraba la retórica abriendo el puño para mostrar la palma de la mano extendida.[18]

El gesto de Zenón puede interpretarse como la sugerencia de que la lógica exige un pensamiento riguroso, de puño cerrado, mientras que el pensamiento del discurso retórico está marcado por una dejadez a mano abierta. Esa interpretación sería una desafortunada y excesiva simplificación. La diferencia entre lógica y retórica no reside fundamentalmente entre procesos mentales disciplinados e indisciplinados. Las diferencias están en las diferentes naturalezas de los problemas lógicos y retóricos. Los primeros, incluyendo los que estudian habitualmente los psicólogos de la solución de problemas, admiten a duras penas una única solución. Cualquier respuesta *salvo* la solución es incorrecta y solo se puede haber producido por alguna infracción de las normas correctas. Los problemas propios de la retórica son de un orden muy diferente, ya que no existe una sola respuesta cuya exactitud se pueda contrastar con el razonamiento incorrecto que subyace a otras respuestas. Los problemas de la retórica no se pueden resolver, o disolver, decisivamente mediante la aplicación de procedimientos lógicos. Por ejemplo, un desacuerdo político entre un individuo de izquierdas y otro de derechas no surge porque una parte haya aplicado correctamente las leyes de la lógica y la otra no. Ambas partes pueden defender sus argumentos con la misma coherencia lógica, ya que la diferencia entre ellas no se debe a errores de razonamiento. Su desacuerdo será más básico que eso. Habrá surgido de auténticos problemas o dilemas sociales, para los que se pueden proponer soluciones opuestas.

Diógenes Laercio refiere que un joven, perplejo ante la idea de casarse o no, se acercó a Sócrates en busca de consejo. El gran filósofo se encogió de hombros y respondió: «Hagas lo que hagas, te arrepentirás».[19] Ninguna regla de la lógica puede erradicar esa clase de dilema. Además, son precisamente estos dilemas los que se encuentran en la raíz de gran parte del pensamiento cotidiano. Y, sin embargo, es precisamente esta clase de dilemas a mano abierta la que se excluye de la investigación psicológica mediante una equiparación excesivamente simple del pensamiento con la resolución lógica de problemas.

Las reglas del procesamiento de información

La segunda tendencia de la psicología cognitiva se centra en las formas en que las personas interpretan y experimentan el mundo. En concreto, se han acumulado muchas pruebas que sugieren que la forma en que procesamos la información sobre el mundo se ve afectada por nuestras suposiciones previas. Los experimentos han demostrado hasta qué punto la gente ve aquello que espera ver. Henri Tajfel, catedrático de Psicología Social de la Universidad de Bristol,[20] realizó numerosos trabajos en este campo. Tuve la suerte de que Henri Tajfel fuera mi supervisor de doctorado y mis primeros trabajos en psicología social surgieron de esta tradición experimental de investigación.[21]

Tajfel y otros psicólogos sociales han argumentado que nuestros sentidos se ven bombardeados por demasiada información en cualquier momento. Hay demasiadas imágenes y sonidos como para prestarles atención a todos por igual. Por lo tanto, nuestros sentidos deben procesar la información de que disponen y seleccionar determinados aspectos para su atención al tiempo que descartan otros. Este proceso de selección no es azaroso sino que nuestros cerebros siguen ciertas reglas de procedimiento. Nuestros estados de ánimo, motivaciones y, sobre todo, nuestros supuestos respecto de la naturaleza del mundo, afectan a la manera en la que la información de los sentidos llega a nosotros y es procesada y reducida a proporciones razonables.[22]

Nuestros cerebros no solo poseen reglas de procedimiento para combinar aquello que vemos y oímos para formar imágenes de objetos físicos, sino que también disponemos de reglas sobre la naturaleza del mundo social. En la investigación de la naturaleza de estas reglas, los intereses de los psicólogos sociales cognitivos se solapan con los intereses de algunos sociólogos y antropólogos.[23] Los científicos sociales han acentuado el hecho de que nuestras experiencias cotidianas están organizadas por reglas sociales, que no solo nos informan sobre la naturaleza del mundo social, sino que también nos proporcionan información sobre cómo actuar de manera apropiada. Sin esas reglas, o normas, no sabríamos de qué manera actuar en las diferentes situaciones en las que nos encontramos a diario.

Por ejemplo, podemos procesar la información de nuestros estímulos para saber que la situación en la que nos encontramos es la de una conferencia. Las reglas convencionales van unidas a esta clasificación y nos instruyen sobre la manera de comportarnos. La audiencia sabe que debe permanecer sentada, en silencio y mostrarse razonablemente atenta; por ejemplo, el código estipula que si nos adormecemos debemos tratar de evitar los ronquidos fuertes. Por otra parte, el conferenciante también debe cumplir determinados requisitos. Hay requisitos relativos a llevar una vestimenta adecuada (asegurarse de que todo lo que debe estar cerrado está, de hecho, cerrado) y, sobre todo, el conferenciante sabe que, en abierta contradicción con el silencio que se requiere de la audiencia, debe mantener una charla fluida. Estas reglas sociales son autoconfirmadas: si se respetan, y la situación transcurre sin que se produzcan situaciones de vergüenza social, entonces todos los presentes, conferenciante y audiencia, disponen de una nueva evidencia de que esa es la forma en la que funciona el mundo social.

Todo esto es verdad y apenas existen dudas de que nuestros supuestos sobre el mundo pueden confirmarse fácilmente mediante nuestras experiencias.[24] Asimismo, está claro que la vida social organizada no podría seguir adelante sin la existencia de reglas normativas. No obstante, el error consiste en considerar que estos procesos de procesamiento de la información y seguimiento de las reglas constituyen la propia base del pensamiento. Si bien es precisamente lo que parece sugerir esta línea de la psicología cognitiva al hacer hincapié en la disposición y la catalogación de cognitivas de la información de acuerdo con determinadas reglas de procedimiento. Esta imagen del pensamiento rebaja curiosamente la naturaleza del propio pensamiento, ya que describe procesos que son principalmente irreflexivos. Describe, asimismo, y de forma apropiada aquellas ocasiones en las que seguimos de manera irreflexiva reglas mentales o sociales que confirman inadvertidamente nuestros supuestos previos. No obstante, esto representa solo la mitad de la historia cognitiva. Las reglas no existen solo para respetarlas: también deben ser creadas, interpretadas y desafiadas. Cuando la gente hace estas cosas, entonces tiene que pensar, en lugar de seguir las reglas de manera irreflexiva. Es este aspecto del pensamiento, ignorado con frecuencia por parte de los psicólogos cognitivos modernos, el que asegura que el pensador humano es más que un ciego seguidor de reglas.

El enfoque cognitivo de la psicología social implica algo peor que la ecuación del pensamiento con un seguimiento irreflexivo de las reglas; implica que el pensamiento es básicamente una cuestión de confirmación de los prejuicios.[25] Los psicólogos sociales, sin duda, han proporcionado explicaciones muy convincentes sobre cómo las personas prejuiciosas interpretan constantemente el mundo de una manera circular que viene a confirmar sus prejuicios. Por ejemplo, un individuo con un sólido y desfavorable estereotipo sobre un determinado grupo étnico es propenso a prestar una atención especial a aquellos miembros del grupo cuyo comportamiento se ajusta al estereotipo; además, el individuo prejuicioso es susceptible de ignorar a todos los otros miembros del grupo cuyo comportamiento no coincide con el estereotipo. La persona prejuiciosa no concederá a los miembros del grupo étnico ningún beneficio de la duda, y cualesquiera acciones ambiguas serán interpretadas con dureza. Por lo tanto, habrá un prejuicio sistemático en la forma en la que el individuo prejuicioso procese la información relativa al grupo y a sus miembros. El resultado de esta situación será que la persona prejuiciosa «ve con sus propios ojos» la evidencia, y solo esa evidencia, que confirmará sus peores prejuicios.[26]

Si bien existe suficiente evidencia psicológica social para ilustrar la medida en la que las personas prejuiciosas refuerzan constantemente sus prejuicios, es una concepción errónea considerar que este proceso subyace al pensamiento en general. No hay duda de que es una visión pesimista suponer que todos estamos necesariamente cautivos de nuestros supuestos, o reglas para procesar la información, y que nunca podemos examinar y analizar dichos supuestos de manera crítica. Por otra parte, la descripción psicológica de la manera en la que se pueden confirmar las presuposiciones no aporta siquiera una explicación completa de la mentalidad de la persona prejuiciosa. Incluso la mentalidad del fanático intolerante no se describe totalmente en términos de la confirmación cognitiva de las presuposiciones.

Hace unos años llevé a cabo un análisis psicológico del Frente Nacional.[27] No es fácil encontrar una colección de individuos más cargados de prejuicios que los miembros de un partido fascista. No hay ninguna duda de que sus miembros exhibían unas formas de pensar obsesivamente rígidas sobre las personas que no eran blancas. Cualquier cosa que hicieran las personas que no fuesen blancas, sus acciones se interpretaban bajo la luz más desfavorable y, de ese modo, los fanáticos completaban su propio y vicioso círculo psicológico proporcionando continuamente a sí mismos nuevas «evidencias» para sus obsesiones originales.

No obstante, en las creencias del Frente Nacional había algo más que ser simplemente una matriz para organizar la información que se recibía con respecto a las personas no blancas. El grupo mostraba asimismo una extraña ideología acerca de las conspiraciones mundiales y mitos de sangre racial. Esa ideología teje extraños patrones alrededor del mundo social y es en sí misma una construcción cognitiva. Para crear y mantener tales creencias es necesario mostrar cierta imaginación e ingenio intelectual (aunque de una variedad malévola y plagada de odio). Además, las creencias de esta extraña ideología eran argumentos. La ideología fascista de la conspiración y el mito racial eran una crítica deliberada de las opiniones de los no fascistas. No era solo una forma de organizar la información sobre la raza sino también un desafío autoconsciente a la tolerancia.[28]

En este sentido, los pensamientos de los miembros del Frente Nacional no solo tenían lugar en el interior del cráneo de cada uno de los creyentes. Los pensamientos también pertenecían a un contexto argumentativo más amplio de crítica y desafío. Esta doble ubicación no se limita a los pensamientos de los fascistas sino que existe una cuestión más general. Nuestras creencias y actitudes no ocurren únicamente en nuestras cabezas sino que también pertenecen a un contexto social más amplio de controversia.

Significado argumentativo

Esta doble posición puede observarse en las actitudes, ya que una actitud es tanto algo personal, que pertenece a un individuo, como una posición concreta en una controversia más amplia. El elemento personal es el más obvio y también es la dimensión más estudiada por la psicología social.[29] Todos poseemos actitudes: si alguien de Mori o Gallup nos para por la calle y nos pregunta por nuestras actitudes nadie respondería seriamente: «Lo siento, no tengo ninguna actitud». En realidad, una respuesta así indicaría una actitud, y muy fuerte, hacia los encuestadores de opinión pública. Cuando se responde a las preguntas del encuestador, las personas encuestadas indican sus creencias personales y, por tanto, algo sobre sí mismos como individuos. En ocasiones, esta información sobre las actitudes puede ser muy reveladora, ya que los psicólogos han sugerido que las actitudes sociales y políticas de algunas personas pueden estar relacionadas con aspectos profundamente arraigados de la personalidad.[30]

Al manifestar nuestras actitudes hacemos algo más que expresar creencias personales. También nos situamos dentro de una controversia en la esfera pública. Las actitudes por las que puede preguntar un encuestador de opinión siempre estarán relacionadas con temas polémicos, sobre los que cabe esperar que las actitudes del público estén divididas. Los encuestadores de opinión pública preguntan sobre cuestiones políticas, morales o preferencias de los consumidores, y es probable que en estos temas haya actitudes a favor y en contra. Hoy sería inapropiado parar a los peatones en la calle para preguntarles por su actitud ante cuestiones que no son en absoluto controvertidas. Podría haber sido apropiado pedirle a un habitante de la antigua Grecia que manifestara su acuerdo o desacuerdo con la controvertida afirmación de que «la lluvia se debe a que Zeus orina a través de un colador». Actualmente, con el total olvido de esa polémica, la pregunta resultaría tan inapropiada que un encuestador de opinión que importunase a los transeúntes con este asunto corre el riesgo de ser denunciado a los agentes del orden.

En otras palabras, la expresión de una actitud es una expresión dual. El rasgo más evidente es que indica algo personal sobre el individuo que manifiesta esa actitud. Además de su significado individual, una actitud tiene un significado social, ya que coloca al individuo en una controversia más amplia. De este modo, nuestras actitudes no solo se refieren a las creencias que podemos defender sino a aquellas otras posiciones a las que nos oponemos en una discusión pública.

La propia palabra «argumento» expresa esta misma dualidad individual/social puesto que puede interpretarse tanto en términos individuales como sociales. El significado principal de «argumento» es un debate, o diferencia de opinión, entre dos o más personas, que discuten entre ellas. Sin embargo, existe también un significado individual según el cual un argumento es una parte del razonamiento. Por ejemplo, a medida que un conferenciante desarrolla un caso, puede decirse que la conferencia expresa «un argumento». Dado que solo habla una persona, la palabra «argumento» se refiere aquí a un único discurso y no a la confrontación entre opiniones opuestas.

Cuando nos enfrentamos a palabras que poseen más de un significado, es fácil irritarse por las confusiones del lenguaje ordinario e introducir neologismos para establecer las finas distinciones difuminadas por el habla cotidiana. Sin embargo, los múltiples significados del lenguaje corriente a veces pueden expresar ideas profundas, ya que las observaciones pasadas sobre las conexiones entre las cosas han quedado plasmadas en la estructura semántica de nuestras palabras. Los dos significados de «argumento» son un ejemplo de ello. El argumento de un único discurso razonado está relacionado fundamentalmente con el significado primario de «argumento»como un debate entre las personas. El conferenciante que desarrolla un caso, o argumento, ofrecerá justificaciones para el caso con el propósito de anticipar y desviar las posibles críticas. Las observaciones contrarias serán criticadas ya sea de manera implícita o explícita, mientras el conferenciante intenta excluir las opiniones contrarias al argumento principal de la conferencia. Al formular justificaciones y desviar las críticas, el orador estará actuando de la misma manera que lo haría en un debate y, de este modo, la elaboración de un argumento individual, o pieza de un discurso razonado, actúa como si formara parte de una discusión entre las personas. Así, una conferencia es más que una ocasión política, en la cual conferenciante y audiencia tratan de seguir respectivamente las reglas sociales del discurso y el silencio. Una conferencia también es, o debería ser, un argumento en ambos sentidos del término. A medida que las palabras abandonan la boca del conferenciante se esfuerzan por confrontar con esas otras palabras que él mismo rechaza y que podrían estar circulando en las mentes de la audiencia.

A partir de esta situación se podría sugerir que no somos capaces de entender el significado de una pieza de un discurso razonado, a menos que sepamos cuáles son las posiciones contrarias que se rechazan de manera implícita o explícita. Del mismo modo, no podemos entender las actitudes de un individuo si ignoramos la controversia más amplia donde se sitúan las actitudes. En otras palabras, el significado de una pieza de discurso razonado, o de una actitud expresada, no reside simplemente en el añadido de las definiciones que ofrece el diccionario de las palabras utilizadas para expresar la posición: reside también en el contexto argumentativo.

Para ilustrar este punto general se puede ofrecer un ejemplo relacionado con el teórico retórico del siglo XIX, el obispo Richard Whately, autor del libro *Elements of rhetoric*. Esta obra pretendía elevar el nivel de las prédicas pronunciadas desde el púlpito en Inglaterra, si bien debe admitirse que, a pesar de lo valioso que puede haber sido el libro de Whately, era un tratado terriblemente aburrido. Whately, sin embargo, sí fue el autor de un superventas que trataba, en general, un asunto mucho más racista. Titulado *Historics doubts relative to Napoleon Buonaparte*, el libro agotó varias ediciones y siguió publicándose durante muchos años después de la muerte de su autor.[31] El tema principal era muy simple: Napoleón no había existido. Whately sostenía que Napoleón era una invención de los propietarios de periódicos británicos que, preocupados por el descenso de las cifras de difusión de sus productos, necesitaban crear un temor de proporciones alarmantes para aumentar las ventas. Según *Historic doubts*, no se disponía de ninguna prueba concluyente de la existencia de Napoleón: Whately nunca le había visto y tampoco lo había hecho nadie que él conociera. Además, las historias sobre la carrera de Napoleón eran del todo inverosímiles. Resultaba absurdo sugerir que cualquier individuo pudiera haber llevado a cabo todas las hazañas que se le atribuían y mucho menos un advenedizo corso, quien carecía de los rudimentos de la educación y la crianza. No, toda la historia era tan absurda que debía tratarse de una invención.

En el prefacio de la segunda edición, Whately escribió que algunos lectores de la primera edición habían tenido la sensación de que no acababan de comprender el significado del libro.[32] No es que el libro no estuviera escrito con claridad. Cada frase, párrafo y capítulo están expresados con bastante lucidez. Lo que hizo que algunos de los lectores se sintieran inseguros fue la sospecha de que el objetivo del libro no era todo lo que parecía; parecían perplejos ante la posibilidad de que el aburrido y viejo Whately hubiese perdido el juicio y de si realmente estaba acusando a la prensa británica de haber creado una gigantesca conspiración.

En realidad, el objetivo de Whately no eran los propietarios de la prensa británica sino los filósofos ateos, como David Hume, quien dudaba de la veracidad de la Biblia. *Historic doubts* era un astuto *reductio ad absurdum*, ya que Whately insinuaba que si comienzas por dudar de los relatos bíblicos sobre los milagros, también podrías acabar negando hechos evidentes como la existencia de Napoleón. Este ejemplo ilustra la cuestión más general relativa a la importancia del significado argumentativo o polémico para entender el significado (o comprender el argumento «individual») de una pieza de discurso razonado.

Al hablar del sentido argumentativo del discurso, la imagen del pensador ha cambiado. El pensador ya no es un mero seguidor de reglas o un organizador de la información. La imagen se ha transformado en algo más dinámico y social (incluso antisocial). Es la imagen de un polemista argumentativo y es esta imagen la que resulta tan periférica a gran parte de la psicología cognitiva y que, sin embargo, era fundamental para la psicología de los antiguos retóricos.

Argumentar y pensar

El tema de la argumentación recorre los antiguos manuales de retórica. Al hablar de cómo persuadir a una audiencia, los libros sugerían cómo impresionarla y también cómo rebatir los argumentos de los oponentes. Por ejemplo, la oratoria forense de la sala del tribunal implicaba algo más que estratagemas para ganarse el favor del jurado: abarcaba consejos ofrecidos tanto a la acusación como a la defensa sobre cómo combatir los argumentos de la otra parte.

El aspecto argumentativo de la retórica lo entendió a la perfección el más célebre de los sofistas, Protágoras, que fue una de las figuras más notables e innovadoras en la historia intelectual. Es justo rendir homenaje a Protágoras en este análisis, ya que ha sido llamado el primer científico social por el filósofo de la ciencia, sir Karl Popper.[33] Las pretensiones de originalidad de Protágoras van más allá de las ciencias sociales: fue el primero en estudiar la gramática y la sintaxis, el primero en utilizar el método de interrogatorio que injustamente llegó a llamarse método socrático; el primero en llamarse a sí mismo sofista; en organizar concursos de debate; en irritar a las autoridades estatales hasta el punto de que sus libros fueron quemados públicamente, y el primero en cobrar por las conferencias. También fue un tecnólogo, ya que inventó la hombrera, que permitía a los porteadores llevar objetos de mayor peso que hasta entonces. Protágoras escribió libros sobre diversos temas, como gramática, verdad, retórica y lucha. De este modo, la figura de Protágoras representa una combinación de ciencias sociales, tecnología y educación física, una combinación nada desdeñable para un individuo o para una institución educativa.

Si bien ninguna de las obras de Protágoras ha conseguido sobrevivir hasta nuestros días, podemos acceder a un vívido y notable retrato en el diálogo platónico que lleva el nombre del eximio sofista. Asimismo, algunos de sus dichos sí han llegado hasta nuestros días. Uno de los más famosos de Protágoras fue la máxima: «En cada asunto existen dos lados del argumento, exactamente contrarios entre sí».[34] Este dicho era con toda seguridad consecuencia de las experiencias de Protágoras en los tribunales. Él habría observado que en cada caso presentado había un fiscal y un defensor que planteaban visiones directamente opuestas. Además, no habría escapado a su atención el hecho de que un abogado experto siempre encontraría algo que alegar. No importa cuán sombrías parecieran las perspectivas para un acusado, un abogado defensor dotado de imaginación sería capaz de organizar alguna clase de defensa. Esta capacidad de invención argumentativa era una de las que los retóricos trataban de enseñar a sus alumnos.

La máxima de Protágoras de que todo asunto presenta dos lados también contiene una implicación psicológica. Concita la atención sobre la capacidad humana para el pensamiento crítico, que se fundamenta en la facultad para la negación. Poseemos la capacidad de resistir los argumentos mediante la invención de argumentos contrarios que constituyen el inevitable otro lado de cada asunto. Y son estas capacidades críticas las que delimitan los poderes del comunicador persuasivo y aseguran que no capitulemos necesariamente en una sumisión impotente ante las palabras del orador elocuente y persuasivo.

Obras como *Institutio oratoria,* de Quintiliano, y *Rhetorica ad herennium,* de autor anónimo, demostraron cómo las habilidades de negación resultaban fundamentales para las habilidades prácticas de la oratoria. Esos textos pretendían ser de utilidad para todos los oradores, independientemente de a qué lado de la valla retórica pudieran encontrarse. Por lo tanto, se destacaban tanto los argumentos adecuados para un fiscal, como también las posiciones contrarias que la defensa podía encontrar fácilmente prácticas. Por ejemplo, se podía aconsejar a los fiscales que pronunciaran discursos en los que se acentuara el deseo de respetar la estricta justicia de la ley. Los defensores debían responder con alegaciones que destacaran las virtudes de la clemencia. Los argumentos de la acusación y la defensa no acabarían allí, con una simple declaración de «creo en la justicia» enfrentada por la contradeclaración «creo en la clemencia». Al fin y al cabo, todo el mundo cree en ambos valores. El argumento se desarrollaría mientras ambas partes buscaban justificar y criticar la conveniencia de aplicar la justicia o la clemencia en ese caso en particular. Tal vez el fiscal alegara que una respuesta compasiva en este caso perjudicaría el significado de la justicia, mientras que la defensa alegaría lo contrario sobre una respuesta estrictamente justa. Entonces podría parecer que el argumento se dirige, como lo hacen muchos argumentos, hacia una disputa acerca de los significados de las palabras y qué significan realmente «justicia verdadera» o «clemencia verdadera».

Esa clase de argumentos son potencialmente infinitos, de un modo en el que los problemas de las matemáticas y la lógica no lo son. No hay necesidad de que haya un arbitraje final para establecer los significados de las palabras refutadas, ya que cualquier intento de arbitraje dependerá de más palabras, cuyo significado «verdadero» puede ser causa de una nueva controversia. En cualquier etapa, como reconocía Protágoras, siempre existe otro lado de la cuestión tratada y otro movimiento argumentativo contrario que puede plantearse, del mismo modo en que el joven podía permitir que los argumentos a favor y en contra del matrimonio se enfrentaran entre ellos sin solución de continuidad.

Las obras retóricas van más allá del hecho de proporcionar solo el contenido de argumentos trillados, pero útiles, como los citados respecto de la justicia y la clemencia. Estas obras también detallaban las estrategias para argumentar y, al hacerlo, indicaban los elementos básicos, estratégicos, del pensamiento cotidiano. Asimismo, revelaban la naturaleza argumentativa de estos elementos básicos cognitivos. Por ejemplo, los *Tópicos*, de Aristóteles, mostraban cómo las estrategias del pensamiento se presentan en pares de opuestos, siendo cada una la negación de la otra. En consecuencia, cada movimiento cognitivo es potencialmente rebatible por un movimiento contrario.[35]

Esto puede demostrarse considerando brevemente el proceso de «categorización». Cuando se categoriza un objeto o un hecho, este es etiquetado y considerado como similar a otros calificados de esa manera. Por ejemplo, si se categoriza un caso jurídico como aquel donde la clemencia es apropiada, se considera que es similar a otros casos en los que la clemencia se ha considerado apropiada en el pasado. Los teóricos cognitivos, al estudiar el procesamiento de la información, han concedido una gran importancia al proceso de categorización, como si representara *per se* el movimiento cognitivo básico.[36] No obstante, cada acto de categorización es susceptible de ser rebatido mediante un movimiento cognitivo contrario. Uno se podría concentrar en los rasgos singulares del objeto o el hecho y afirmar que estos rasgos no son esencialmente similares a los de otros objetos o hechos. Podría afirmarse que estas diferencias constituyen el elemento básico. En el contexto de un caso jurídico, este movimiento podría llevar a un argumento para un «caso especial».[37]

Cada objeto (o persona, o hecho) posee características que son similares a otros objetos (o personas, o hechos) y contiene asimismo rasgos singulares que lo diferencian de otros. Así pues, podría no existir una razón lógica u obvia para preferir una estrategia que categorice según las similitudes de ese objeto, en lugar de una que se base en destacar la singularidad del mismo. De hecho, las estrategias podrían formar la base para posiciones opuestas, cuyos méritos podrían argumentarse hasta el infinito.

Si estas estrategias para argumentar pueden considerarse como los elementos principales del pensamiento, entonces sería razonable sugerir que nuestros pensamientos privados poseen la estructura de los argumentos públicos. Cuando consideramos qué hacer, nuestros pensamientos pueden parecerse a la «oratoria deliberativa» de los antiguos retóricos. En el ámbito de la retórica deliberativa, una de las partes proporcionará los argumentos en favor de una determinada política, mientras que la otra organizará el caso contra esa misma política. La diferencia principal entre la oratoria deliberativa y las deliberaciones internas del pensamiento reside en que en las últimas una persona debe aportar ambos conjuntos de argumentos, como si el yo se dividiese en dos lados que debaten, y se niegan, entre ellos.[38]

Puede suceder que solo descubramos la fuerza de nuestros sentimientos colocando dos partes de nuestro yo en el debate argumentativo. En el curso de esta deliberación interna es posible que nos encontremos a nosotros mismos ofreciendo continuamente todos los buenos argumentos a una de las partes, mientras dejamos a la otra expuesta y sin fuerzas. Por ejemplo, el joven a quien Sócrates deja a merced de sus propias deliberaciones, podría haberse encontrado elaborando un argumento tras otro a favor de una soltería sin ataduras, mientras contrarrestaba rápidamente cada movimiento en beneficio del matrimonio. Tal vez podría no haber sido consciente de sus propios sentimientos antes de comprometerse en ese debate interno y de advertir en qué dirección permitía que fluyera el argumento.

Dado que un argumento es potencialmente infinito, pues siempre hay algo más que añadir, puede resultar difícil traducir el argumento interno en una acción decisiva.[39] Además, la aparente última palabra puede no ser, de hecho, la última sobre ese asunto. Como advertía Sócrates, la voz del arrepentimiento siempre puede volver a insistir con argumentos contrarios. Del mismo modo, la voz de la conciencia o, por citar a Juvenal, «este testigo hostil en el propio pecho»,[40] puede impedir que se solucione la división argumentativa dentro de uno mismo. Aunque no se valore, «la voz de la conciencia» es más que una metáfora. En cambio, la voz de la conciencia puede actuar como el duro y permanente crítico mientras el yo discute consigo mismo y contra sí mismo.

La idea del Forastero de Elea de que el pensamiento es la conversación silenciosa del alma consigo misma tiene una implicación psicológica; sugiere que los pensamientos se modelan a partir de diálogos. Con frecuencia se ha supuesto que el pensamiento es, en esencia, un proceso imposible de ser observado, encerrado dentro de los nichos del cerebro y que se despliega en misterioso silencio. Si, no obstante, las deliberaciones internas se modelan en argumentos públicos, entonces al presenciar los debates estamos observando la estructura del propio pensamiento. Si el pensamiento no fuese susceptible de ser observado de este modo, entonces resultaría imposible aprender a pensar. No habría nada concreto que pudiésemos copiar y, por lo tanto, el pensamiento sería algo que se produce de manera incontrolable, al mismo nivel que el reflejo del tendón rotuliano.[41] Resultaría imposible asimismo enseñar a pensar. Sin embargo, existen buenas razones para sugerir que los antiguos retóricos instruían en las artes del pensamiento cuando enseñaban a sus alumnos a construir casos, justificar posiciones y criticar posiciones contrarias.

Esta instrucción no consiste en estipular reglas de procedimiento firmes y que deben respetarse con el fin de obtener el resultado oratorio correcto. Tal como subrayaba Quintiliano, el arte de la retórica no puede regirse por reglas estrictas, ya que cada situación retórica es única y no puede haber garantías de que aquello que ha funcionado en el pasado pueda aplicarse con éxito al presente.[42] En consecuencia, la argumentación de la palma abierta, y el propio pensamiento, no se pueden reducir al seguimiento de las reglas. De hecho, cualesquiera de estas normas pueden ser objeto de controversia, del mismo modo que una directriz para administrar justicia se puede convertir en materia de argumentación cuando entra en conflicto con la directriz de mostrar clemencia.

Los psicólogos y sociólogos tienden a menudo a asumir que el aspecto esencial de las reglas reside en el hecho de que se cumplen.[43] Sin embargo, hay un aspecto igualmente importante, aunque a veces descuidado: a saber, que las reglas surgen de los argumentos y dan lugar a ellos. Este punto general se puede ilustrar mediante una fórmula básica relativa a las leyes formales: donde hay leyes, hay abogados y, donde hay abogados, hay argumentos (ya que la función de los abogados es debatir acerca de la ley). En consecuencia, cuantas más leyes haya, habrá más abogados y, por lo tanto, cabe esperar encontrar más argumentos.

Esta conexión entre leyes y argumentos no pasó inadvertida para Platón cuando esperaba su república ideal. Era un Estado que sería gobernado por reyes filósofos cuyo juicio superior sería respetado con obediencia por el resto de la población. Como han señalado los críticos modernos, la república ideal de Platón representa un antecedente del Estado totalitario moderno, donde se espera que los sujetos obedezcan, y desde luego no discutan, las verdades de sus amos políticos. Platón estipuló que el Estado debía contener la menor cantidad posible de leyes formales, pues de lo contrario los ciudadanos se desviarían de sus tareas de alto nivel para enfrentarse por los asuntos insignificantes de la vida.[44] Otro ejemplo de la conexión que puede observarse entre reglas y argumentos lo aporta el hecho de que una de las colecciones más importantes de argumentos en la literatura es a la vez uno de los libros de normas más detallados del mundo. El Talmud, una obra que abarca más de sesenta volúmenes, es ostensiblemente un código de leyes que señala el procedimiento correcto a cada detalle de la vida del judío piadoso. El objetivo es no dejar nada librado al azar sino estipular una regla para cada momento de la vida. Sin embargo, este detalladísimo libro de reglas es también una recopilación de argumentos, ya que cada regla se convierte en tema de controversia entre las autoridades rabínicas. Cada vez que las autoridades dictaminan sobre el significado y la interpretación de una norma, su fallo se convierte en objeto de nuevas consultas y controversias.

Aparte de las reglas y los argumentos, el Talmud también contiene historias. Hay un relato que sirve para ilustrar esta íntima conexión entre ambos. Las autoridades rabínicas, aparentemente, no habían sido capaces de llegar a un acuerdo respecto de una cuestión técnica relacionada con la limpieza ritual de los hornos. Por una vez, el juicio del gran rabino Eliezer no había sido respetado por sus colegas. Convencido de lo acertado de su punto de vista, decidió profundizar en el asunto recurriendo a la ayuda del Todopoderoso. El rabino Eliezer señaló fuera de la ventana de la casa de estudios y declaró: «Que este algarrobo demuestre que las cosas son como yo digo». Las algarrobas fueron lanzadas milagrosamente a gran distancia del árbol. Los otros rabinos no se impresionaron en absoluto y respondieron que «las algarrobas no demuestran nada». El rabino Eliezer permaneció impertérrito: «Que las paredes de la casa de estudios demuestren que tengo razón». En ese momento las paredes comenzaron a temblar y a tambalearse. Entonces el resto de los rabinos lanzó gritos furiosos contra las paredes: «Si los eruditos están discutiendo la ley, ¿qué derecho tienes a interferir?». Las paredes dejaron de temblar. El rabino Eliezer, desesperado, realizó su última y más directa apelación a la autoridad: «Que se anuncie en los cielos que mi declaración era correcta». Y una voz celestial fue oída por todos decir: «¿Por qué os peleáis con rabí Eliezer, que siempre tiene razón en las decisiones que toma?». Ante estas palabras, los otros rabinos respondieron citando la Biblia: «La ley no está en los cielos». En otras palabras, si la voz celestial quería intervenir en las discusiones sobre la ley, podía hacer algo mejor que volar algarrobas o sacudir las paredes. Incluso debe hacer algo más que emitir juicios autorizados: debe presentar buenos argumentos.

El Talmud ofrece una posdata a esta historia. Uno de los rabinos, aparentemente, estaba ansioso ante las reacciones del Todopoderoso a este momento de insubordinación. Después de la muerte del rabino y de que su alma ascendiera al cielo, buscó al profeta Elijah para preguntar cómo había respondido el Todopoderoso. Según el profeta, el Todopoderoso se había echado a reír antes de decir: «Mis hijos me han dominado».[45]

Como sucede con todas las historias buenas y serias, de esta se pueden extraer muchas moralejas. Una, que es importante en el presente contexto, se refiere a que el pensamiento no se puede limitar al seguimiento de las reglas. Los piadosos eruditos de la casa de estudios buscaban las reglas más precisas imaginables. Sin embargo, para producir tales reglas, ellos mismos tuvieron que hacer algo más que seguirlas: anular a la más alta autoridad imaginable. Por encima de todo, su búsqueda de reglas dio lugar a discusiones y, de hecho, su pensamiento se desarrolló a través de discusiones sobre la naturaleza de las mismas.

De este relato se puede extraer otra moraleja y es una especialmente idónea para quienes estamos en las universidades. Si existe una estrecha conexión entre la argumentación y el pensamiento, entonces al enseñar a nuestros estudiantes a pensar debemos enseñarles a argumentar. Deberíamos fomentar el espíritu crítico, que no teme desafiar y desautorizar a las autoridades. Deberíamos, pues, desarrollar el espíritu argumentativo de Protágoras, el primer científico social y el tecnólogo de la hombrera.

También deberíamos preguntarnos cuáles son los sonidos esenciales que deben oírse en un lugar de aprendizaje. Asegurarse de que hay sonidos que es bueno oír en una universidad moderna: por ejemplo, el sonido del dinero que entra a raudales en las arcas del Registro, o los sonidos de equipos caros zumbando y pitando con precisión electrónica. Por muy agradables que estos sonidos puedan resultar a los oídos, no se trata de sonidos esenciales para un contexto de aprendizaje. El sonido esencial es algo mucho más antiguo. Es el sonido que se habría oído cuando los sofistas se reunían en los mercados para hablar sobre la naturaleza del Universo, o cuando los sabios se reunieron en la casa de estudios de Eliezer para analizar la ley. Este sonido, la colisión de ideas en el debate intelectual, es el sonido esencial para un lugar de pensamiento. Es esencial por la sencilla razón de que el sonido del argumento es el sonido del pensamiento.

Notas

[1] Filóstrato (2000). *Vidas de los sofistas*. Madrid: Editorial Gredos. p. 86.

[2] Séneca el Viejo (2005). *Controversias (libros VI-X): Suasorias*. Madrid: Gredos. Véase Yates, F. (2011). *El arte de la memoria*. Madrid: Siruela, para un estudio de las técnicas antiguas y medievales para mejorar la memoria.

[3] Platón (2010). *El sofista*. Madrid: Alianza.

[4] Un análisis más amplio de este y otros temas en la presente ponencia puede encontrarse en Billig, M. (1987). *Arguing and thinking: a rhetorical approach to social psychology*. Cambridge: Cambridge University Press.

[5] Para disponer de un análisis más amplio sobre el lugar de la retórica en la educación antigua, véase Clark, D. L. (1957), *Rhetoric in Greco-Roman education*. Nueva York: Columbia University Press; Kennedy, G. A. (1963). *The art of persuasion in Greece*, Princeton: Princeton University Press.

[6] Para un estudio de los sofistas, véase Kerferd, G. B. (2022). *El movimiento sofístico*. Madrid: Punto de vista; Guthrie, W. C. K. (1993). *The Sophists*, Cambridge: Cambridge University Press; Hussey, E. (1972). *The Presocratics*. Londres: Duckworth; Rankin, H. D. (1983). *Sophists, Socratics and Cycics*. Londres: Croom Helm; Barnes, J. (1992). *Los presocráticos*. Madrid: Cátedra, contiene un análisis filosófico notable sobre las diferentes ideas filosóficas de los sofistas.

[7] Aristóteles (2022). *Retórica* (1355b). Madrid: Gredos. Para una comparación entre los enfoques antiguos y modernos del estudio de la persuasión, véase Billig, M. (1987). *Arguing and thinking: a rhetorical approach to social psychology* (cap. 4). Cambridge: Cambridge University Press.

[8] Filóstrato (2000). *Vidas de los sofistas*. Madrid: Editorial Gredos. Véase también Gill C. (1985). Ancient psychotherapy. *Journal of the History of Ideas, 46*(3), 307-325.

[9] Para consultar tratamientos históricos generales de la retórica, véase Dixon, P. (1971). *Rhetoric*. Londres: Howes, R. F. (ed.) (1961). *Historical studies of rhetoric and Rhetoricians*, Ithaca: Cornell University Press; Kennedy, G. A. (1999). *Classical rhetoric and its Christian and secular tradition from ancient to modern times*. Chapel Hill: University of North Carolina Press. La retórica medieval se analiza de manera específica en Caplan, H. (1970). *Of eloquence*. Ithaca: Cornell University Press; Murphy, J. J. (1974). *Rhetoric in the Middle Ages*, University of Los Angeles Press; Murphy, J. J. (ed.) (1978). *Medieval eloquence*. University of Los Angeles Press. Para consultar análisis históricos de la retórica durante el Renacimiento, véase Ong, W. J. (1958). *Ramus: method and the decay of dialogue*. Harvard: Harvard University Press; Sonnino, L. A. (1968). *A handbook to sixteenth-century rhetoric*. Londres: Routledge.

[10] Platón (2014). *Gorgias*. Madrid: Rialp.

[11] Este miedo, por ejemplo, está claramente expresado en Filón (1965). The worse attacks the better. *Works* (vol. V). Londres: Loeb Classical Library. En *Vidas de los sofistas*, Filóstrato refiere que en una época se expulsó a los sofistas de los tribunales precisamente sobre la base de que eran capaces de conseguir que los peores argumentos parecieran los mejores. No deja de ser una amarga ironía que Sócrates, el crítico de los sofistas, haya sido condenado y ejecutado por hacer que «el argumento más débil derrotase al más fuerte» y por enseñar «a otros a seguir su ejemplo». [Platón (1969). Apology, 19. En *Last days of Socrates* (p. 47). Harmondsworth: Penguin.]

[12] El temor a que Hitler tuviese acceso a un conocimiento psicológico esencial queda expresado en la obra de Adorno, T. W. (2005). La teoría freudiana y el modelo de la propaganda fascista. En *Escritos sociológicos* (vol. 1, pp. 380-405). Madrid: Akal. Al parecer, Mussolini había tenido cierto contacto con la psicología y, en particular, con las ideas del prefreudiano y psicólogo de las multitudes, Gustav Le Bon [Nye, R. A. (1975). *The origins of crowd psychology*. Londres: Sage.] Para disponer de un análisis más amplio de las relaciones entre conocimiento psicológico y los dictadores del siglo xx, véase Moscovici, S. (1985). *La era de las multitudes: un tratado histórico de psicología de las masas.* Ciudad de México: Fondo de Cultura Económica.

[13] McConnell J. V., Cutler R. L. y McNeil, E. B. (1958). Subliminal stimulation: an overview. *American Psychologist, 13*(5), 229-242; Dixon, N. F. (1971). *Subliminal perception.* Londres: McGraw-Hill.

[14] Cicerón (1942). *De oratore* (vol. 1). Londres: Loeb Classical Library, xxxi, p. 137.

[15] La Asociación Nacional para la Libertad, el grupo de presión de la derecha, se quejó de que el mensaje era terrible y su documento, *Free Nation* (enero-febrero 1985) incluía detalles del episodio. Este mensaje subliminal particular había sido difundido originalmente el 10 de junio de 1984.

[16] La comparación establecida entre la imagen del pensador en la psicología cognitiva y la imagen del tímido burócrata se desarrolla con mayor detalle en la obra de Billig, M. (1985), Prejudice, categorization and particularization: from a perceptual to a rhetorical account. *European Journal of Social Psychology, 15*(1), 79-103.

[17] Para disponer de un ejemplo de un manual psicológico que equipara el pensamiento con la resolución de problemas, véase Mayer, R. E. (1986). *Pensamiento, resolución de problemas, cognición.* Barcelona: Paidós Ibérica. En Wason, P. C. y Johnson-Laird, P. N. (1981). *Psicología del razonamiento.* Madrid: Debate, se analiza el razonamiento puramente en términos de la deducción lógica. Los autores sugieren que la deducción lógica representa el estándar de precisión al que debe aspirar todo pensamiento. Un enfoque similar encontramos en Johnson-Laird, P. N. (1987). Modelos mentales en la ciencia cognitiva. En D. A. Norman (ed.), *Perspectivas de la ciencia cognitiva.* Barcelona: Paidós; Johnson-Laird, P. N. y Bara, B. G. (1984). Syllogistic inference. *Cognition, 16*(1), 1-61. Véase Billig, M. (1987). *Arguing and thinking: a rhetorical approach to social psychology* (cap. 5). Cambridge: Cambridge University Press, para un análisis crítico de la medida en que los modelos informáticos de cognición se concentran en el pensamiento lógico o matemático, véase Lebowitz, M. (1982). Correcting erroneous generalizations. *Cognition and Brain Theory, 5*(4), 367-381.

[18] Los relatos sobre el gesto de Zenón se pueden encontrar en la obra de Cicerón, *op. cit:* véase nota 14, p. 113; Quintiliano (1887). *Institutio oratoria* (vol. 2, xx). Madrid: Librería de la Viuda de Hernando; Sexto Empírico (1997). Contra los profesores de retórica. En *Contra los profesores* (vol. 2). Madrid: Gredos.

[19] Diógenes Laercio (2003). *Vidas de filósofos ilustres.* Barcelona: Ediciones Omega.

[20] Véase, por ejemplo: Tajfel, H. (1969). Social and cultural factors in perception. En G. Lindzey y E. Aronson, E. (eds.), *The handbook of social psychology* (pp. 315-394), Reading, MA: Addison-Wesley; Tajfel, H. (1978). The structure of our views about society. En H. Tajfel

y C. Fraser (eds.), *Introducing social psychology* (pp. 302-321). Harmondsworth: Penguin; Tajfel, H. (1984). *Grupos humanos y categorías sociales: estudios de psicología social.* Barcelona: Editorial Herder.

[21] Billig, M. (1972). Social categorization and intergroup relations. Tesis de doctorado no publicada, Universidad de Bristol; Billig, M. y Tajfel, H. (1973). Social categorization and similarity in intergroup behaviour. *European Journal of Social Psychology, 3*(1), 27-52; Billig, M. (1976). *Social psychology and intergroup relations.* Londres: Academic Press.

[22] Además de las referencias a la obra de Tajfel incluidas en la nota 20, véase también la exposición clásica de esta posición: Bruner, J. S. (1966). Social psychology and perception. En E. E. Maccoby, T. M. Newcomb y E. L. Hartley (eds.), *Readings in social psychology.* Londres: Methuen. Para contar con investigaciones más recientes de la evidencia sobre la selectividad de la percepción social, véase Eiser, J. R. (1980). *Cognitive social psychology.* Londres: McGraw-Hill; Fiske, S. T. y Taylor, S. E. (1984), *Social cognition.* Nueva York: Random House.

[23] Para un análisis más amplio de las relaciones con la antropología social del concepto psicológico social de «esquemas», véase Casson, R. W. (1983). Schemata in cognitive anthropology. *Annual Review of Anthropology, 12*(1), 429-462. Para un análisis de las formas en las que los esquemas sociales, o guiones, contienen las reglas de la interacción social, véase Schank, R. C. y Abelson, R. P. (1988). *Guiones, planes, metas y entendimiento.* Barcelona: Paidós Ibérica.

[24] Para disponer de ejemplos experimentales de la manera en la que puede utilizarse la experiencia para confirmar supuestos previos, véase Snyder, M. (1981). Seek, and ye shall find: Testing hypotheses about other people. En E. T. Higgins, C. P, Herman y M. P. Zanna (eds.), *Social cognition* (pp. 277-304). Nueva Jersey: Erlbaum Routledge.

[25] El artículo de Henri Tajfel, "The cognitive aspects of prejudice" (reeditado en *Human groups and social categories*), representa una declaración clásica respecto de una explicación cognitiva del prejuicio. En este artículo, Tajfel atribuye el origen del pensamiento prejuicioso a procesos mentales «normales», no «anormales». Hay una distancia muy corta desde esta posición hasta aquella que supone que el prejuicio es un producto inevitable de dichos procesos cognitivos «normales». Para encontrar ejemplos de análisis que dan este paso y afirman el carácter inevitable del prejuicio, véase Hamilton, D. L. (1979). A cognitive-attributional analysis of stereotiping., En L. Berkowits (ed.), *Advances in experimental social psychology* (Vol. 12, pp. 53-84). Nueva York: Academic Press; Greenwald, A. G. (1980). The totalitarian ego: fabrications and revision of personal history. *American Psychologist, 35*(7), 603-618. Ambos autores asumen que la simplificación y la distorsión son consecuencias inevitables de los procesos de selección cognitivos. Para consultar críticas a esta posición, véase: Billig, M., "Prejudice, categorization and particularization" *(op. cit:* véase nota 16); Billig, M. (1987). *Arguing and thinking: a rhetorical approach to social psychology* (cap. 6). Cambridge: Cambridge University Press.

[26] Snyder, M. (1981). On the self-perpetuating nature of social stereotypes. En D. Hamilton (ed.), *Cognitive processes in stereotyping and intergroup behaviour.* Nueva Jersey: Erlbaum; Duncan, B. L. (1976). Differential social perception and attribution of intergroup violence: testing the lower limits of stereotyping of blacks. *Journal of Personality and Social Psychology, 34*(4), 590-598; Billig, M. (1984). Racisme, préjugués et discrimination. En S. Moscovici (ed.). *Psychologie sociale* (449-472), París: Presses Universitaires de France.

[27] Billig, M. (1978). *Fascists: a social psychological view of the National Front*. Londres: Academic Press.

[28] La teorización académica y cuasi académica pueden desempeñar una función en la creación de dicha ideología. Para un análisis de los vínculos entre las ideas psicológicas sobre la raza y las ideologías racistas, véase Billig, M. (1981). *L'Internationale Raciste: de la psichologie à la "science" de races*. París: Maspero.

[29] Las diferentes definiciones de «actitud», según proponen los psicólogos sociales, se analizan en Jaspars, J. M. F. y Fraser, C. (1984). Attitudes and social representations. En R. M. Farr y S. Moscovici (eds.), *Social representations* (pp. 101-123). Cambridge: Cambridge University Press. Jaspars y Fraser detallan hasta qué grado la concepción individualista de las actitudes ha dominado la teorización psicológica social a lo largo de los años.

[30] Véase, por ejemplo, Adorno, T. W., Frenkel-Brunswik, E., Levinson, D. J. y Sanford, R. N. (1965). *La personalidad autoritaria*. Buenos Aires: Editorial Proyección; Elms, A. C. (1976). *Personality in politics*, Nueva York: Harcourt Brace Jovanovich; Altemeyer, R. A. (1981). *Right-wing authoritarianism*. Winnipeg: University of Manitova Press. Para un análisis del concepto psicológico de autoritarismo, véase Billig, M. (1982). *Ideology and social psychology*. Oxford: Blackwell, cap. 5.

[31] Whately, R. (1963). *Elements of rhetoric*. Carbondale: Southern University Illinois Press. Whately, R., *Historic doubts relative to Napoleon Buonoparte* se publicó originalmente en 1819.

[32] Este prefacio se reimprimió en ediciones posteriores, incluida la edición de 1881 publicada por Longmans, Green and Co., Londres.

[33] Popper, K. (2010). *La sociedad abierta y sus enemigos*. Barcelona: Paidós. Para disponer de relatos antiguos de Protágoras, véase Filóstrato (2000). *Vidas de los sofistas*. Madrid: Editorial Gredos.; Diógenes Laercio (2003). *Vidas de filósofos ilustres*. Barcelona: Ediciones Omega; Sexto Empírico (1997). *Contra los profesores* (vol. 2). Madrid: Gredos. Sobre todo, un retrato vívido pero ficcionalizado del gran sofista lo encontramos en Platón (2019). *Protágoras*. Barcelona: Tecnos. Sprague, R. K. (ed.) (1972). *The Older Sophists*. Columbia: University of South Carolina Press, contiene una colección traducida de referencias a Protágoras que se encuentran en fuentes antiguas.

[34] Citado por Diógenes Laercio (2003). Protágoras. En *Vidas de filósofos ilustres*. Barcelona: Ediciones Omega.

[35] Véase Perelman, C. y Olbrechts-Tyteca, L. (2015). *Tratado de argumentación. La nueva retórica*. Madrid: Gredos, para un análisis de los *Tópicos* de Aristóteles y cómo las estructuras del razonamiento, descritas por Aristóteles, son pares de contrarios.

[36] La obra de Eleanor Rosch ha sido especialmente influyente en la investigación cognitiva reciente sobre los procesos de categorización. En sus análisis, la categorización se analiza como un aspecto clave de la cognición. Véase, por ejemplo, Rosch, E. (1978). Principles of categorization. En E. Rosch y B. Lloyd (eds.), *Cognition and categorization* (p. 27-48). Nueva Jersey: Erlbaum; Mervis, C. B. y Rosch, E. (1981). Categorization of natural objects. *Annual Review of Psychology, 32*(1), 89-115. El supuesto de la importancia de la categorización se puede observar directamente, por ejemplo, en los comentarios de Cantor, N., Mischel, W. y Schwartz, J. (1982), quienes sostienen que la categorización es una «característica fundamental de la

cognición» (p. 34), en Social knowledge: structure, content, use and abuse, en A. H. Hastorf y A. M. Isen (eds.), *Cognitive social psychology* (pp. 33-72). Nueva York: Elsevier.

[37] Billig, M., "Prejudice, categorization and particularization" (*op. cit.:* véase nota 16) y Billig, M. (1987). *Arguing and thinking: a rhetorical approach to social psychology* (cap. 6). Cambridge: Cambridge University Press, describe cómo la «particularización» es el proceso contrario a la categorización. Se afirma que ambos procesos se encuentran vinculados integralmente y que la categorización humana sería imposible si no fuésemos capaces también de particularizar.

[38] Según Isócrates, «los mismos argumentos que utilizamos para persuadir a los demás cuando hablamos en público, los empleamos también cuando deliberamos en nuestros pensamientos». Véase Isócrates (1968). *Antidosis* (p. 256), Londres: Loeb Classical Library.

[39] Para disponer de evidencias de la reticencia de la gente a tomar decisiones, véase Janis, I. L., y Mann, L. (1977). *Decision making. A psychological analysis of conflict, choice, and commitment.* Nueva York: Free Press.

[40] Juvenal (1967). *The sixteen satires*: Harmondsworth: Penguin. XIII, p. 199.

[41] En sus primeros trabajos, Piaget sugería que los niños necesitaban pasar por una etapa argumentativa para desarrollar sus capacidades de razonamiento: Piaget, J. (1987). *El lenguaje y el pensamiento del niño pequeño.* Barcelona: Paidós.

[42] Quintiliano (1887). *Institutio oratoria* (vol. 2, XXI, 1 y vol. 7, prefacio 4). Madrid: Librería de la Viuda de Hernando. Billig, M. (1987). *Arguing and thinking: a rhetorical approach to social psychology* (cap. 4). Cambridge: Cambridge University Press, se refiere a ello como «principio de incertidumbre» de Quintiliano y analiza las implicaciones psicológicas de este «principio».

[43] Por ejemplo, Harré ha sugerido que los psicólogos sociales deben adoptar «una teoría de seguimiento de las reglas» (p. 250): Harré, R. (1974). Blueprint for a new science. En N. J. Armistead (ed.), *Reconstructing social psychology* (pp. 240-259). Harmondsworth: Penguin. Del mismo modo, Argyle sugiere que «todas las situaciones sociales están regidas por las reglas» (p. 81), Argyle, M. (1980). The analysis of social situations. En M. Brenner (ed.), *The structure of social action.* Oxford: Blackwell.

[44] Véase Platón, *Republic*, 425 c-e. La acusación más famosa del incipiente totalitarismo de Platón se encuentra en la obra de Popper (*op. cit.:* véase la nota 33). La historia sobre el rabino Eliezer y su epílogo en encuentran en el tratado talmúdico, *Baba Metzia*, 59b. La traducción se ha tomado de la edición de Soncino Press, 1935.

Capítulo 3

Representaciones sociales y retórica[*]

Prefacio

Serge Moscovici ha sido durante muchos años uno de los críticos principales de las ortodoxias en el pensamiento de la psicología social. En el capítulo 1 se incluían numerosas referencias a su teoría de las representaciones sociales. En una serie de cuestiones clave, su teoría, que ha adquirido una creciente importancia entre los psicólogos sociales europeos, aborda problemas similares al enfoque retórico. Moscovici hace hincapié en la creación social de estados mentales y ha investigado de qué manera las ideas intelectuales se incorporan al pensamiento del sentido común. A primera vista, el acento del enfoque retórico sobre la argumentación podría insertarse en la concepción de Moscovici respecto de una psicología social reconstituida. Este capítulo explora los puntos de contacto entre la teoría de las representaciones sociales y el enfoque retórico. Para ello, subraya las dimensiones retórica y argumentativa de lo que Moscovici identifica como «representaciones sociales».

En el curso de esta exploración es necesario entrar en algunos análisis detallados y bastante técnicos de los conceptos. El uso que hace Moscovici de los conceptos no es siempre directo; incluso el concepto central de «representaciones sociales» ha eludido toda definición. Los debates sobre lo que Moscovici entiende de exactamente por «anclaje» y «objetivación» pueden parecer algo abstrusos. Sin embargo, son conceptos necesarios si queremos demostrar las similitudes

---

[*] Este capítulo se publicó originalmente en 1988 con el título de "Social representation, objectification and anchoring: a rhetorical analysis", en *Social Behaviour, 3*, 1-16.

existentes entre el enfoque retórico y la teoría de las representaciones sociales. Además, mediante el ordenamiento de algunas de las cuestiones conceptuales es posible arrojar más claridad sobre algunas de las cuestiones fundamentales que plantea la teoría de las representaciones sociales. ¿Qué clase de ciencia social debe ser la psicología social? ¿Debe ser una ciencia histórica o antropológica? ¿Debe buscar las universalidades del funcionamiento psicológico o bien tratar de explicar la creación histórica de la conciencia? No se trata de cuestiones empíricas que puedan resolverse mediante la recogida de datos. En cambio, son cuestiones sobre la clase de visión social que debe expresar la psicología social.

Uno de los avances recientes más importantes en el campo de la psicología social europea ha sido la aparición del concepto de «representaciones sociales». La emergencia de un concepto nuevo no indica siempre la formulación de una nueva idea. En ocasiones, en la psicología social se crea un nuevo concepto con el fin de describir una novedad en el procedimiento experimental y, en otras ocasiones, para conceder pretensiones científicas a una perogrullada bien conocida. En cambio, lo que ha caracterizado al concepto de las representaciones sociales han sido las ambiciones intelectuales de sus partidarios. Estos han anunciado una revolución intelectual para cambiar la psicología social desde sus raíces en el ámbito de la psicología individual anglosajona hasta las tradiciones de la ciencia social europea (Herzlich, 1975). Serge Moscovici, que ha sido al mismo tiempo el Marx y el Lenin de este movimiento revolucionario, ha defendido una reorientación fundamental de la psicología social en torno al concepto de representaciones sociales. Esta revolución, en caso de que tenga éxito, afectará tanto a la psicología social pura como a la aplicada. De hecho, toda la disciplina se volverá más aplicada en el sentido de que el énfasis pasará de los estudios de laboratorio, que tratan de aislar variables en abstracto, a ser una ciencia social que examina las creencias compartidas socialmente, o representaciones sociales, en su contexto social real. Según Moscovici, esta reorientación transformará la disciplina en una «ciencia antropológica e histórica» (1984, p. 948).

El concepto de representación social es básico para esta revolución intelectual pero, como sucede con muchos símbolos revolucionarios, carece de una definición precisa. Los críticos no han perdido el tiempo en señalarlo (por ej., Potter y Litton, 1985; Eiser, 1989) o bien en descartar bruscamente la novedad de este enfoque (McGuire, 1986). A modo de respuesta, Moscovici ha sugerido que los teóricos de la representación social han evitado de forma deliberada definir su concepto fundamental porque pretendían evitar la vinculación de este concepto a un único procedimiento experimental, cuyas simplificaciones contribuirían a distorsionar la realidad social. La defensa realizada por Moscovici se refiere al poder destructivo de las definiciones operativas que tienen como objetivo limitar el progreso intelectual. Aunque esta posición pudiera resultar comprensible, no soluciona el problema de aclarar qué se entiende por «representación social». Podrá sugerirse que se trata de un problema compuesto, porque los teóricos no siempre se han mostrado consistentes en su posición sino que han aplicado el concepto de representación social tanto en sentido particular como universal.

El propósito actual no es señalar las inconsistencias con el fin de erosionar las reivindicaciones revolucionarias. En cambio se espera aclarar algunas de las cuestiones centrales relacionadas con el importante, pero complicado, concepto de representación social. El acento principal se colocará en dos procesos psicológicos sociales de primer orden que, según se afirma, son los que caracterizan a las representaciones sociales: objetivación y anclaje. La distinción que se establece entre la concepción universal y particular es necesaria para analizar la relación existente entre ambos procesos y las dos concepciones diferentes de la representación social. Al examinar el anclaje y la objetivación se adoptará una estrategia central del enfoque retórico (Billig, 1985, 1987). Esta estrategia recomienda que, siempre que los teóricos de la psicología consideren un proceso psicológico, también deben buscar el proceso contrario. Se podrá proponer que, si debe aclararse el concepto de representación social, entonces los analistas deben buscar aquellos procesos que puedan contrastarse con la objetivación. La naturaleza de las representaciones sociales, en el sentido específico del término, será aclarada mediante la investigación de la clase de creencias socialmente compartidas que puedan diferenciarse de las representaciones sociales. La posición respecto del anclaje es un tanto diferente porque se trata de un proceso universal. No obstante, en este caso se puede aplicar la misma estrategia básica. Si el anclaje, en sus aspectos esenciales, se refiere a la manera según la cual la nueva información esta categorizada y arraigada en las creencias culturales, entonces los teóricos también deben tener en consideración la forma en que la información puede ser particularizada y desarraigada. Esto a su vez conduce directamente a una visión retórica que acentúa la importancia de la argumentación y la negación. Algunos sugerirán que la perspectiva retórica puede complementar la que sustentan los teóricos de la representación social, independientemente de si se adopta el concepto particular o universal de la representación social.

Conceptos universales y particulares de las representaciones sociales

En el contexto de las ciencias sociales se pueden diferenciar los conceptos como universales o particulares. Los conceptos universales denotan fenómenos que se supone que ocurren de forma universal, sin tener en cuenta la época histórica o el tipo de sociedad. Por ejemplo, el concepto de «rol» se entiende universalmente, en el sentido de que se supone que los roles sociales se encuentran en todas las sociedades, ya sean desarrolladas o prealfabetizadas, modernas o históricas. Por otro lado, un concepto como «burocracia» es particular, ya que las burocracias solo se encuentran en determinados tipos de sociedades. No se supone que una sociedad de cazadores-recolectores contara con una burocracia. En lo que respecta a los conceptos de psicología social, la distinción entre lo universal y lo particular no es trivial. La naturaleza de las teorías se verá afectada dependiendo de si se emplean conceptos universales o particulares como constructos básicos. Por ejemplo, una teoría psicológica social basada en concepciones universales se encontrará inevitablemente subrayando, ya sea de manera implícita o explícita, el carácter universal de los procesos psicológicos humanos. Por otro lado, las teorías particulares harán hincapié en el grado en el que las características psicológicas sociales de las sociedades, o épocas históricas, difieren entre sí.

Una cuestión importante que debe plantearse con respecto a cualquier nuevo movimiento en el ámbito de la psicología social es si propone una perspectiva universal o particular. La fórmula de Moscovici de que la nueva psicología social debe ser tanto antropológica como histórica parece sugerir ambas posibilidades. Podría ser universal en el sentido que lo han sido muchas antropologías sociales desde Frazier hasta Lévi-Strauss. Estas antropologías han ignorado las diferencias geográficas y económicas con el fin de mostrar patrones comunes del funcionamiento psicológico subyacente a la diversidad antropológica. El enfoque etogénico, propuesto por Harré y Secord (1972), Harré (1982) y Harré, Clarke y De Carlo (1989), se parece a dichas antropologías universales en el sentido de que busca patrones psicológicos sociales básicos de acción. Sus términos clave, como «acción» y «actuar», son universales, y no es una coincidencia que los teóricos de la etogenia tiendan a seleccionar materiales ilustrativos a través de las fuentes históricas y antropológicas. Por otro lado, el enfoque de la representación social puede diferir de la etogenia al centrar la atención en las diferencias, o particularidades, de las épocas históricas. De este modo se aceptaría la noción de que la psicología social produce un conocimiento históricamente relativo (Gergen, 1973) y lo asume como su principal punto de partida teórico.

La primera pregunta básica que debemos formular es si los teóricos entienden el concepto de representaciones sociales aplicado solo a una clase determinada de sociedades o su pretensión es que el concepto sea universal. No existe, lamentablemente, una respuesta simple e inmediata porque los teóricos han empleado el término tanto en su sentido universal como particular. La coexistencia de estos dos significados, por supuesto, no ayuda mucho a quienes no saben qué es exactamente una representación social.

Concepto universal de representaciones sociales

No es difícil encontrar ejemplos de teóricos que escriban sobre representaciones sociales en términos universales. Por ejemplo, Denise Jodelet expresa términos universales cuando escribe que «el concepto de representaciones sociales indica… el conocimiento del sentido común», y que se refiere al «pensamiento práctico, orientado a la comunicación, comprensión y control del entorno social» (1984, p. 361). Esta es una concepción universal porque puede dar lugar a la suposición de que todas las sociedades y todos los grupos sociales poseen, de una forma u otra, ese sentido común y conocimiento práctico. Del mismo modo, Moscovici (1973) caracteriza las representaciones sociales como «sistemas cognitivos con una lógica y un leguaje propios», añadiendo que son «teorías o ramas del conocimiento por sí mismas, para el descubrimiento y la organización de la realidad» (p. xiii). Moscovici (1984) sugiere que las representaciones sociales se elaboran en «teorías, historias, reglas, leyendas», etc. (p. 946). A pesar de su pretensión actual de haber evitado deliberadamente las definiciones, Moscovici, de hecho, ha ofrecido una definición de representación social en un artículo publicado en la década de 1960: «La representación social se define como la elaboración de un objeto social por parte de la comunidad con el propósito de comportarse y comunicarse» (1963, p. 251).

Todas estas citas sugieren que las representaciones sociales son universales. Cabe presumir que todas las sociedades poseen sus propios valores, historias, reglas y teorías sobre el mundo. Si toda la vida social depende de la existencia de alguna clase de cultura, sentido común y conocimiento práctico, entonces, en consecuencia, las representaciones sociales podrán encontrarse en todos los contextos sociales. La universalidad de los contextos sociales queda expresada por Aebischer y Thommen (1983) cuando caracterizan las representaciones sociales como «todo el conocimiento y la comprensión que una sociedad, o un subgrupo de la sociedad, tiene sobre un objeto determinado» (p. 5). De acuerdo con esta caracterización, no puede existir una sociedad sin representaciones sociales.

La universalidad de las representaciones sociales también se expresa cuando los teóricos extraen consecuencias generales para la disciplina de la psicología social. Con frecuencia se afirma que la propia naturaleza de la psicología social se verá alterada por las ideas de la teoría de la representación social. Con esta afirmación se está sugiriendo algo más que el hecho de que los psicólogos sociales que estudian una sociedad particular o un subgrupo de una sociedad deben atender a las representaciones sociales. En cambio se formulan principios generales cuya finalidad es caracterizar de forma universal los procesos psicológicos sociales. Por ejemplo, los teóricos de la representación social han desarrollado el postulado de Durkheim de que las representaciones colectivas deben tener primacía teórica sobre las representaciones individuales. Moscovici (1983) ha expresado la posición con claridad:

> Nuestro postulado tiene una gran trascendencia. Más que las motivaciones, las aspiraciones, los principios cognitivos y los demás factores que suelen aducirse, son nuestras representaciones las que, en última instancia, determinan nuestras reacciones, y su significación es, por tanto, de causa real (Moscovici, 1983, p. 65).

Aquí, Moscovici ofrece un postulado universal sobre los procesos psicológicos sociales. Él no afirma que las representaciones tengan su importancia causal solo en algunas sociedades o en algunas épocas, sino que está haciendo una suposición general sobre el funcionamiento psicológico y, por lo tanto, sobre la naturaleza humana.

Concepto particular de representación social

El concepto de representaciones sociales se utiliza asimismo de una manera particular con el fin de sugerir que estas solo pueden encontrarse en determinadas sociedades. Moscovici emplea el concepto en un sentido particular cuando argumenta que las representaciones sociales son propias de las sociedades modernas, ya que se trata de un «fenómeno social específicamente moderno» (1984, pp. 952-953). Según Moscovici, «son, en ciertos aspectos, específicas de nuestra sociedad» (1983, p. 23) y ha sugerido que las creencias de la sociedad moderna sostenidas socialmente son cualitativamente diferentes de aquellas que caracterizaban a las sociedades anteriores. Según Moscovici, la diferencia cualitativa es tan grande que las extendidas creencias de la sociedad moderna no deben siquiera llamarse «sentido común»: «En sociedades como las nuestras, ya no hay mitos, ni siquiera "sentido común", en el sentido correcto de estos términos» (Moscovici, 1984, p. 953). En estas citas, las representaciones sociales no se equiparan universalmente con el sentido común o con el conocimiento social práctico sino que se localizan específicamente en la sociedad moderna.

Al afirmar que existe una diferencia cualitativa entre las representaciones sociales modernas y el sentido común más antiguo, Moscovici destaca el efecto que ejerce la ciencia sobre la conciencia cotidiana. Él sostiene que el sentido común moderno se ha obtenido de la difusión popular de nociones científicas: «Ahora el sentido común es la ciencia devenida común» (1983: 29). Los términos han pasado del discurso técnico y científico al lenguaje lego, alterando sus significados durante este paso y, a su vez, afectando la naturaleza del sentido común. Se dice que la representación social típica se originó en un concepto técnico, abstracto: «Las representaciones sociales nacen generalmente durante transformaciones de esta índole, ya sea mediante la intervención de los medios de comunicación o por la acción de los individuos» (Moscovici, 1984, p. 964). Moscovici ha ofrecido los ejemplos de «carisma» y «cerebro dividido» y términos particularmente psicoanalíticos a fin de ilustrar el paso de la ciencia a la representación social: «En cada uno de estos casos y en muchos otros nos enfrentamos a representaciones sociales que crean y comparten los miembros de nuestra sociedad como se compartían los mitos y el "sentido común" en el pasado» (Moscovici, 1984, p. 954).

Al limitar el concepto de representaciones sociales a esta clase de fenómenos, Moscovici está negando que las representaciones sociales puedan encontrarse en todas las sociedades y sugiriendo que solo aparecen bajo determinadas condiciones sociales. Hasta la fecha, los teóricos de las representaciones sociales han mostrado una tendencia a mostrarse algo imprecisos sobre las condiciones sociales que favorecen el desarrollo de las representaciones sociales, entendidas en este sentido particular. Se han hecho observaciones generales sobre el papel de los medios de comunicación, el pluralismo, el desmoronamiento de la moral tradicional, etc., pero los teóricos aún no han desarrollado sus ideas con precisión histórica. Un proyecto para el futuro sería investigar las condiciones sociales necesarias para las representaciones sociales. Si los teóricos intentaran abordar esta tarea es probable que se encontrasen siguiendo los pasos de los elementos más deterministas de la sociología de Durkheim, que no contiene los aspectos que han favorecido hasta ahora (Deutscher, 1984; Farr, 1984). Esto no se plantearía si la concepción universal fuera teóricamente dominante en una psicología social que se pareciera más a una antropología universal que a una ciencia social histórica.

Anclaje y objetivación

Al tratarse de dos usos diferentes del concepto de representación social, existe la tentación de tomar una decisión prescriptiva a favor de uno u otro de los usos. Sin embargo, una decisión de este tipo por sí sola difícilmente favorecería el objetivo actual de tratar de dilucidar cuestiones subyacentes. Por lo tanto, es necesario ir más allá de las afirmaciones generales sobre la naturaleza de las representaciones sociales para examinar las ideas teóricas sobre cómo pueden funcionar las mismas. Esto es particularmente necesario, dado que Moscovici ha subrayado repetidamente que existe una teoría de las representaciones sociales (Moscovici, 1983, 1985). Esta teoría no solo describe la naturaleza de las representaciones sociales, sino que también analiza los procesos mediante los cuales se generan estas representaciones. Moscovici presta especial atención a dos procesos psicológicos sociales que intervienen en la creación y el mantenimiento de las representaciones sociales: el anclaje y la objetivación. Al hablar de ambos será útil tener presente la distinción entre conceptos universales y particulares, ya que se sugerirá que el anclaje es un proceso universal, mientras que la objetivación es un proceso particular.

Anclaje

Según la teoría de la representación social, el anclaje es un mecanismo que «se esfuerza por *anclar* ideas extrañas, reducirlas a categorías e imágenes corrientes, situarlas en un contexto familiar» (Moscovici, 1983, p. 29, cursiva en el original). Las cosas «no clasificadas e innominadas son ajenas, inexistentes y al mismo tiempo amenazadoras» (p. 30) y el anclaje es el mecanismo destinado a reducir esta amenaza mediante la imposición de clasificaciones familiares. Los sistemas de representaciones sociales pueden proporcionar clasificaciones familiares y, por esta razón, una representación social «fomenta las opiniones preconcebidas y suele conducir a decisiones demasiado precipitadas» (1983, p. 33). En general, el anclaje permite «la integración cognitiva del objeto representado en el sistema de pensamiento preexistente» (Jodelet, 1984, p. 371).

Esos comentarios revelan que el anclaje es un proceso universal. La categorización de la información, la denominación de cosas que son ajenas a marcos preexistentes, el fomento de opiniones preconcebidas, son todos fenómenos que pueden producirse en cualquier tipo de organización social. Al describir el anclaje, los teóricos de la representación social parecen exhibir una similitud con algunas de las ideas de la psicología social cognitiva dominante, a pesar de la aguda crítica que hace Moscovici del cognitivismo (Moscovici, 1982). Los teóricos cognitivos han subrayado de qué modo los esquemas permiten un procesamiento rápido de la información, del mismo modo en que Jodelet (1984) sostiene que lo hacen las representaciones sociales. Asimismo, los teóricos cognitivos hacen hincapié en que la categorización conduce a la distorsión del material de estímulo y a la generalización apresurada (por ej., Hamilton, 1981; Taylor y Crocker, 1981; Fiske y Taylor, 1984). En términos generales, los estudios cognitivos sobre prejuicios y preconceptos apoyaría la afirmación de Moscovici de que el anclaje «implica la prioridad del veredicto sobre el juicio» (1983, p. 32).

Sin embargo, existe una diferencia fundamental entre el enfoque cognitivo y el de las representaciones sociales. Los psicólogos sociales cognitivos tienden a considerar la categorización en términos de funcionamiento individual. En cambio, los teóricos de la representación social examinan el funcionamiento social del anclaje. Lo que está representado es un objeto social y el anclaje introduce al individuo en las tradiciones culturales del grupo, al tiempo que desarrolla dichas tradiciones. De este modo, la representación está arraigada «en la vida de los grupos» (Jodelet, 1984, p. 372).

A pesar de esta diferencia, tanto los procesos de clasificación descritos por los psicólogos sociales cognitivos como el anclaje de los teóricos de la representación social comparten un rasgo común: ambos son procesos universales. Los psicólogos sociales cognitivos defienden que forma parte de la naturaleza humana reducir la incertidumbre mediante el procesamiento del mundo de los estímulos externos mediante esquemas. Los esquemas estarán presentes cualquiera que sea el contexto cultural que escojamos. Del mismo modo, el anclaje no se limita a la vida de ciertas sociedades especificadas. Se supone que opera a través de divisiones históricas y antropológicas. De este modo, Moscovici es capaz de extraer implicaciones universales relativas al funcionamiento psicológico social. Por ejemplo, afirma que la teoría de la representación «excluye la idea de pensamiento o percepción que carece de anclaje» (1983, p. 36). Todas las sociedades y todos los grupos disponen de sistemas de denominación y categorización y, por lo tanto, el anclaje, como proceso constitutivo de pensamiento y percepción, se refiere a un universal psicológico social.

Objetivación

Moscovici se ha referido como *objetivación* al segundo proceso mediante el cual se generan las representaciones sociales. Al igual que sucede con el anclaje, se supone que la objetivación convierte en familiar aquello que es desconocido. El término se refiere específicamente a la manera en que las representaciones sociales transforman los conceptos abstractos desconocidos en experiencias familiares y concretas, y así describe la «materialización de una abstracción» (Moscovici, 1983, p. 38). Mediante el proceso de objetivación, lo «invisible» se vuelve «perceptible» (Farr, 1984, p. 386). A diferencia del anclaje, la objetivación es un proceso particular. Mientras que cualquier creencia puede anclarse, independientemente del contenido de dicha creencia, solo determinadas clases de creencias pueden objetivarse. Se trata de aquellas creencias que son esencialmente no religiosas y que se han originado a partir de conceptos abstractos aunque no religiosos. El paso de la teoría científica esotérica al discurso cotidiano describe el prototipo de objetivación.

La naturaleza particular de la objetivación se puede ilustrar siguiendo la estrategia de considerar el contraproceso. Cabría imaginar creencias que conviertan el mundo material en abstracciones inmateriales. Por ejemplo, las teorías «cotidianas» o de sentido común de una sociedad religiosa ilustrarían lo contrario de la objetivación. Es posible que dichas creencias se originaran en la teorización teológica de naturaleza técnica. Su efecto, cuando se traslada al discurso cotidiano, no es convertir lo abstracto en material, sino en volver abstracto lo material. En este punto se puede ofrecer un ejemplo tomado de la teología judía tradicional. Los sabios judíos analizaban por qué el Todopoderoso le había hablado a Moisés desde una zarza ardiente. Una de las razones era «enseñar que no existe ningún lugar vacío de la Presencia Divina, incluso algo tan modesto como un arbusto» (*Mishná*, Exodus Rabbah, II, 5, citado en Cohen, 1949, p. 9). Al judío piadoso, cuando observa un arbusto común, le recordará la zarza ardiente e intentará ver la obra imperceptible de la divina presencia en ese arbusto común. Por lo tanto, lo invisible será observado dentro de lo perceptible.

De este modo, el sentido común de una sociedad religiosa difiere del que caracteriza a una sociedad con representaciones sociales objetivadas. En la primera, las ideas de la teología intentan transformar la experiencia concreta en algo que trasciende el mundo material y percibe las fuerzas abstractas en los objetos materiales. Con la conciencia objetivada, los elementos trascendentales o abstractos han sido transformados en concretos y la realidad última es una realidad perceptible. En consecuencia, la objetivación puede verse como un proceso que produce esa clase particular de experiencia común donde lo abstracto se traslada al mundo de los objetos. Podría distinguirse de un proceso contrario que produce una conciencia no material. Este proceso contrario, tal vez, podría denominarse «trascendentalización», con el fin de describir el proceso psicológico social por el que se trasciende el mundo de los objetos.

Es posible formular un resumen conceptual que muestra cómo los procesos de anclaje y objetivación se relacionan con dos concepciones de la representación social. La concepción universal concibe las representaciones sociales actuando mediante el anclaje, pero no necesariamente a través de la objetivación. La concepción particular contempla ambos procesos como características necesarias de una representación social. Según la concepción universal, el judío tradicional podría tener una representación social de un arbusto sobre los arbustos. Según la concepción particular, las creencias tradicionales judías sobre los arbustos no son representaciones sociales ya que no están generadas mediante la objetivación, además del anclaje. Por lo tanto, Los patrones trascendentalizados de la creencia no deben tenerse en cuenta como representaciones sociales. Solo puede decirse que los grupos que poseen una conciencia objetivada anclan sus pensamientos y percepciones en representaciones sociales. Esos grupos que muestran otras formas de conciencia anclan sus pensamientos y percepciones en el «sentido común», la «mitología», etc., pero no en representaciones sociales.

En cuanto a descubrir la naturaleza de las representaciones sociales contrastándolas con fenómenos que no son representaciones sociales, podemos ver una diferencia inmediata entre las concepciones universales y particulares. En el caso de la concepción universal dichos contrastes serán difíciles de percibir, ya que existirá la tentación de ver todos los mitos, creencias e imágenes —en resumen, todos los elementos de la cultura— como si fuesen representaciones sociales o elementos pertenecientes a la representación social. Como tal, el concepto de representación social será necesariamente alguna clase de concepto general y de fondo, y resultará complicado encontrar elementos de conciencia compartida socialmente que no sean representaciones sociales y que puedan utilizarse con propósitos de contraste. Por otro lado, la concepción particular, que incluye tanto un proceso universal (anclaje) como uno particular (objetivación), alienta dichos contrastes. Invita a que el contraste se realice en el proceso particular, de modo que la conciencia social objetivada se pueda comprar con la no objetivada, y las representaciones sociales se puedan contrastar con aquellas creencias de sentido común que no son representaciones sociales.

Representaciones sociales y sentido común

Está claro que la intención original de Moscovici era que el concepto de representación social se interpretase de forma particular y no en términos universales. Moscovici formuló esta idea con el fin de resolver el problema particular de cómo las ideas científicas pasan a estar representadas en la conciencia popular. Su estudio sobre psicoanálisis fue fundamental en este aspecto y aún proporciona el modelo básico para la noción particular de representación social (Moscovici, 1976). En esta obra, expuso cómo conceptos tales como «neurosis» cambiaban al pasar de los círculos intelectuales a la conciencia común y, además, este paso modificaba esta última.

Podría describirse el proceso de objetivación en términos esquemáticamente simplificados. Las ideas intelectuales y científicas están elaboradas por pequeños grupos (minorías) de profesionales. En ocasiones, estas ideas se difunden para quedar ancladas en patrones de creencias más amplios. En el plano histórico podría decirse que las nociones científicas en la edad moderna han quedado ancladas en el sentido común. No obstante, esta formulación, de acuerdo con la teoría de la representación social, es inexacta en sentido estricto. Mientras que la mayoría de las nuevas creencias pueden anclarse en los patrones culturales del sentido común, existe algo especial respecto de la transmisión de ideas científicas en la edad moderna. En primer lugar, las ideas científicas se alteran de una manera particular por su transmisión. Están representadas (quizás sea más exacto decir que están tergiversadas) de una manera particular de modo que cuando se anclan deben volverse objetivadas. En segundo lugar, su proceso de anclaje cambia radicalmente la naturaleza del sentido común. El cambio es tan grande que el sentido común, con estos nuevos elementos anclados, ya no es más, hablando con propiedad, sentido común: es una representación social. Por lo tanto, en la sociedad moderna existe una única forma de conciencia social. Si el sentido común no se hubiera transformado de una manera tan singular, entonces habría pocas razones para formular este nuevo concepto específico de representación social.

Para que estas ideas se lleven a cabo de un modo que revolucione la psicología social, es evidente que debe desarrollarse el contraste entre las representaciones sociales y el sentido común. En este sentido, pueden identificarse tres elementos diferentes de dicho contraste: a) el contraste histórico entre sociedad moderna y sociedades anteriores; b) la investigación de la conciencia moderna para descubrir la extensión de la objetivación y c) las especulaciones acerca de la futura naturaleza de la conciencia social.

El contraste entre conciencia moderna y tradicional

Es obvio que los teóricos de la representación social necesitarán desarrollar su marco teórico para distinguir entre sentido común y representación social. Esto no se conseguirá promulgando definiciones, sino mediante el desarrollo de una investigación que examine ambos conjuntos de fenómenos y busque similitudes y diferencias. Un problema evidente reside en si las representaciones sociales son propias de la edad moderna o, de hecho, del pensamiento científico, o si aparecieron antes. Aunque se trata de un problema importante, se puede dar un breve ejemplo ilustrativo. En la obra *Las nubes*, de Aristófanes, Estrepsíades discute con Sócrates sobre las causas del trueno, la lluvia y otros fenómenos meteorológicos. Estrepsíades anuncia la teoría del sentido común y que todos son productos del cuerpo de Zeus. Sócrates, por su parte, habla de «esferas hi-droeléctricas» y cosas por el estilo. En este diálogo resulta evidente que Sócrates no está hablando como un científico que entiende realmente esos fenómenos sino que emplea palabras grandilocuentes sin una comprensión genuina de las mismas. Podemos preguntarnos si Aristófanes está describiendo un debate entre el sentido común de Estrepsíades y las representaciones sociales de Sócrates. La cuestión aquí es si era posible que un ateniense de aquella época poseyera una representación social en este sentido, o si tenemos que esperar hasta la era moderna para que hagan su aparición las representaciones sociales. Si la psicología social ha de convertirse en una ciencia histórica, este es el tipo de problema que cabe esperar que se plantee.

El alcance de la objetivación de la conciencia moderna

En ocasiones, los teóricos de la representación social asumen que la conciencia moderna es única porque está impregnada de representaciones procedentes de la ciencia. Moscovici, por ejemplo, afirma que los conceptos que tienen un origen científico «llenan nuestras mentes y nuestras conversaciones, nuestros medios de comunicación, los libros populares y los discursos políticos» (Moscovici, 1984, p. 953). No podemos suponer simplemente que nuestras mentes están llenas de la manera que afirma Moscovici, pero es una cuestión que debe tratarse como un objeto de investigación empírica. El propio estudio de Moscovici sobre el psicoanálisis representa un comienzo importante. No obstante, la evidencia de que un conjunto de conceptos abstractos ha realizado la transición de la conciencia científica a la popular no implica que la conciencia moderna esté dominada por nociones semejantes. De hecho, es posible que las nuevas ideas no hayan cambiado totalmente y, por lo tanto, desplazado a las viejas nociones, sino que las viejas y las nuevas ideas pueden coexistir en la conciencia moderna. Algunas de las nociones de Moscovici sobre la objetivación se asemejan a las expresadas por Gramsci. En *Cuadernos de la cárcel* (2023), Gramsci sugería que la ideología intelectual se refleja en la realidad cotidiana moderna: el ideólogo moderno crea, o intenta crear, una hegemonía cultural. Sin embargo, Gramsci también reconocía la persistencia del sentido común tradicional que, con frecuencia, entra en conflicto con la hegemonía basada en la ideología. La cuestión empírica, por lo tanto, es si el sentido común ha sido modificado hasta ese extremo por la nueva hegemonía materialista o si, como creía Gramsci, sigue teniendo una existencia independiente en la conciencia moderna.

Al asumir que la conciencia moderna se colma de representaciones objetivadas, los teóricos de la representación social pueden correr el peligro de hacer demasiado hincapié en la homogeneidad interna de la perspectiva popular moderna. Tal vez sea demasiado simple suponer que los conceptos que se originan en la ciencia representan una especie de cuco en el nido del sentido común tradicional. Un breve ejemplo tomado de *Mitologías* (2012), de Roland Barthes, podría ilustrar esta cuestión. Barthes analizó el símbolo de Einstein en la cultura moderna y observó que había dos mitos contrapuestos unidos a ese símbolo: el mito de Einstein como el Cerebro y el mito de Einstein como el Ser Humano. Podríamos decir que Barthes estaba examinando la representación social de Einstein, si bien decir esto podría significar que estamos utilizando el concepto «representación social» en un sentido amplio. Es el mito de Einstein como el Cerebro, el que *prima facie* podría decirse que se ha derivado, aunque de una manera tortuosa, de las nociones científicas modernas. El mito de Einstein como Ser Humano es al parecer más antiguo y está tradicionalmente vinculado al sentido común. Además, el símbolo de Einstein es diferente del símbolo de «neurosis», o los demás términos psicoanalíticos estudiados por Moscovici (1976), en el sentido de que se trata de una representación no de conceptos científicos sino de la propia ciencia. La cuestión fundamental en este caso reside en que el potente símbolo de Einstein no era una representación de la teoría de la relatividad. De hecho, todas las nociones relacionadas con la teoría de la relatividad parecen haber sido extraídas del símbolo. En consecuencia, el símbolo de ciencia en este caso parece haber perdido sus elementos científicos para anclarse en imágenes mucho más antiguas (tal vez incluso en la imagen de un hombre sabio que ha construido su propio Gólem dentro de su cerebro).

Lo que esto sugiere, en una lectura muy superficial, es que las transformaciones de la ciencia no han eliminado todo lo que tenían ante sí, sino que ellas mismas pueden haber sido captadas y convertidas en familiares y, por lo tanto, totalmente acientíficas en su contenido, por sistemas simbólicos mucho más antiguos. De este modo es posible que el proceso de anclar las nociones que se han originado científicamente no tenga un efecto tan devastador sobre las creencias tradicionales. La teoría de la representación social debería asumir la tarea de investigar esas hebras de cultura contemporánea que, hablando con propiedad, podrían denominarse representaciones sociales objetivadas, al igual que esos otros elementos que no constituyen representaciones objetivadas. No se puede suponer desde el principio que todos los elementos sean el producto de procesos de objetivación similares.

Especulaciones sobre el futuro

Algunos pasajes en los escritos de Moscovici sugieren que, si bien la conciencia popular actual puede no estar compuesta en su totalidad de representaciones sociales, está avanzando hacia un carácter objetivado. Por ejemplo, Moscovici ha escrito sobre «la próxima era de representaciones sociales» (1982), como si las nociones tradicionales de sentido común fuesen, en el mejor de los casos, especies en vías de extinción. No obstante, sería un error suponer que el futuro estará dominado por una conciencia material, objetivada. Una de las tendencias más importantes observada en los últimos años es posiblemente el crecimiento de la conciencia religiosa en Occidente. En este sentido, es posible que la trascendentalización esté desafiando a la objetivación, ya que nuevamente el creacionismo desafía al darwinismo (Handberg, 1984; Stempein y Coleman, 1985; Eve y Harrold, 1986). El punto clave, sin embargo, no es una especulación sobre el futuro sino una comprensión del presente. Podría suponerse que, para que hoy se observe un incremento de las creencias de la trascendentalización, estas deben estar ancladas en marcos culturales. Estos marcos no pueden haber sido objetivados de un modo tan absoluto si proporcionan los elementos que permiten el crecimiento de la creencia religiosa. En otras palabras, no es posible que la hegemonía de la representación social de la ciencia sea total e incluso existen evidencias de que puede encontrarse en declive.

Existe un factor común en el debate de las tres cuestiones expuestas en este apartado. En las tres se advierte la implicación de que los teóricos de la representación social deben hacer algo más que estudiar las representaciones sociales. Los teóricos también deben estudiar aquello que *no* son representaciones sociales. La paradoja reside en que los teóricos de la representación social deben buscar aquellos aspectos de las creencias compartidas socialmente que no se clasificarían como representaciones sociales, tanto como las estudian. Esto implica un cambio en la estrategia de investigación. En la actualidad hay una tendencia en los investigadores a definir su campo de estudio desde el principio como, por ejemplo, «Una investigación de la representación social de X». Luego incluyen, de manera acrítica, creencias y diálogos sobre X como si fuesen aspectos de la representación social. Esta estrategia de investigación no permitirá que el concepto de representación social desarrolle un margen crítico, ya que no obligan al investigador a ofrecer ejemplos de creencias socialmente compartidas sobre X que no sean representaciones sociales. Sin disponer de una estrategia que obligue al investigador a establecer contrastes habrá una tendencia a deslizarse hacia una concepción más universal de la representación social, a medida que cada vez son más los fenómenos difusos a los que se cataloga como representaciones sociales. El propio concepto se volverá cada vez más amorfo. Podrá servir para una psicología social antropológica universalizada pero carecerá del enfoque necesario para ser una noción teórica clave en el ámbito de una psicología social particular e histórica.

El más obvio de los posibles contrastes se produciría en el plano histórico entre las creencias compartidas socialmente de las sociedades tradicionales y modernas. No obstante, desde el punto de vista de la psicología social, este quizás no fuese el contraste más interesante. Los breves comentarios expuestos sobre las creencias sociales modernas sugerían que la conciencia contemporánea tal vez no sea internamente tan homogénea como señalan algunos de los escritos de los teóricos de la representación social. Por lo tanto, en la sociedad moderna deberían ser posibles los contrastes importantes. Esto no tiene por qué implicar contrastes entre distintos grupos de población, por ejemplo entre muestras de personas ateas y creyentes. Existen también los contrastes que deben hacerse entre aquellos elementos de la conciencia contemporánea que podrían ser compartidos por las mismas personas. La conciencia moderna puede incluir sus elementos trascendentalizados y objetivados, sus creencias materialistas y supersticiosas, su sentido común cientificado y sus patrones de creencia más antiguos. Cabe esperar que estos hilos contrastados se encuentren dentro de las mismas mentes. Al referirse a los elementos contradictorios de la conciencia social, los teóricos de la representación social estarían abordando una cuestión que es clave para el enfoque retórico de la psicología social.

Retórica y representaciones sociales

Moscovici (1983) ha sugerido que la cuestión básica para la investigación de la representación social consiste en comprender «la sociedad pensante». Siendo así, cabe preguntarse cuáles son las condiciones previas para que exista una sociedad pensante. El enfoque retórico de la psicología social acentuaría la importancia de temas contrarios en lo que podría ser denominado vagamente como sentido común. La argumentación, y por tanto el pensamiento, son posibles porque el acervo de creencias comunes de un grupo social contiene elementos contrarios. Aquí el enfoque retórico no consiste en llamar la atención sobre los argumentos entre culturas, o entre ideologías, sino sobre los argumentos que se producen entre culturas o ideologías. En resumen, se asume que debido a que el sentido común, o las representaciones sociales, poseen temas tan opuestos, dan pie a la discusión y a la reflexión. Si para los miembros de una sociedad todo estuviese claro, no generase problemas y fuese totalmente coherente, no tendrían nada que argumentar y, por tanto, nada sobre lo que deliberar.

Este supuesto sugiere que los investigadores deben buscar temas divergentes, pero que se comparten socialmente, dentro del pensamiento de los miembros de los grupos sociales. Existen asimismo implicaciones para el estudio de los procesos del pensamiento social. El enfoque retórico relaciona los procesos de pensamiento con los de argumentación, ya que sugiere que el pensamiento deliberativo es una argumentación internalizada. El enfoque retórico llama la atención básicamente sobre la importancia de la capacidad de negar. Cuando argumentamos no solo estamos expresando nuestra posición sino que tratamos de ejercer una crítica, y por lo tanto negar, la posición contraria. Billig (1985, 1987) propone que, con el fin de entender esta capacidad para la negación, los psicólogos sociales deben describir los procesos del pensamiento social en términos de pares opuestos: todo proceso debe ser entendido en términos de un proceso contrario. Como se indicará más adelante, esto tiene implicaciones para el proceso de anclaje.

Los antiguos retóricos sabían que los lugares comunes del sentido común (o *sensus communis)* pueden oponerse argumentativamente entre sí. De hecho, la confrontación de los lugares comunes constituye la esencia del argumento retórico (Perelman y Olbrechts-Tyteca, 1971; Billig, 1987). Se puede decir que la misma confrontación de lugares comunes brinda la posibilidad para que se ejerza el pensamiento cotidiano o deliberación. Por ejemplo, una comunidad puede tener lugares comunes (o representaciones sociales) sobre la justicia. También puede tener representaciones sociales sobre la clemencia. A causa de la tensión existente entre justicia y clemencia, el sentido común será una fuente de dilemas y argumentos. De este modo, el pensamiento cotidiano sobre la justicia y la clemencia será dilemático (Billig *et al.*, 1988).

El mismo punto básico se mantiene incluso si la teoría de las representaciones sociales establece una distinción entre el sentido común de los tiempos antiguos y el pensamiento moderno y no dilemático. Es de esperar que las representaciones sociales modernas incorporen temas opuestos (véase Billig, 1982, para un análisis de los temas internamente contradictorios de la ideología moderna). De hecho, como se ha sugerido *ut supra*, la ideología moderna puede adoptar los temas contradictorios de la conciencia objetivada (o las representaciones sociales en sentido estricto) y de la conciencia no objetivada. Esos temas contrarios son los que pueden proporcionar el contenido para el diálogo internalizado, del que podría decirse que constituye el pensamiento deliberativo (Billig, 1987). Por lo tanto, si queremos estudiar «la sociedad pensante» debemos prestar especial atención a los temas controvertidos del sentido común o de las representaciones sociales, y a los procesos argumentativos mediante los cuales la sociedad pensante expresa esos temas contradictorios.

Esta consideración lleva directamente a la manera en la que los teóricos de las representaciones sociales conciben el proceso de anclaje, y la necesidad de ampliar esta concepción, de modo que el pensamiento cotidiano pueda entenderse en términos de procesos psicológicos opuestos. La perspectiva retórica ha criticado de manera explícita la unilateralidad de gran parte de la teoría psicológica social cognitiva y su énfasis en la categorización esquemática. Si, como se ha sugerido anteriormente, existe una similitud entre la forma en la que los psicólogos sociales cognitivos hablan sobre categorización y la forma en la que los teóricos de la representación social hablan sobre anclaje, entonces la crítica retórica se puede extender de la primera a la segunda.

Tal como se ha sugerido en el capítulo 2, la psicología social cognitiva no estudia al «individuo pensante». Los cognitivistas omiten la importancia de la argumentación mediante el énfasis unilateral asignado a los procesos de categorización. Ellos pasan por alto la capacidad humana para la negación, un elemento que se encuentra en la raíz del pensamiento. Al concentrarse en el procesamiento de la información, los cognitivistas acaban describiendo al individuo irreflexivo, quien responde sin pensar ante el mundo de los estímulos. Del mismo modo, si los teóricos de la representación social enfatizan el anclaje de manera unilateral se encontrarán describiendo las formas en las que los individuos se anclan al conocimiento social: el individuo pensante se percibirá como alguien que busca de manera irreflexiva evitar la novedad categorizando de modo automático la información nueva en términos de esquemas familiares. Existe el peligro de que este escenario omita el papel de la argumentación y la confrontación entre justificación y crítica en el mantenimiento del conocimiento social.

Si la facultad de la negación es fundamental para el pensamiento, puede suponerse entonces que cada estrategia cognitiva es potencialmente negable. Por cada capacidad cognitiva que posee el ser humano también debe poseer su opuesto. Por lo tanto, si podemos categorizar o anclar la información, también podemos hacer lo opuesto: podemos particularizar la información y tratarla como un caso especial, negando, o criticando, así una estrategia de categorización. Moscovici (1983, pp. 32-33) no deja de lado del todo la particularización pero, curiosamente, la trata como un medio de «invertir» nuestros esquemas, por utilizar la apropiada expresión de Bartlett (1995). De este modo, se considera que la particularización opera al servicio de la categorización, más que como la contrapartida, lo que proporciona la posibilidad de la negación. Como resultado, la negación no consigue asumir un lugar central en la sociedad pensante, y el anclaje, como un proceso cognitivo, no se contrasta con un proceso contrario que es igualmente importante.

La metáfora del ancla podría servir para ilustrar la crítica retórica. En la actualidad, los teóricos de la representación social explican cómo echamos el ancla. Pero las anclas no solo pueden echarse sino que también pueden izarse. El pensamiento de sentido común, o retórico, conlleva el izado y soltado de anclas, por no mencionar los argumentos constantes sobre el hecho de izar o levar el ancla metafórica en un momento determinado. Este izado y soltado de anclas aportará las formas argumentativas para los debates, cuyo contenido pueden proporcionarlos los temas contrarios del *sensus communis*. En esta clase de pensamiento argumentativo se trata de algo más que de soltar anclas, ya que se sitúa en el contexto de la argumentación. Por ejemplo, podríamos intentar hundir nuestras propias anclas en el arenoso lecho marino de la clemencia, mientras que al mismo tiempo levantamos de las rocas de la justicia las anclas de nuestro oponente.

Estos comentarios no se ofrecen como una refutación de la teoría del anclaje, sino como una posible extensión a la teoría de la representación social. Un enfoque retórico fomentaría el concepto de anclaje, que actualmente es un tanto amplio, para contribuir a su clarificación mediante el contraste con procesos de pensamiento opuestos. El enfoque retórico sin duda no cuestiona los objetivos teóricos generales de los teóricos de la representación social, sobre todo cuando enfatizan el hecho de que las creencias sociales están enraizadas en la vida de los grupos y que el diálogo es fundamental para su creación y conservación (Moscovici, 1983). Lo que señala el enfoque retórico es que dicho diálogo expresa los temas divergentes de la vida cultural e ideológica. A causa de este énfasis en la argumentación, el enfoque retórico advierte en contra de asumir la consistencia interna de la conciencia social o la representación social. Si el pensamiento es un diálogo argumentativo internalizado entonces existe una implicación de carácter cognitivo: los teóricos deben mostrarse prudentes para no considerar un único proceso cognitivo, como el anclaje, sin otorgar el mismo peso a un proceso contrario.

La diferentcia entre los enfoques representacionales retóricos y sociales puede ilustrarse trayendo a colación una cita de Moscovici (1984) en la que analiza la naturaleza social de las representaciones sociales: «La palabra "social" tenía por objeto indicar que las representaciones son el resultado de un incesante balbuceo y un diálogo permanente entre los individuos, un diálogo que es a la vez interno y externo, durante el cual las representaciones se repiten o complementan» (Moscovici, 1984, p. 950). El teórico retórico no discreparía de una sola palabra y se vería impulsado a añadir otra observación. Repetir y complementar pueden tener su sitio en el balbuceo incesante, pero el balbuceo no sería tal si el diálogo se basara exclusivamente en repetición y acuerdo. Del mismo modo que se escuchan de manera incesante los sonidos de la argumentación y la negación.

Por último, es necesario señalar que las dimensiones retóricas o argumentativas son universales desde un punto de vista teórico. El teórico retórico no supone que solo algunas sociedades poseen la capacidad retórica para argumentar. La caracterización del pensamiento deliberativo como argumento interno es una caracterización universal. Por lo tanto, la recomendación teórica de estudiar la importancia de la negación se aplica por igual, ya sea que el concepto de representación social se entienda en términos particulares o universales. El teórico de la representación social, que desea crear una psicología social desde una antropología universal, podría buscar universalmente ejemplos de los temas contrarios del sentido común mediante la exploración, por ejemplo, de la dialéctica argumentativa entre justicia y clemencia a través de los espacios histórico, geográfico y económico. Por otro lado, si los teóricos adoptan una concepción particular, deben buscar entonces la manera en la que las representaciones sociales contemporáneas han desarrollado sus cualidades particulares mediante el argumento y cómo, a su vez, estas representaciones establecen la agenda para argumentaciones futuras. De este modo, los investigadores estarán examinando la medida en que los temas del pensamiento moderno y, por ende, de la argumentación cotidiana moderna difieren cualitativamente de los de épocas anteriores. Cualquiera que sea la concepción de representación social que se adopte, la importancia de la argumentación permanece invariable, ya que la sociedad pensante debe ser una sociedad de la argumentación.

No obstante, la elección entre concepciones universales y particulares de representación social podría tener una relación importante con otra cuestión: si en la nueva psicología social histórica o antropológica se verán afectadas las relaciones entre psicología social pura y aplicada. Según se entiende en términos convencionales, la teoría psicológica social pura es universal en sus aspiraciones. Las teorías generales se formulan sobre cuestiones supuestamente universales; por ejemplo, sobre la atribución de emociones, creación de lazos de amistad o procesamiento de información esquemática, etc. Las teorías son «puras» en la medida en que no estén, en el plano abstracto, limitadas a manifestaciones particulares de estos fenómenos. En cambio, la «pureza» de la teoría pura deriva de su universalidad proyectada, de modo que las teorías, si son correctas, pueden aplicarse a la creación de lazos de amistad, atribuciones emocionales o procesamiento de información de todas las épocas y contextos históricos sin restricción alguna. La misma relación que existe entre psicología social pura y aplicada se puede continuar en una psicología social que podría construirse alrededor de una concepción de la representación social, con o sin un énfasis retórico. Dicha psicología social reconstituida será seguramente más «social» que gran parte de la psicología social actual, y un énfasis retórico dirigirá la atención hacia problemas que actualmente tienden a ser ignorados. Sin embargo, las aspiraciones universales de una teoría de la psicología social de esas características permitirá la formulación de propuestas teóricas «puras» o universales que luego se pueden aplicar a las manifestaciones históricas de cada caso.

Por otra parte, es probable que se derrumbe la distinción entre trabajo puro y aplicado si la psicología social deviene una disciplina histórica, con sus conceptos teóricos clave como explícitamente particulares. Dicha psicología social sería intrínsecamente aplicada en el sentido de que sus teorías y conceptos clave solo se aplicarían a contextos particulares e históricos. Esta psicología social no se basaría en ideas teóricas que se consideraban generales más allá de un contexto sociohistórico. Si la psicología social se convirtiera en una disciplina histórica, entonces tendría tan poco sentido concebir una psicología social histórica pura y aplicada como hablar de historia pura y aplicada. La abolición de esta distinción no se producirá porque los psicólogos sociales históricos no muestren interés en cuestiones teóricas sino porque la teoría no podría ser sino históricamente aplicable. Por ejemplo, la cuestión relativa a si el sentido común de las sociedades capitalistas avanzadas es cualitativamente similar al sentido común que imperaba en la sociedad medieval no es algo que se pueda responder mediante la aplicación de nociones universales. En cambio, el tema reclama el desarrollo de una teoría históricamente vinculada que muestre cómo se desarrollan socialmente las ideas de sentido común en diferentes contextos socioeconómicos. Los teóricos buscarán, sobre todo, mostrar la dinámica psicológica social mediante la cual las características singulares de la sociedad capitalista avanzada han originado las particularidades de la conciencia moderna, o representaciones sociales. Dado que una psicología social histórica de este tipo eliminaría la distinción convencional entre psicología social pura y aplicada, y dado que no reivindicaría principios psicológicos universales, supondría un cambio de orientación más radical que una psicología social antropológica universal. De este modo, la elección entre una interpretación particular o universal del concepto de representación social puede incluir más que una preferencia por una clase de definición sobre otra. Puede representar una elección entre una psicología social que pretende mantener distinciones puras y aplicadas y otra que abolirá la propia distinción.

Referencias

Aebischer, V. y Thommen, B. (1983). *Représentations sociales et organization de l'action orientée vers un but.* Informe del Laboratorio Europeo de Psicología Social, París.

Barthes, R. (2012). *Mitologías.* Madrid: Biblioteca Nueva.

Bartlett, F. C. (1995). *Recordar. Estudio de psicología experimental y social.* Madrid: Alianza.

Billig, M. (1982). *Ideology and social psychology.* Oxford: Blackwell.

Billig, M. (1985). Prejudice, categorization and particularization: from a perceptual to a rhetorical account. *European Journal of Social Psychology, 15*(1), 79-103.

Billig, M. (1987). *Arguing and thinking: a rhetorical approach to social psychology.* Cambridge: Cambridge University Press.

Billig, M., Condor, S., Edwards, D., Gane, M., Middleton, D., y Radley, A.R. (1988). *Ideological dilemmas in everyday thinking.* Londres: Sage.

Cohen, A. (1949). *Everyman's Talmud.* Nueva York: E.P. Dutton.

Deutscher, I. (1984). Choosing ancestors: some consequences of the selection from intellectual traditions. En R. M. Farr y S. Moscovici (eds.), *Social representations* (pp. 71-99). Cambridge: Cambridge University Press.

Eiser, J. R. (1989). *Psicología social: actitudes, cognición y conducta social.* Madrid: Pirámide.

Eve, R. A. y Harrold, F. B. (1986). Creationism, cult archaelogy and other pseudoscientific beliefs: a study of college students. *Youth and Society, 17*(4), 396-421.

Farr, R. M. (1984). Las representaciones sociales. En S. Moscovici (ed.), *Psicología social* (495-506). Barcelona: Paidós.

Fiske, S. T. y Taylor, S. E. (1984), *Social cognition.* Nueva York: Random House.

Gergen, K. J. (1973). Social psychology as history. *Journal of Personality and Social Psychology, 26*(2): 309-320.

Gramsci, A. (2023). *Cuadernos de la cárcel.* Madrid: Akal.

Hamilton, D. L. (1981). *Cognitive processes in stereotyping and intergroup behaviour.* Nueva Jersey: Erlbaum.

Handberg, R. (1984). Creationism, conservation and ideology: fringe issues in American politics. *Social Science Journal, 21*(3), 37-51.

Harré, R. (1982). *El ser social.* Madrid: Alianza.

Harré, R., Clarke, D. y de Carlo, N. (1989). *Motivos y mecanismos: introducción a la psicología de la acción.* Barcelona: Paidós.

Harré, R. y Secord, P. (1972). *The explanation of social behaviour.* Oxford: Blackwell.

Herzlich, C. (1975). La representación social. En S. Moscovici (Ed.). *Introducción a la psicología social* (pp. 389. Barcelona : Planeta.

Jodelet, D. (1986). La representación social: fenómenos, concepto y teoría. En S. Moscovici (ed.), *Psicología social* (vol. 2, pp. 494-505). Barcelona: Paidós.

McGuire, W. J. (1986). The vicissitudes of attitudes and similar representational constructs in twentieth century psychology, *European Journal of Social Psychology, 16*(2), 89-130.

Moscovici, S. (1963). Attitudes and opinions. *Annual Review of Psychology, 14*(1): 231-260.

Moscovici, S. (1973). Foreword. En C. Herzlich (ed.), *Health and illness*. Londres: Academic Press.

Moscovici, S. (1976). *La Psychanalyse, son image et son public*. París: Presses Universitaires de France.

Moscovici, S. (1982). The coming of social representations. En J. P. Codol y J. P. Leyens (eds.). *Cognitive approaches to social beahaviour*. La Haya: Nijhoff.

Moscovici, S. (1983). The phenomenon of social representations. En R. M. Farr y S. Moscovici (eds.), *Social representations* (pp. 3-69). Cambridge: Cambridge University Press.

Moscovici, S. (1984). The mith of the lonely paradigm: a rejoinder. *Social Research, 51*(4), 939-967.

Moscovici, S. (1985) "Comment on Potter and Litton", *British Journal of Social Psychology*, 24, 91-93.

Perelman, C., y Olbrechts-Tyteca, L. (2015). *Tratado de argumentación. La nueva retórica*. Madrid: Gredos.

Potter, J. y Litton, I. (1985). Some problems underlying the theory of social representations. *British Journal of Social Psychology, 24*(2), 81-90.

Stempein, R. y Coleman, S. (1985). Process of persuasion: the case of creation science, *Review of Religious Research*, 27(2), 83-91.

Taylor, S. E. y Crocker, J. (1981). Schematic bases of social information processing. En E. T. Higgins, P. Herman y M. Zanna (eds.), *Social cognition: the Ontario Symposium* (vol. 1, pp. 89-134). Hillsdale, NJ: Erlbaum.

Capítulo 4
Las vidas corrientes
de los Jóvenes Conservadores[*]

Prefacio

El primero de los estudios empíricos se centra en las vidas de los miembros "corrientes" de los Jóvenes Conservadores. Con el fin de reconstruir estas vidas se utilizan las técnicas de la etnografía. El investigador etnográfico dedica tiempo a observar las vidas tal como se llevan, es decir, reconstruyendo patrones de actividad y elementos de las conversaciones. En el caso que nos ocupa, el propósito no es recoger detalles mundanos por sí mismos, explicar lo que era ser un joven conservador en la época del trabajo de campo, a principios de la década de 1980. Los objetivos teóricos siempre se relacionaban con el análisis de la ideología. La etnografía representaba un medio de observar de qué manera los patrones más amplios de la sociedad –sus desigualdades e historias de dominación– fluyen a través de modelos de vida y pensamiento que parecen absolutamente corrientes. A medida que los integrantes de los Jóvenes Conservadores expresan sus ambiciones y se conforman con el desorden imperante, deben observarse las operaciones de la ideología.

Cualquier estudio etnográfico, naturalmente, está limitado por el tiempo y el lugar. En este caso, el trabajo de campo se llevó a cabo durante el primer período (1979-1983) de la Administración de Margaret Thatcher. Desde aquella época se han producido cambios que han afectado a los Jóvenes Conservadores. Una repetición del estudio realizado a comienzos de la década de 1990 podría revelar algunas diferencias. Por ejemplo, podría haber un mayor caudal político en las ramas de los Jóvenes Conservadores, con mayor evidencia respecto de las actividades de los ideólogos comprometidos con el libre mercado. Es posible que los detalles difieran, pero existirán continuidades ideológicas subyacentes. El carácter ordinario de las vidas corrientes seguirá relatando su historia ideológica.

Con el fin de mostrar las relaciones entre poder y la cotidianidad de la vida corriente, el capítulo escoge un momento ideológico particular. En una de las reuniones periódicas, los mundos de las finanzas y el neocolonialismo entraron en contacto directo con el mundo suburbano de los Jóvenes Conservadores. No se produjeron rupturas de significado, ya que los diferentes mundos quedaron momentáneamente yuxtapuestos. Tema de conversación encajado en tema de conversación, opinión en opinión. La retórica se deslizó suavemente contra la retórica. La ideología había añadido otro pequeño momento a su historia de momentos.

Los científicos sociales toman como axiomático el hecho de que nuestras vidas cotidianas no sean completamente fortuitas. Nuestros pensamientos, las rutinas diarias e incluso nuestros sueños reflejan la clase de sociedad en la que vivimos. Eso es fácil de asumir. La dificultad aparece cuando tratamos de decir exactamente cuál es la relación entre la vida cotidiana y la estructura de la sociedad. En términos históricos, un supuesto importante ha sido que nuestras vidas corrientes sirven a los intereses del poder. Esta concepción la expresaron claramente Marx y Engels en *La ideología alemana*. Su afirmación de que «las ideas de la clase dominante son en todas las épocas las ideas dominantes» (1970/1846, p. 64) ha sido citada profusamente tanto por marxistas como por no marxistas. Si la afirmación es correcta, podría implicar que en una sociedad capitalista nuestros pensamientos corrientes forman parte de una «ideología capitalista», un hecho que asegura que los capitalistas cosechan sus beneficios mientras el resto de nosotros permanece en un estado de obediente subordinación. Aparte de la simplificación contenida en la noción de una ideología capitalista (Abercrombie *et al.*, 1998), tendría que demostrarse la conexión que existe entre el pensamiento cotidiano y la mecánica del capitalismo. Aquí reside el problema: gran parte de la vida corriente parece muy corriente y alejada de los centros de poder del mundo. La vida corriente es tan corriente que parecería paranoico ver la influencia oculta de los capitalistas, o de quien sea, detrás de ella.

Además, a los científicos sociales se les presenta otro problema. La vida corriente es, por definición, corriente y, por lo tanto, bastante aburrida. No es mucho, aparentemente, lo que se puede decir sobre asuntos que resultan familiares tanto para el escritor como para el lector. Se puede lograr mucho más impacto adentrándose en los rincones más recónditos de la sociedad en busca de lo exótico. Puesto que la mayoría de los científicos sociales y de quien lee sus obras pertenecen a la clase media, esta búsqueda conduce habitualmente a los márgenes más bajos y desesperados de la sociedad. Las clases altas, que son igualmente exóticas y que teóricamente tienen una importancia capital para la comprensión del mecanismo de la estructura social, tienden a cerrar sus puertas en las narices del curioso científico social. En consecuencia, los científicos sociales tienen mucho que decir respecto de adolescentes que se convierten en prostitutas, hinchas violentos de fútbol, drogadictos y desempleados; tienen poco que decir sobre los jóvenes que buscan la respetabilidad de la clase media, y nada en absoluto sobre los herederos de ducados o fortunas petroleras.

La presente exposición se refiere a ese estrato medio y a cómo sus opiniones podrían relacionarse con fuerzas más amplias y poderosas de la sociedad. Los jóvenes en cuestión son miembros de los Jóvenes Conservadores [el ala juvenil del Partido Conservador del Reino Unido] y disfrutan de su juventud antes de convertirse en pilares, o más bien paraísos adosados, de respetabilidad. Podría parecer extraño que haya necesidad de justificar la elección de ese tema. Si los jóvenes hubieran sido infractores de la ley del tipo que el escritor y el lector rara vez se encuentran en la esfera social, no habría sido necesaria tal justificación. Como segunda opción podríamos haber disfrutado de la emoción de una vida peligrosa o mostrado una magnánima simpatía por las víctimas de la opresión. Incluso podríamos haber experimentado un resplandor de santurronería al creer que estábamos ayudando a resolver un «problema social». El estudio de los Jóvenes Conservadores no ofrece tales emociones.

Por otro lado, una mirada a un pequeño grupo de Jóvenes Conservadores podría arrojar un poco de luz sobre cuestiones ideológicas que tienden a no aparecer en los estudios relativos a las víctimas de la sociedad. Esto puede ilustrarse recurriendo a una metáfora utilizada por Marx y Engels en *La ideología alemana*. En esa obra describen cómo nuestras concepciones de la realidad están distorsionadas por la ideología: «En toda ideología los hombres y sus circunstancias aparecen invertidos como en una *camera obscura*» (p. 47).[1] La *camera obscura*, en cierto sentido, puede ser una metáfora bastante engañosa, ya que la oscuridad de la cámara no surge de sus imágenes sino de sus mecanismos; de hecho, los victorianos estaban encantados con la nitidez y, sin duda, la precisión de las imágenes proyectadas en la pantalla por la *camera obscura*. Sin embargo, para el público moderno, acostumbrado a asociar cámaras con fotografía, el término tiene una implicación más apropiada. Las personas desesperadas o desilusionadas tienen puntos de observación pobres en la sociedad; su visión está continuamente oscurecida y atisban continuamente a través de las lentes nubladas de una cámara que carece de mecanismos de enfoque de alta calidad. El científico social, equipado con potentes objetivos dotados de *zoom*, por no mencionar otros elementos del equipo especialmente diseñados, confía en conseguir imágenes más precisas y las utiliza para interpretar las oscuras imágenes de los desafortunados. Con frecuencia, de hecho, como científico social resulta difícil no hacer este tipo de suposiciones (para un análisis de la analogía entre psicología y fotografía, así como de las relaciones de poder entre fotógrafo y sujeto, véase Beloff, 1985).

La investigación de los Jóvenes Conservadores formaba parte de un estudio más amplio sobre las actitudes políticas, dirigido por Raymond Cochrane y yo mismo.[2] Como parte del mencionado estudio, escuchamos largo y tendido a escolares adolescentes debatir sobre cuestiones políticas. Hablaban de la naturaleza de la sociedad de forma muy distinta a como lo haría un científico social. De hecho, el científico social tendría que considerar necesariamente como ingenuas las opiniones de los estudiantes sobre la sociedad. Por ejemplo, todo el tiempo nos encontrábamos con escolares blancos que se mostraban desconcertados por la disminución de las perspectivas de empleo y que buscaban explicaciones y soluciones. Todos ellos reconocían que entendían poco de política y, con frecuencia, solo eran capaces de ver, con cierta reticencia, interpretaciones raciales. Una joven, que tenía amigos asiáticos y no dejaba de repetir «no tengo prejuicios de color, sabes», lamentaba que las cosas estuvieran fuera de control: «quiero decir, pronto acabaremos la escuela y la mitad de los empleos han desaparecido. Intentas entrar en una fábrica y todos son indios» (Cochrane y Billig, 1984). El foco se ha estrechado tanto que todo el fondo se ha vuelto turbio. El científico social sabe que, como imagen de la realidad, esta es una distorsión producida por alguien cuya visión está oscurecida por presiones inmediatas que le agobian.

En cuanto a la política, es posible observar a quienes intentan deliberadamente construir sus propias cámaras ideológicas. Aquellos individuos integrados en grupos ideológicos, y que desconfían de los productos disponibles en el mercado, crean su propia maquinaria para imaginar el mundo. Por lo general, estas cámaras dolorosamente creadas toman dos clases de imágenes: están las imágenes que buscan una dura exposición de los males que aquejan al presente, y están también las imágenes que describen los cielos azules y en calma de un futuro perfecto. Muchos científicos sociales han constatado que el mundo cerrado de los extremistas políticos constituye un tema de estudio exótico. No obstante, y con demasiada frecuencia, el estudio de esos grupos no revela demasiado sobre ideología corriente porque se está observando una que es extraordinaria. En general, los miembros de dichos grupos creen que sus cámaras especialmente creadas son las únicas *camerae lucidae*; si se pudiese persuadir a la gente de que se asomara al mundo a través de sus lentes, todas las otras cámaras estarían condenadas a la oscuridad política. Nuestro estudio incluyó asimismo la observación de una rama de los Jóvenes Socialistas.[3] Estos ideólogos estaban dedicados a formular visiones correctas de los problemas del mundo, como un preludio para cambiarlo. Sin embargo, ellos a menudo miraban a través de sus propias lentes el puño aumentado de la autoridad que amenazaba aplastar tanto a la cámara como al fotógrafo. La tragedia residía en que el puño pertenecía habitualmente a funcionarios de su propio partido.

En la mayoría de las ocasiones, estas ideologías creadas especialmente proporcionaban al creyente un lugar claro en el esquema de las cosas al dotarles de una identidad definida. Si la ideología aporta un nuevo punto de vista, también define favorablemente la identidad de quienes ocupan este nuevo punto de observación. Por ejemplo, los ideólogos de izquierda podrían identificarse a sí mismos como miembros de la clase trabajadora, o los fascistas se verían a sí mismos como miembros de la raza superior. Las ideologías religiosas también podrían preparar a sus adeptos para que crean que ellos son la elite elegida para la salvación. Debido a ello, algunos científicos sociales han sostenido que son los individuos con identidades personales inseguras quienes se ven atraídos por esos grupos ideológicos. Las dudas personales sobre la propia identidad y la propia valía se resolverán mediante la provisión a todos sus usuarios de una cámara ideológica que confiera una identidad privilegiada e inequívoca (véase, por ejemplo, Feuer, 1975; Hoffer, 2009).

Cualesquiera que sean los méritos de este enfoque para estudiar a los miembros de grupos ideológicos exóticos, no parece adecuado para analizar el carácter corriente de los Jóvenes Conservadores. Como se sugerirá más adelante, se trata de un grupo caracterizado por la cotidianidad más que por la creación extraordinaria de nuevas identidades. Podría darse el caso de que las actividades de los Jóvenes Conservadores consigan que la gente implicada se sienta mejor: para utilizar el curioso lenguaje de los psicólogos modernos, la participación podría mejorar el «sentimiento de autoestima» de los jóvenes miembros o «actualizar sus identidades internas». No obstante, dichos análisis psicológicos, concentrados en los sentimientos del individuo, no tienen en cuenta generalmente el contexto ideológico más amplio. En consecuencia, el énfasis del presente debate no se centra en si las personas se benefician psicológicamente de su pertenencia a los Jóvenes Conservadores: se puede suponer que aquellos que siguen siendo miembros lo hacen porque disfrutan con esa situación. En cambio, el énfasis se centra en las relaciones que mantienen estos individuos con patrones más amplios de la sociedad, especialmente los patrones de poder que los psicólogos sociales suelen descuidar. Estos patrones son a la vez lugares comunes y esquivos. En lo que respecta a la identidad, esto no implica buscar ante todo la arrogante sensación de haber llegado a una determinada posición social. Significa percatarse de las diversas identidades que unen a los individuos corrientes y no rebeldes con aquellos poderes lejanos capaces de alterar el escenario, fotografiados por cámaras especiales y ordinarias.

Entrar en política

En primer lugar, cabe afirmar que los Jóvenes Conservadores que hemos estudiado no constituyen en absoluto un grupo ideológico similar al de los Jóvenes Socialistas. Los Jóvenes Conservadores no intentaban crear o preservar una visión ideológica diferente y tampoco estaban luchando con las ideas del sentido común corriente. Esto no significa que todos los conservadores o, de hecho, todos los miembros jóvenes del Partido Conservador, sean igualmente ajenos a la construcción de cámaras ideológicas. En realidad, el Partido Conservador atraviesa actualmente una de sus poco frecuentes fases ideológicas, con el crecimiento en su seno de la «filosofía libertaria». Al igual que sucede con los ideólogos de la izquierda, los libertarios están preocupados por elaborar una filosofía política y luego transformar drásticamente el mundo según dicha filosofía. Mientras que la izquierda puede basarse en los pensamientos de Karl Marx, los libertarios vuelven la mirada hacia Adam Smith y a una ideología extrema de capitalismo *laissez-faire*. Los libertarios, al igual que los ideólogos de la izquierda, cuyas tácticas a menudo copian conscientemente, se encuentran con frecuencia en conflicto con su propio partido, del que afirman que no es suficientemente ideológico (Durham, 1985; Gamble, 1986).

Si bien en la actualidad los libertarios representan la principal fuerza impulsora para la Federación de Estudiantes Conservadores, en las ramas que analizamos no encontramos evidencia alguna de esta filosofía ideológica. Entre 1980 y 1981 visitamos dos ramas en Birmingham de forma regular durante más de un año. En realidad, los ideólogos libertarios parecen escasear entre los Jóvenes Conservadores de toda la región de los West Midlands. En fecha reciente, un miembro destacado de los Jóvenes Conservadores de este condado inglés ha escrito en la prensa nacional: «En el curso de los últimos nueve meses he viajado extensamente por esa zona y, con la excepción de individuos extremadamente aislados, no he encontrado ninguna evidencia de simpatía por la posición "libertaria"» (*The Observer*, mayo de 1985).

Los miembros de ambas ramas no sentían ninguna necesidad de elaborar una nueva filosofía o de diseñar una cámara ideológica. Ellos subrayarían que su punto de vista era el de la persona corriente y que eso bastaba para comprender el mundo. No era necesario que vaciaran sus mentes de imágenes convencionales para construir un sistema de pensamiento más puro sino que se sentían perfectamente cómodos con el sistema convencional. Sin embargo, y debido a que esta perspectiva corriente fue puesta en contacto con el extraordinario mundo de la política del poder organizado, algunos aspectos se vuelven más nítidos. Además es posible notar ciertos movimientos, apenas fuera de foco, en el horizonte.

La mayoría de los miembros no se había unido por razones políticas, sino que reconocía sin ambages los atractivos sociales de los Jóvenes Conservadores. La mayor de las dos ramas se reunía en un centro comunitario cercano a una urbanización municipal. En las instalaciones había un bar y, en una noche de Jóvenes Conservadores, se llenaba con las risas y los cotilleos de chicos y chicas de copas, algunos de ellos sin tener la edad legal para beber alcohol. En la localidad no había un lugar mejor para reunirse. La mayoría de los miembros vivía en la urbanización municipal y era de origen obrero o de clase media baja. Muchos, no obstante, asistían al instituto, o lo habían abandonado, y, de este modo, estaban accediendo a la clase media. Alan, quien aún estaba en el instituto cursando el bachillerato, dijo que sus amigos del equipo de rugby y él acostumbraban a ir a las discotecas de los Jóvenes Liberales. No había nada político en ello y, cuando la rama de los Jóvenes Liberales desapareció, todos comenzaron a acudir a los locales de las juventudes de los *tories*. Alan comentó que «el club de rugby donde juego es igual que los conservadores». Era una buena manera de conocer gente, sobre todo chicas. La dimensión política apenas si tenía importancia en su discurso. Según Alan, siempre decían «esta noche iré al Quimbourne» (el nombre del centro comunitario), como si estuviesen visitando un pub o un club, y no «voy a los Jóvenes Conservadores». Una y otra vez resultaba evidente que no era la política la que había llevado a la mayoría de estos chicos a los Jóvenes Conservadores. Dave, un joven serio, cuya familia era firmemente laborista, dijo que él también era laborista cuando se unió por primera vez. Cuando acabó el instituto la mayoría de sus compañeros se marchó a la universidad. Él comenzó a asistir regularmente el local de los Jóvenes Conservadores para conocer a más gente. Ahora estaba prometido con la hermana del presidente de la rama vecina.

En esta rama las cosas eran un tanto diferentes. Situada en un vecindario más de clase media, se reunían en las oficinas de un abogado local. Una gran fotografía enmarcada de Margaret Thatcher proyectaba su luz sobre los asistentes mientras permanecían sentados en la sala de reuniones de techos altos. Los jóvenes, ligeramente cohibidos por la formalidad del lugar, se relajaban luego en el pub, adonde siempre acudían cuando el asunto oficial había concluido. Nigel había sido liberal cuando se unió a los Jóvenes Conservadores y ahora era el presidente. Toda su vida social giraba alrededor de los Jóvenes Conservadores. Su mejor amigo, Simon, era uno de seis hermanos y todos habían sido miembros a su vez. Era una tradición familiar. Los nuevos miembros insistían en las razones sociales para afiliarse. Una joven, que era estudiante de último curso de Magisterio, dijo que se acababa de mudar a la zona y conocía a muy poca gente. Había visto un folleto sobre los Jóvenes Conservadores y pensó que era una buena manera de conocer gente. Otra cara nueva, en el pub después de la reunión, se acercó a Simon y Nigel y les dijo que quería unirse los *tories*. Cursaba el bachillerato político y le interesaba «el aspecto político y participar en el Partido». Hubo una pausa antes de que Simon dijera con una sonrisa: «Bueno, eso es un poco difícil; no hay nada que hacer entre elecciones».

También estaban aquellos jóvenes, en franca minoría, que mostraban interés en el aspecto político de las cosas. En las dos ramas estudiadas, estas mostraban una tendencia hacia la izquierda del Partido Conservador. Charles y James solían asistir a las conferencias nacionales y allí se encontraban con otros jóvenes de ideas afines que estaban preocupados por el giro a la derecha que había tomado el thatcherismo. En el pub, en voz baja para que les escucharan, lamentaban la falta de compasión y el arraigado racismo del Partido. Ambos reconocían que tenían muchas cosas en común con los liberales, pero soñaban con desarrollar una carrera política con los conservadores. En términos sociales estaban al margen de todo. Mientras el resto de los jóvenes bromeaba, bebía y flirteaba, ellos permanecían sentados, serios e incómodos. Cuando informaron a la rama sobre la Conferencia Nacional de Jóvenes Conservadores, se les preguntó sobre las cosas en las que no habían reparado. ¿Había engordado aún más el ministro X? ¿Llevaba su esposa un vestido escotado que dejaba ver sus... (risitas, risitas)? ¿Quién bailó con Maggie?

A Charles y James les hubiese gustado que los Jóvenes Conservadores fuesen más políticos, pero en la mayoría de las reuniones la política brillaba por su ausencia. Las charlas sobre paracaidismo, viticultura y planificación familiar (que atrajo a una multitud) eran más frecuentes que la visita ocasional de un concejal. Incluso se instó al psicólogo social asistente a dar charlas sobre psicología. En estas ocasiones, el público asistente disfrutaba especialmente rellenando cuestionarios. Alan comentó que su rama solo había tenido una charla política el año anterior e incluso en esa ocasión el concejal había hablado sobre aviación. Alan no recordaba el nombre del concejal. En cualquier caso, había añadido, la gente no acudía a las reuniones políticas, solo llegaba a tiempo para las bebidas que se servían una vez concluida la charla. Los oradores políticos, que en su día habían integrado las filas de los Jóvenes Conservadores, sabían que su discurso debía ser breve. En general, comenzaban su exposición con estas palabras: «No me extenderé demasiado para que después todos podamos ir al bar».

Para estos jóvenes la pertenencia al partido político solo era tangencialmente política. Para la mayoría de ellos formaba parte de la vida corriente. Mientras que los miembros de los Jóvenes Socialistas tendían a verse absorbidos por la política y sus opiniones estaban todas a la izquierda de la media, las opiniones de los Jóvenes Conservadores estaban caracterizadas por la cotidianidad. Durante una de las charlas psicológicas, ante una audiencia de once personas, los miembros cumplimentaron la Escala de Conservadurismo de Wilson-Patterson (Wilson y Patterson, 1968). A los asistentes se les pidió que respondieran a cincuenta estímulos con una de estas tres opciones: *sí, no* o *?* Las puntuaciones posibles iban de 0 (radicalismo absoluto) a 100 (conservadurismo máximo). Las respuestas mostraron pocos indicios de un conservadurismo aplastante, según la medición de esta escala. La puntuación media se situaba justo por debajo del punto medio del conservadurismo (48,55). Las respuestas a algunas de las cuestiones fueron previsiblemente conservadoras. Los once respondieron *sí* a Realeza y Patriotismo y, con una excéntrica excepción, contestaron *no* a Socialismo. Todos mostraron una tendencia, si bien no abrumadora, a mostrarse a favor de Pena de muerte y Azotamiento. En temas tales como Juezas, Madres trabajadoras y Educación mixta respondieron en la dirección liberal. También se advirtió una tendencia liberal en temas sexuales como Castidad,

Control de la natalidad y Espectáculos de estriptis, así como en Divorcio. La mayoría contestó *no* a *Apartheid* (seis, frente a tres síes y dos interrogantes), pero se mostraron divididos en Superioridad blanca (cinco síes, cinco noes y un interrogante). Sin embargo, en general se mostraron a favor del Matrimonio mixto (nueve síes y dos noes). A uno de los ítems más curiosos de esta escala, las personas encuestadas respondieron liberalmente: hubo nueve síes y dos noes al ítem Fiesta de pijamas.

En términos estadísticos no se observa nada extraordinario en las respuestas a la Escala de Conservadurismo (Wilson, 1973; aunque véanse las críticas de Robertson y Cochrane, 1973, acerca de la validez de esta escala). No hay nada que indique la existencia de una pequeña banda de activistas dedicados a una filosofía articulada del conservadurismo. Tampoco debería haberlo si consideramos el carácter azaroso de la entrada en el Partido y la falta de adoctrinamiento, o educación política, dentro del mismo. Lo que esto indica, por otra parte, es una continuidad entre la cultura política del conservadurismo y la cultura de la vida corriente de estos miembros. Las actividades de ocio convencionales de la clase media pueden encajar cómodamente en la órbita política. La rama de Nigel solo se reunía en su cuartel general formal cada dos semanas. En la semana intermedia se organizaba alguna actividad de carácter social, como una visita a la bolera, al cine o a una casa señorial cercana. No faltaban oportunidades para la diversión. En ocasiones, las actividades se organizaban junto con miembros de otras ramas del Partido, de modo que hubiese nuevas oportunidades para el flirteo y el cotilleo. Por ejemplo, hubo una divertida competición de Monopoly.

Todo esto contrasta con la actitud de los Jóvenes Socialistas. Al rechazar la política del capitalismo también rechazaban gran parte de su cultura. Una visita a una casa señorial y, sin duda, una competición de Monopoly no podían ser pura diversión separada de la política. En los productos del capitalismo, diseñados para la diversión, los Jóvenes Socialistas veían el funcionamiento de los mecanismos de la ideología. En esta jungla ideológica hostil debían crearse dolorosamente pequeños claros de cultura socialista. Todos serían conscientes de la dificultad de encontrar formas de diversión ideológicamente aceptables. En una ocasión, se jugó a un juego socialista, en el que los jugadores tomaban partes de países ricos y pobres. A diferencia del Monopoly, juego en el que todos comienzan en igualdad de condiciones y donde la tirada de dados y la audacia de los jugadores traen la fortuna o la ruina, este juego, como demostraba el mundo, estaba sesgado a favor de los ricos. Y esto suponía problemas para los participantes. Aquellos condenados a perder se irritaban por el juego; y en la medida en que los ganadores disfrutaban de las jugadas dejaban de actuar dentro de un espíritu de camaradería. Aquí socialismo y diversión colisionaban, mientras que conservadurismo y diversión parecían encajar alegremente entre los Jóvenes Conservadores.

Partido y clase

Toda esta diversión y juegos no son vistos con desaprobación por los mayores del Partido Conservador. Hubo una época, seguramente, en la que el Partido había esperado reclutar a un gran número de miembros jóvenes, entusiastas y políticamente sofisticados, y convertir así a los Jóvenes Conservadores de un club social en un movimiento político. El Informe MacLeod de 1965 había fijado un objetivo de un cuarto de millón de miembros para las juventudes de los *tories* y declarado la importancia de su implicación política. En cualquier caso, el número de miembros disminuyó durante las décadas de 1960 y 1970, y la actividad social ha seguido pesando más que el activismo político, como ocurrió cuando Abrams y Little (1965) estudiaron a los Jóvenes Conservadores. El Informe MacLeod había abogado específicamente por aumentar el debate y el análisis políticos. No obstante, tal como señalan Norton y Aughey (1981) sobre los miembros de los Jóvenes Conservadores en general, fuesen jóvenes o no tan jóvenes, «los activistas tienden, generalmente, a no dedicar sus energías a la discusión política, no porque se les desanime a hacerlo sino porque son ellos quienes prefieren hacer otras cosas» (pp. 219-220).

Si bien la mayor parte de las actividades realizadas por los Jóvenes Conservadores pueden parecer ostensiblemente apolíticas, se ha llegado a un acuerdo tácito de gran valor político para el Partido principal. Como su parte en este trato, la rama sénior permite que continúe la diversión; ayuda a su rama juvenil en el aspecto material, proporcionando locales, ayudando con préstamos financieros ocasionales y, en general, manteniendo una mirada benévola sobre la situación general. A cambio de la diversión y los juegos, se espera que esos jóvenes, ya sea que estén o no interesados en política, presten su ayuda durante las campañas electorales. De este modo, el Partido se dota de un ejército de voluntariosos e infatigables ayudantes para las tareas vitales de dirigir las campañas electorales. En circunscripciones marginales, la fluidez de la maquinaria electoral puede establecer la diferencia entre el éxito o el fracaso, y el Partido Conservador posee, en general, la reputación de ser una organización eficaz y que cuenta con una buena financiación. Las dos ramas estudiadas, sin embargo, estaban localizadas en la misma y moderadamente segura circunscripción conservadora. Durante la celebración de elecciones generales, a los miembros del Partido se les podía animar a que ayudasen en las circunscripciones marginales vecinas. Asimismo, se celebraban elecciones locales y el control general del ayuntamiento de la ciudad cambiaba regularmente entre los *tories* y los laboristas. Por lo tanto, los equipos móviles de jóvenes trabajadores del Partido tenían una función importante que cumplir durante la celebración de elecciones, ya sea escribiendo direcciones en los sobres, entregando volantes, llamando a las puertas para hacer campaña o llevando en coche a las urnas a los simpatizantes ancianos conocidos en la comunidad. Todas estas tareas, si están organizadas de manera eficiente, pueden inclinar la balanza en una competición reñida.

La combinación de diversión y electoralismo era claramente reconocida en las páginas del *Looking Right*, la revista oficial de los Jóvenes Conservadores del Distrito de Birmingham. *Looking Right*, con una producción brillante y gran cantidad de anuncios de empresas locales (dieciocho de las treinta páginas estaban dedicadas a publicidad), se deleitaba con la frivolidad. Una carta simulada, que hubiese estado completamente fuera de lugar en el contexto político serio de los Jóvenes Socialistas, declaraba:

> Me gustaría encontrar a más idiotas en los Jóvenes Conservadores. Tal vez una competición organizada a nivel local para encontrar un contrincante digno al título de Idiota Nacional del Año. Ya sabéis, como Miss Mundo, pero con tetas más grandes.

Un artículo serio analizaba los problemas que planteaba la afiliación. Los posibles afiliados a menudo planteaban objeciones para unirse alegando que no les interesaba la política. Ese argumento no tenía por qué ser un obstáculo, según *Looking Right*: «Aquí lo que debemos hacer es explicar que el aspecto político de las cosas se refiere principalmente a lo que es poco más que un burdo trabajo de partido. Y nos divertimos mucho haciéndolo». El artículo continúa con una pregunta retórica: «¿A cuántos presidentes de sección les preocuparía tener una afiliación compuesta por imbéciles *[sic]* apolíticos si acudieran al cien por cien a cada reparto de octavillas y actos de recaudación de fondos?» (10/1, junio 1980). La propia frase «el lado político» –una frase utilizada también por el nuevo miembro de Simon y Nigel– implica una falta de centralidad o, a lo sumo, una igualdad con el lado no político. Con su respuesta, Simon ha indicado que apenas desarrollaban actividades políticas entre convocatorias electorales.

Durante una campaña electoral, ya fuese nacional o local, se suspendían las reuniones de los Jóvenes Conservadores. Se esperaba que todos los miembros aportaran su granito de arena. Incluso Graham, uno de los pocos miembros que se había marchado de su casa y vivía en un piso, ayudaba en la campaña, aunque no votaba a los conservadores ya que le desagradaban la personalidad y la política del diputado local. Todos decían que las elecciones podían ser divertidas en sí mismas. Les gustaba contar historias de respuestas divertidas recogidas en las encuestas o sobre bromas hechas a los socialistas, cuando ponían o quitaban carteles. Era un trabajo duro, pero muy divertido.

Como sucede en todos los acuerdos tácitos, puede haber momentos de tensión cuando una de las partes cree que la otra está sobrepasando los límites. En algunas ocasiones, el Partido principal tenía que intervenir para echar una mano a los jóvenes o contener su entusiasmo juvenil. Aquí también se puede establecer un contraste con los Jóvenes Socialistas y sus relaciones con la rama superior. Los Jóvenes Socialistas se encontraban en un estado de conflicto permanente con sus mayores y luchaban amargamente contra cualquier intervención en sus iniciativas políticas. Sin embargo, los Jóvenes Conservadores aceptaban, sin rechistar, cualquier restricción procedente de las altas esferas. Nigel explicó que, en una ocasión, su rama había decidido montar una campaña de afiliación haciendo pública su oposición a que las «familias conflictivas» se alojaran en una zona de clase media. Hubo peticiones en las calles y cobertura en la radio local y el periódico locales. Entonces se susurraron a los oídos de los jóvenes algunas palabras cortantes desde las alturas. Nadie entre los Jóvenes Conservadores se había dado cuenta de que la decisión de realojar a esas familias ya la estaba llevando a cabo el ayuntamiento conservador. La campaña fue rápidamente abandonada. A los que habían intervenido en ella se les dijo que tendrían que haber consultado antes de iniciar una campaña de esas características. A Nigel no pareció afectarle que su actividad política autónoma fuese anulada de esa manera tan abrupta. En cualquier caso, sus fundamentos no habían sido realmente políticos; la campaña estaba destinada a atraer nuevos afiliados. En ese sentido, añadió Nigel con una sonrisa, había sido muy exitosa.

En algunas ocasiones, las exigencias de la alta política y la diversión subalterna podían chocar de forma más directa. Los Jóvenes Conservadores suelen tener dificultades para convencer a sus miembros de que acepten desempeñar cargos administrativos. Esta situación, naturalmente, es muy diferente a la de los Jóvenes

Socialistas, quienes cuestionan con fervor las presidencias, vicepresidencias, etc., viendo la importancia política que reviste la victoria de tal o cual candidato. Entre los Jóvenes Conservadores, la falta de voluntarios idóneos puede provocar resultados sorprendentes. Un orador, quien llegó para hablar sobre su afición a volar, terminó refiriéndose a sus experiencias en un grupo vecino en el sentido de que nadie quería hacerse cargo de la presidencia, y en ese caso, el puesto lo obtuvo alguien que era «socialmente inaceptable». El nuevo presidente disgustó a los oradores visitantes presentándoles de manera incorrecta: «se hurgaba la nariz, llevaba jerséis con agujeros e incluso escribió a un periódico local diciendo que los nuevos miembros debían estar seis semanas a prueba y que si no acudían a una reunión debían ser expulsados». Una de las faltas sociales más importantes cometidas por este presidente fue que intentó introducir una tarifa especial para los miembros que no asistían a la reunión, pero que acudían después al pub: «¡Imagínatelo: intimidar a los Jóvenes Conservadores!» En cualquier caso, el resultado fue que los otros miembros intentaron expulsarle de esa rama local. La mala publicidad apareció como una seria amenaza cuando el presidente empezó a enviar cartas a los miembros del Parlamento. La rama principal decidió intervenir: los peces gordos locales, incluidos los concejales y el presidente de la circunscripción local, defendieron al presidente díscolo. Como un diligente trabajador candidato a concejal, que insistía en ejercer la política comunitaria, había conseguido aumentar el voto en un electorado de clase trabajadora poco prometedor. De modo que permaneció en su cargo de presidente. Cuando el orador visitante relató su historia, otros jóvenes aportaron anécdotas humorísticas sobre el presidente que se hurgaba la nariz: había fallado siete veces en los exámenes de inglés de nivel 'O'…, había enviado su coche a una revisión en el Ministerio de Transporte con ambos faros delanteros averiados y sin frenos…, un loco de remate. En todos estos relatos no había una pizca de crítica política; era una cuestión de personalidad. No obstante, en este ejemplo, aunque no en el episodio relativo a la campaña de reubicación familiar, se podía detectar un resentimiento subyacente contra las acciones de los miembros de mayor jerarquía. Era como si el Partido no hubiera cumplido en este caso el acuerdo tácito, al permitir que la política de mano dura se inmiscuyera en la diversión.

El Informe MacLeod había recomendado de manera específica que el Partido debía tratar de conseguir a sus afiliados de una base de clase social más amplia. En épocas anteriores, el grueso de los miembros había sido captado en los estratos más altos de la clase media. Las dos ramas de Jóvenes Conservadores estudiadas habían sido influidas por esta directriz política. El establecimiento de la rama cerca de un parque de vivienda pública, además de la previsión de actos sociales populares, se ajustaba claramente a la política de MacLeod. Simon y Nigel hablaron de la historia de su rama. Aparentemente, seis años antes, cuando ambos se unieron a Jóvenes Conservadores, la rama era, para utilizar las palabras de Nigel, «muy alta sociedad». Tanto Simon como Nigel se habían sentido muy incómodos, y el antiguo grupo se había mostrado «exclusivista» y con escaso tiempo para dedicar a los recién llegados, menos acomodados y procedentes de la educación pública. Según Simon, los antiguos Jóvenes Conservadores «conducían los Jaguar de papá». Su padre era empleado y, incapaz de afrontar la compra de un coche, viajaba casi 50 kilómetros cada día en transporte público para acudir al trabajo. La iniciativa llegó de arriba. El agente electoral había sugerido que la vieja guardia «ya había tenido su momento». La rama se cerró y a Nigel y Simon se les animó a volver a empezar. Ninguno de los dos sabía qué había pasado con los tíos de la alta burguesía, solo que ahora no serían bienvenidos.

A veces, el *establishment* del Partido, según el momento político, no acierta a juzgar el estado de ánimo de sus nuevos afiliados. Dave, un miembro del comité de la delegación del ayuntamiento, explicó lo impopular que era la diputada local entre los miembros. Pensaban que era una esnob. En una ocasión les había visitado e hizo algunos comentarios despectivos sobre las viviendas de protección oficial y «eso no cayó demasiado bien». En una de las reuniones políticas celebradas en la segunda rama, uno de los concejales había expresado unas opiniones típicamente conservadoras sobre la educación, insistiendo en la necesidad de animar a los más brillantes y desalentar los malos comportamientos sin contemplaciones. La mayoría de los chicos asistentes a la reunión había abandonado los estudios. Un número mayor de chicas, que solían ser por término medio algo más jóvenes que los chicos, seguía estudiando. Esta fue una de las muy escasas ocasiones en las que, durante una reunión, las chicas no permanecieron sentadas y en silencio, o susurrando entre ellas, como era la costumbre, sino que participaron sin pelos en la lengua, rechazando las opiniones del concejal sobre la disciplina. Además, el concejal pareció sorprenderle el liberalismo femenino, una actitud que denotaba preocupación por los problemas de quienes no aprobaban los exámenes en la escuela. Cabe señalar como dato significativo que fueron las chicas, más que los hombres trabajadores, quienes reprendieron al concejal. Ellas sabían perfectamente cómo les afectaría la preocupación del concejal por los «altos vuelos» y la disciplina.

Si bien, como explicó Dave, sus ramas tenían una «imagen de club juvenil, de tenis de mesa, más que de caza del zorro», había tensiones con otras ramas que reflejaban las diferencias de clase y la ambivalencia de los miembros respecto a ella. De cara al exterior se negaban a identificarse con una etiqueta de clase. Muchas veces los miembros de las dos ramas estudiadas mostraban impaciencia por esas diferencias. Dennis dijo que creía que el concepto de clase estaba «obsoleto» y que él prefería juzgar a la gente por su inteligencia. Simon, asimismo, declaró que «no existe eso llamado clase; solo eres tan bueno como eres». Y añadió: «para mí la clase no existe». De este modo ambos enfatizaban su identidad como «personas corrientes», o recalcaban su individualidad, rechazando de este modo una identificación de clase para sí mismos. En ocasiones, a este rechazo se le confería un matiz político. Ellos podían quejarse de que el Partido Laborista y los sindicatos pensaran la política en términos de división de clases. Algunos pensaban que esa política les reportaría pocos beneficios. Por ejemplo, Simon creía que su salario se vería afectado si en su lugar de trabajo hubiera sindicatos: trabajaba en el departamento de ventas de una pequeña empresa dedicada a la fabricación de productos de aluminio.

No obstante, el abierto rechazo a una identidad de clase estaba relacionado con un resentimiento contra aquellos que utilizaban, o se percibía que utilizaban, la clase como una manera de menospreciar a la «persona corriente». A menudo, cuando hablaban de sus compañeros en Jóvenes Conservadores, surgía el resentimiento de clase. El hermano de Simon, John, se consideraba uno de los conservadores de nuevo cuño, sin vínculos de clase; sin embargo, se quejaba largo y tendido de otros sectores del Partido que «nos miran por encima del hombro». John mencionó a dos ramas en particular que eran «esnobs» y mantenían las distancias incluso en los actos comunitarios como los bailes, organizados por todo el distrito. También se advertía el resentimiento en la manera en la que este profesor recién licenciado se refería a los ricos. En contra de la filosofía de su partido, él defendía una mayor carga impositiva a la riqueza. Hablaba de un socialista acomodado que conoció en la universidad; lo que le irritaba no eran los puntos de vista socialistas, con algunos de los cuales estaba de acuerdo, sino el hecho de que hubiera un socialista rico diciéndole a la gente trabajadora lo que debía pensar. John también criticaba el hecho de que la mayoría de los funcionarios del Partido, en particular a nivel local, fuesen «esnobs». Y añadió con gesto desafiante: «Yo soy tan conservador como ellos». Aunque Simon afirmase que las clases ya no existen («los pantalones vaqueros han destruido las clases»), no dudaba en definir su posición social como de «clase media-baja» al igual que su hermano. De este modo, la identidad de clase resentida no se descartaba tan fácilmente.

Simon no mostraba reticencia alguna al expresar su desagrado por los chicos que conducían Jaguar y que le habían despreciado en otro tiempo. A la luz de esos sentimientos, la negación de la existencia de clases asume la fuerza de un imperativo moral más que de una exposición de hechos. La clase puede existir, pero no debe existir. Por una parte, la clase produce el tipo de esnobismo y elitismo que resulta personalmente amenazadora. Desde arriba y desde abajo, las presiones de clase, existentes en la actualidad, podrían ser resentidas y deseadas. En este sentido, la descripción que hacían ambos hermanos de sí mismos como personas «corrientes» era una identidad que expresaba dos cosas a la vez: indicaba su propia posición de clase, entre los extraordinariamente bien situados y los extraordinariamente mal situados y, al mismo tiempo, por su anhelo de trascender la identidad de clase, expresaba las tensiones de esa posición. De esta manera, la palabra «corriente», muy utilizada por John y otros, contenía un deseo para el futuro, así como una simple descripción de ellos mismos, sus gustos, su sentido convencional de la diversión y su falta de riqueza.

Esperanzas y logros

En el pub, una vez concluida una reunión dedicada a una cata de vinos locales, se les preguntó a Nigel y Simon cuál pensaban que era la base del conservadurismo. Ambos íntimos amigos respondieron de manera similar. Según Nigel, «todo el mundo quiere conseguir lo máximo que pueda y se aferra a eso: esa es la definición de conservadurismo». Simon se expresó en términos parecidos: «la codicia y la libertad son la base del conservadurismo». Si esto es lo que se percibe, entonces estos Jóvenes Conservadores tienen un problema: en general, no eran dos individuos exageradamente codiciosos ni tampoco eran los «triunfadores» a los que el concejal se había referido con palabras elogiosas. La cámara ideológica puede captar un paisaje, pacífico en su banalidad, pero la forma de la tierra indica una fisura entre la filosofía y la realidad.

Ninguno de los miembros ya mencionados parecía encontrarse al borde de un éxito glorioso. Nigel había abandonado los estudios en sexto curso sin haber completado los exámenes de nivel avanzado para acceder a institutos de educación superior. Se había dado cuenta de que «no estaba hecho para el trabajo académico». Comenzó a trabajar en el Lloyds Bank y ahora, con 22 años, está en el departamento de Seguros en el Extranjero en calidad de empleado administrativo de grado 3. Si bien estaba satisfecho con el progreso conseguido no veía demasiadas posibilidades de conseguir un ascenso en un futuro inmediato. De hecho, puede que ya haya rechazado su oportunidad de ascender. La empresa quería trasladarlo a Londres con el fin de que reanudara los estudios de informática que había cursado en el instituto. Sin embargo, él no había querido abandonar a su familia y amigos por la soledad de la gran ciudad, aunque hubiera ganado mucho más dinero. Cuando se le preguntó cómo encajaba esa decisión con sus ideas conservadoras sobre los incentivos, se echó a reír: «las contradice».

Simon no había conseguido superar los exámenes en su último año de educación primaria y luego entró en una escuela católica. A los 16 años abandonó los estudios con dos niveles aprobados de enseñanza básica. Simon también pensaba que los estudios académicos no eran para él. Charles y James, quienes soñaban con un futuro en el mundo de la política, eran ambos licenciados. James había estudiado Derecho en la universidad pero ahora estaba trabajando en el departamento de personal de Cadbury's. No tenía intención de dedicarse al Derecho y prefería un trabajo más práctico y menos «teórico». Graham, por su parte, también menospreciaba el trabajo teórico y no le gustaban nada los exámenes. Aunque trabajaba en contabilidad nunca se había examinado para obtener el título de contable. Su argumento era: «siempre he admirado a alguien que llega lejos sin tener una titulación». Alan todavía estaba en el instituto, igual que su novia, Sharon. Ninguno de los dos pensaba ir a la universidad; ya se habían hartado de estudiar. Dave no había superado los exámenes. Había estado una breve temporada en el ejército pero se marchó cuando comprendió que nunca le ascenderían. Ahora trabajaba para la Junta de Aguas como administrativo. Laura, que estaba comprometida con Dave y era hermana de Nigel, era maestra de primaria y había conseguido su capacitación en un centro de formación profesional y no en la universidad. Por otra parte, Clara hubiese encajado en el grupo de chicos que conducían el Jaguar de papá. Estudiaba en una escuela pública para hacer sus exámenes de nivel superior y tenía una idea absolutamente clara de a qué universidad iría y qué estudiaría una vez allí. Su padre era el propietario de una fábrica. Clara toleraba, aunque no se tomaba en serio, las atenciones de Nigel.

Un episodio ilustra la brecha existente entre la filosofía de los logros las incertidumbres personales de estos Jóvenes Conservadores. Como hemos mencionado antes, estos chicos y chicas disfrutaban cumplimentando tests psicológicos y habían solicitado la oportunidad de realizar un test de coeficiente intelectual. De todos los instrumentos psicológicos, este test simboliza la filosofía del avance personal y la idea de Dennis de que la inteligencia era más importante que la clase. Esta era una manera real y «científica» de descubrir a los «triunfadores». No obstante, tan pronto como se distribuyeron las Matrices Progresivas de Raven, comenzaron las excusas. Edward, un asistente esporádico, se quejó diciendo que estaba en desventaja ya que había asistido a una escuela pública; los demás, que habían estudiado en institutos dependientes de universidades tenían una práctica injusta en esta clase de pruebas. Simon abandonó a mitad de la prueba, pero, por supuesto, podría haber terminado si lo hubiera querido: simplemente no le apetecía. Charles se quejó de que padecía «astigmatismo» y entornaba los ojos de manera exagerada para mirar las matrices, quitándose y poniéndose las gafas continuamente. También se quejó de que no había buena luz. Todos se sintieron aliviados cuando les dijeron que lo habían hecho bien, y también que estos tests no eran tan precisos después de todo.

Aquellos que vivían en el interregno entre la escuela y el matrimonio aún albergaban sueños de alcanzar el éxito, aunque la vida real se acercaba a pasos agigantados. Simon se imaginaba a sí mismo como un vendedor exitoso; le gustaría pasar del trabajo administrativo a formar parte del personal de ventas en la empresa de aluminio donde trabajaba en ese momento. Una tarde se mostró especialmente optimista. En la empresa una mujer había preguntado acerca de la posibilidad de fabricar pasarelas de aluminio para su embarcación privada. Eso había hecho pensar a Simon. Sin duda habría muchos propietarios de embarcaciones esperando tener pasarelas de aluminio similares. Todo un mercado sin explotar estaba esperándole. Otra semana ideaba un plan para vender pisapapeles obscenos: bueno, no exactamente obscenos, más bien humorísticos en realidad. Un tiempo más tarde se perdió una reunión y parecía estar extrañamente distante en el pub. No se trataba de un problema de faldas, dijeron sus compañeros. Simon estaba preocupado ante la posibilidad de que le despidieran del trabajo. No era un problema que sintiera que podía compartir abiertamente con otros miembros.

Mike, que trabajaba en el Barclays Bank, era más ambicioso. Aspiraba a ser director. Había observado que el hijo de un aristócrata conservador había accedido al cargo de director sin tener formación o experiencia previas. No estaba resentido porque sabía que al final alcanzaría su objetivo. Nigel, al renunciar al curso de informática, ya había alcanzado un acuerdo con sus ambiciosos sueños. Las exigencias de la responsabilidad ya se habían cernido sobre Dave y Laura. La pareja había conseguido comprar el tipo de casa adosada barata construida a finales del siglo xix para los trabajadores y que seguía estando en una zona obrera. Necesitaba una reforma considerable; se pasarían semanas y tardes decorándola. Y eso costaba dinero. La diversión tendría que pasar a un segundo puesto ante la ardua tarea que suponía esa reforma y ahorrar dinero. Los sueños para el futuro no habían sido abandonados ya que Dave esperaba pasar a la parte de gestión en el trabajo. Tenía perspectivas, pero sería un trabajo duro.

Paul Willis, en su libro *Aprendiendo a trabajar* (2017), observó un breve período de estimulante libertad en la vida de los jóvenes de clase obrera. La diversión de la escuela sería un contraste con la rutina de los trabajos de mano de obra. Los Jóvenes Conservadores de clase media habían tenido en la escuela un comportamiento mucho más serio que los compañeros de Willis. Habían luchado, con distintos grados de éxito, contra las exigencias de los exámenes. Su diversión, cortesía del Partido Conservador, llegaría en una etapa posterior. También fue una etapa de sueños ambiciosos superados por la realidad. Charles y James descubrirían que, a pesar de la tan publicitada apertura del Partido Conservador moderno, la clase media baja todavía tiende a estar limitada a los puestos políticos más bajos; incluso en la esfera local, el poder sigue estando desigualmente distribuido a favor de la clase media alta (Butler y Pinto-Duschinsky, 1980). Es dudoso que Mike llegue alguna vez al comedor del director para compartir mesa y mantel con los hijos de colegas conservadores. Simon, aunque consiga mantener su puesto, descubrirá que las pasarelas de aluminio, construidas según las especificaciones de las embarcaciones de los canales, no son la fórmula mágica para la riqueza y la independencia.

Es posible que las actitudes políticas se modifiquen a medida que se descarten los sueños. No hay duda de que la experiencia ha llevado a algunos miembros hacia posiciones de izquierda. Dennis ha experimentado un período en el paro y esta circunstancia, ha reconocido, le había vuelto mucho más comprensivo con quienes reclamaban la seguridad social e incluso con los huelguistas. James explicó que nunca había entendido por qué la gente se declaraba en huelga hasta que se convirtió en un trabajador asalariado. Los dos eran conservadores pero ambos tenían problemas con la ética de la codicia. Por otra parte, la experiencia de la decepción podía desplazar las opiniones en sentido contrario. A medida que la diversión de los Jóvenes Conservadores se aleja, para ser reemplazada por la decepcionante seriedad de la vida corriente, los no tan jóvenes conservadores pueden experimentar un conflicto entre la filosofía de la ambición y las esperanzas insatisfechas. Entonces puede aparecer la necesidad de encontrar objetivos a los que culpar. La posición de la clase media, especialmente la media baja, siempre ha sido ambiciosa, atrapada como está entre las presiones ejercidas desde arriba y desde abajo. En el discurso político de esta clase puede aparecer un elemento incómodo, especialmente cuando la respetabilidad parece no ser recompensada por los superiores ni reconocida por los supuestamente inferiores (véase Garrard, 1978). Sin embargo, la amargura no resultaba evidente en las opiniones de los Jóvenes Conservadores. La política seguía siendo divertida y no había ninguna necesidad de preocuparse por la culpa. Todavía.

La ideología de la no política

La membresía de Jóvenes Conservadores no es solamente una cuestión de obtener una vida social corriente. Ciertamente, el joven de clase media, o de clase media ascendente, puede tener la garantía de encontrarse con otros individuos de su misma edad que sean respetables pero no demasiado serios. En la medida en que uno no sea un socialista convencido, en principio la política no es importante; en cualquier caso, es poco probable que un socialista convencido desee unirse a los Jóvenes Conservadores. Una vez que se unen al partido, los liberales e incluso los partidarios del laborismo parecen derivar hacia un modo de pensar conservador. Tal vez se trate de una cuestión de unir las creencias a las acciones, como predicen los teóricos de la disonancia (Festinger, 1957; Wicklund y Brehm, 1976). Tras haber actuado de forma conservadora, sobre todo en época de elecciones, uno empieza a tomarse por conservador (por ejemplo, Bem, 1967). Lo más probable es que también se trate de adquirir hábitos conservadores en un entorno conservador. Poco a poco se adoptan giros comunes en el discurso y, por tanto, en el pensamiento, y el miembro deriva hacia el conservadurismo sin haber hecho una elección política consciente. Después de todo, el miembro puede ver de primera mano lo buena gente que son los conservadores. Poco a poco, se adoptan giros comunes en el discurso y, por tanto, en el pensamiento, y se deriva hacia el conservadurismo sin haber hecho una elección política consciente. Después de todo, el miembro puede ver de primera mano lo buena gente que son los conservadores.

Este ambiente conservador puede ser uno que estimule el desarrollo de una vida social corriente, pero también es un ambiente extraordinario. Detrás de lo corriente hay una organización dedicada a la búsqueda del poder. Esa es una característica obvia para todos. No hay necesidad de contar con una cámara ideológica eficaz para detectar la política subyacente. No obstante, también hay algunos aspectos de la ideología que no resultan tan obvios. Al encontrarse en un entorno extraordinario que, sin embargo, les resulta tan hogareño y corriente, sus miembros entran ocasionalmente en contacto con influencias más amplias, poderosas y menos hogareñas. En sus imágenes claras, y bastante aburridas, del paisaje ideológico, algo se mueve súbitamente en el horizonte y demasiado rápido para poder identificarlo con seguridad. Todo lo que se sabe es que hay actividad justo más allá de la zona de enfoque. Esos momentos, cuando lo extraordinario se inmiscuye en la visión de lo corriente, pueden ser bastante sutiles en sí mismos, y desde luego en sus efectos. Es probable que se puedan ilustrar mejor no mediante términos teóricos generales para cubrir una serie de hechos sino con un ejemplo detallado.

Para una de las charlas políticas de la rama de Nigel, se había invitado al presidente del distrito local. Este empresario fanfarrón era una figura familiar para la mayoría de los asistentes. Comenzó su intervención con unas palabras casi obligatorias: «Si termino pronto, habrá más tiempo para beber». Luego continuó: «En lugar de aburriros con más política, pensé que os hablaría de mi reciente viaje a Sudáfrica». De este modo, el orador estableció una diferencia entre aquello que era políticamente aburrido e interesante en términos no políticos. Entre los Jóvenes Socialistas, ningún discurso sobre Sudáfrica, especialmente el pronunciado por un funcionario del Partido Conservador, puede dejar de ser político. Para ellos, la política impregnaba el mundo entero. Por otra parte, el orador conservador estaba estrechando la dimensión de «lo político» a las cuestiones del Partido. Más allá de la política contenciosa hay algo más, algo tan apolítico como la geografía natural de una región. Si, como sugiere Anthony Giddens en *Problemas centrales en teoría social* (2018), una de las características de la ideología es que consigue que lo presente parezca natural, entonces este algo más puede ser una provincia de la ideología. Además, en esta provincia, si uno observa con atención, debería ver el funcionamiento silencioso del poder.

El disertante acababa de regresar de un «lugar poco conocido» en África del Sur; Lesoto o «Basutolandia, como se denominaba en otro tiempo». Era la voz de un turista que ha recordado las palabras de las guías de viaje. Los hechos históricos y geográficos estaban entrelazados: el país se había «fundado en 1821 después de una guerra entre los zulúes y los bóeres»; estaba rodeado por Sudáfrica por sus cuatro costados y tenía cadenas montañosas, etc. El estilo turístico de la narración estaba acentuado por los satinados libros de viaje que se habían repartido entre el público asistente. Cuando se mencionaban las montañas, el orador pasaba a la fotografía correspondiente, con varias tonalidades e invariablemente bañada por el sol. Las fechas históricas y el escenario transmitían la naturaleza objetiva y fáctica del mundo no político. A medida que el relato se acercaba al presente, los temas políticos eran inevitables: «En 1965, nosotros, en nuestra sabiduría, decidimos permitir que se independizara». La irónica expresión «en nuestra sabiduría» implicaba, pero no buscaba, la posibilidad de que la descolonización fuese una decisión política y, en consecuencia, discutible. El orador no mencionó que en 1965 en Gran Bretaña había un gobierno laborista. Ese «nosotros» era una clara referencia no política a Gran Bretaña como nación, frente a una referencia partidista al Partido, que habría socavado el carácter fáctico de lo no político. A continuación hizo referencia a la agricultura en Lesoto: la falta de riego y de plena propiedad de la tierra contribuían a crear el contraste entre el paisaje yermo y marrón de Lesoto y la verde fertilidad de las tierras de Sudáfrica. Este contraste era visiblemente evidente y se podía fotografiar desde el aire. Como han descrito Berger y Luckmann (1968) en referencia al sentido de factibilidad en el pensamiento ideológico, «el mundo de la instituciones parece fusionarse con el mundo de la naturaleza» (p. 108).

A medida que la charla avanzaba, resultaba evidente que había cosas que «nosotros» podíamos hacer para cambiar el rumbo en Lesoto y comenzaron a surgir subtemas relacionados con ese «nosotros» poco elaborado, que es un término tristemente ambiguo en el discurso político (Seidel, 1975, 1978; y véase sobre todo Seidel, 1985, para un análisis de las maneras ambivalentes en las que los libertarios emplean los conceptos de nación y raza). El orador no había estado en Lesoto como turista sino como representante de una empresa dedicada a la construcción de carreteras con un contrato financiado por el Banco Mundial. El empresario ofreció algunos datos económicos sobre Lesoto. El hecho de que el país se encuentre encerrado dentro de Sudáfrica «no es algo malo»: esto permite que 50.000 hombres de Lesoto trabajen en las minas de Sudáfrica y regresen a casa con los «bolsillos rebosantes de rands». Las mujeres, naturalmente, quedan abandonadas a su suerte. Pero son «notablemente independientes» (si el adverbio notablemente referido a los africanos o a las mujeres se deja con una connotación diplomáticamente ambigua). Ellos son unos buenos empleados para «nosotros»: se ha producido una transferencia de significado, ya que el pronombre se refiere ahora a las empresas comerciales financiadas por el Banco Mundial.

La ausencia de los hombres de Lesoto crea nuevas oportunidades para el progreso económico del país. Los turistas, todos hombres, cruzan la frontera en manada «para acostarse con mujeres negras», proporcionando así una «importante fuente de ingresos al erario público de Lesoto». Él evita utilizar la palabra prostitución; sus implicaciones morales habrían perturbado el relato económico y, además, entre el público había mujeres jóvenes. En cualquier caso, añadió con una sonrisa, las mujeres son cooperadoras dispuestas, ya que ellas «no pueden entender por qué los visitantes esperan pagar por sexo». De este modo, los hechos económicos han preservado la vieja mitología: la mujer negra es a la vez un objeto sexual y una empleada digna de confianza (ya no era una empleada doméstica sino que ahora era, tal vez, mecanógrafa o la encargada de preparar y servir el té en una fábrica o en una oficina). Ahora era el momento de introducir un pequeño chiste. El orador dice «en cualquier caso, todo el país es muy inteligente, como pueden ver». Se abre el libro ilustrado y el público puede ver a una joven negra, bien formada y con los pechos desnudos. Los jóvenes lanzan unas risitas nerviosas; las jóvenes, por su parte, muestran signos convencionales de leve desaprobación con un rápido movimiento de cabeza. El chiste se interpreta en términos sexuales, como una broma masculina que se supone que ellas no deben compartir. Los temas raciales, basados en estereotipos relativos a la sensualidad, el primitivismo y las limitaciones de la inteligencia de los africanos, no son cuestionados.

El orador se quedó muy impresionado con los lesotenses. Como si de una guía turística se tratara, dijo que eran «gente encantadora y amable», con costumbres pintorescas. Como rasgo exótico, las mujeres «llevan todo apoyado en sus cabezas, incluso bañeras de hojalata» (risas, en esta ocasión de ambos sexos). La gente encantadora no es una amenaza y el legado de la mitología imperial se incorpora a una imagen moderna: «Aunque resulte sorprendente, hay un poderoso elemento del catolicismo: las iglesias se llenan de fieles los domingos; los misioneros deben haber hecho bien su trabajo». Un dato curioso ya que, cuando tenemos en cuenta que «hasta no hace mucho tiempo» esta gente se comían entre ellos (risas)». Se da una fecha precisa para el último acto de canibalismo registrado: 1821, el año en que «nosotros fundamos Batusolandia». De este modo, la imaginería del siglo XIX se encuentra perfectamente cómoda con el discurso de los hechos, que describe, no el sistema imperial (que «nosotros» en nuestra sabiduría entregamos), sino el capitalismo internacional contemporáneo.

El capitalismo, naturalmente, no se identifica como tal, como ha afirmado Barthes (2012) en el sentido de que la burguesía es «la clase social que no quiere ser nombrada», y del mismo modo que los propios Jóvenes Conservadores preferían la etiqueta de «corriente» a una identificación de clase. En cambio, el capitalismo es el amigo servicial y discreto, no del todo visible, pero que organiza el decorado para satisfacción de todos. Ese amigo servicial proporciona a los hombres el dinero obtenido en las minas, al igual que independencia y sexo para las mujeres. No obstante, el país aún necesita más ayuda; es necesario construir carreteras y regar los campos. El Banco Mundial está disponible, proporcionando «folletos» para toda clase de proyectos necesarios. Fue en este punto que los hechos dejaron de tener ese aire de permanente naturalidad. La economía y la geografía podían ser alteradas por una entidad humana, al menos europea: «Invertir la tendencia de que haya personas que atraviesen la frontera es el objetivo a largo plazo» (cuyo objetivo, ya sea el del Banco Mundial, Gran Bretaña u otros intereses financieros anónimos, no queda claro). En cualquier caso, el Banco Mundial está «derramando dinero» sobre Lesoto. Durante su exposición, el orador no explicó la causa por la que se estaba produciendo este desarrollo en Lesoto, salvo decir que se trataba de una contingencia «en caso de emergencia si Sudáfrica decidía cerrar sus puertas a los 50.000 mineros».

Otras aclaraciones más llegaron luego durante el turno de preguntas. Las preguntas se ciñeron al ambiente no político apropiado: «¿Qué cultivos se pueden realizar? ¿Hay depósitos minerales?». Esta última pregunta recibió una respuesta farragosa que incluía varios aspectos: económico, científico, geográfico, turístico y, por último, ideológico. Se hicieron referencias a «flores silvestres, ríos pintorescos y montañas de cumbres nevadas» (con la guía de viajes exhibiendo las fotografías adecuadas). La respuesta no terminó con la declaración de que con toda la belleza natural que exhibía en la superficie del terreno, Lesoto carecía de riquezas subterráneas. En un aparente *non sequitur*, el orador añadió: «Tienen problemas graves, pero hasta ahora no han sucumbido a las seducciones de los comunistas; por esa razón Occidente inyecta dinero en el país». La posibilidad de que los lesotenses pudieran volverse hacia los comunistas es «lo que todos temen». En este caso volvió a emplearse un referente ambiguo, con un «todos» sin especificar, excepto por la pista de que excluía a los propios lesotenses. El peligro residía en la creación de un enclave comunista en el corazón de Sudáfrica. «Podemos odiar las políticas de Sudáfrica, pero es un país que tiene una importancia capital para Occidente.» Volviendo al tema de la pregunta, el orador subrayó que gran parte de la importancia de Sudáfrica estaba en su riqueza mineral. «Todos» era un término más inclusivo que el «nosotros» que odiamos a Sudáfrica, porque todos incluía a la población sudafricana. El nosotros conservó su ambigüedad indicando de ese modo, mediante su imprecisión, una unidad de sentimiento entre el orador y la audiencia, entre las finanzas de alto nivel y el carácter corriente de los Jóvenes Conservadores.

El ambiguo «nosotros» demuestra que ni el orador ni la audiencia poseían una identidad simple. Todos eran miembros simultáneamente de «nosotros, los británicos; nosotros, los conservadores nosotros, la gente de bien», etc. Asimismo, los sutiles cambios semánticos del «nosotros» utilizado por el orador demostró que la pertenencia a múltiples «nosotros» no creaba desconcierto ni «crisis de identidad», por utilizar un término psicológico. En otras palabras, la audiencia parecía encontrarse cómoda en este mundo donde había tantas identidades. Esta comodidad sugiere que las identidades, que pueden adoptarse sin ningún esfuerzo, de manera inconsciente incluso, al escuchar un discurso, no representan un conflicto serio: las categorías de «conservador», «británico», «bienpensante» se superponen y, de hecho, sin una reflexión previa reflexión pueden considerarse prácticamente sinónimos. Los ambiguos pronombres utilizados por el orador, cambiando sus referentes, contribuían a fomentar este sentimiento de identidad en armonía. Sin embargo, para todos los temas dominantes de la armonía, dentro de la ruidosa ambigüedad también puede haber notas más tranquilas y discordantes.

Según Giddens (2018), un segundo aspecto de la ideología, además de mostrar el presente como algo natural, es la presentación de intereses seccionales como universales. El «nosotros» ambiguo sugiere un interés universal compartido por toda la gente bienpensante. Se observa que intereses seccionales del orador, como hombre de negocios, coinciden con los intereses más amplios de todos los demás. También sugiere una unidad de interés entre las diferentes fuerzas de las finanzas y el conservadurismo. No obstante, estos intereses no pueden entrar en conflicto de manera demasiado frontal sino que deben parecer congruentes. Como ha escrito Harris (1972) en su análisis del conservadurismo británico, «el aura de conservadurismo debe permanecer ambigua porque la claridad intelectual —es decir, la clara expresión de un conjunto de intereses por encima de todos los demás— es el enemigo de la cooperación entre diferentes grupos» (pp. 13-14).

El orador de Jóvenes Conservadores enfatizaba de manera implícita el carácter común de los intereses nacionales e internacionales en el seno del capitalismo (o de «Occidente», ya que él habría preferido un término que sugiriera geografía en lugar de política). Su «nosotros» sugería en ocasiones el «nosotros» de Gran Bretaña, de un modo que interpelaría directamente a los sentimientos de la audiencia. Si bien *Apoya a la industria británica* podría ser un eslogan para animar a los Jóvenes Conservadores, *Apoya al Banco Mundial* carecería de inmediatez. De hecho, su apelación al internacionalismo puede haber entrado en conflicto con el nacionalismo fácil de la audiencia. Nigel, por ejemplo, a menudo acostumbraba a exagerar su vena nacionalista, para disgusto de su hermana mayor, Laura; expresaba con desparpajo su desprecio por los extranjeros, en particular los franceses. En esas ocasiones, su xenofobia medio en serio no alcanzaba a ocultar la seriedad de sus sentimientos patrióticos (un patriotismo que se revelaba sin ambigüedad en las respuestas a la Escala de Conservadurismo de Wilson-Patterson).

En su profundo análisis de los símbolos políticos modernos, Murray Edelman sostiene que los políticos tienden a utilizar símbolos para pasar por alto intereses contradictorios. Un símbolo condensa significados opuestos mediante la presentación de una imagen de unidad (Edelman, 1964, 1977). Dos símbolos, en particular, unían al orador con su audiencia. En primer lugar estaba la imagen del comunismo como el enemigo amenazador. Todos los Jóvenes Conservadores mostraron una actitud inequívoca en su rechazo del comunismo. De hecho, justo la semana anterior, Nigel había reprendido airadamente a Graham, que había dudado de la amenaza que representaba Rusia. Graham, el escéptico que no votaría al diputado conservador local, incluso había expresado indiferencia sobre los rusos apoderándose de Sudáfrica. Nigel se mostró sorprendido y dijo que prefería morir antes que ser rojo. Entonces Graham rectificó y dijo que era China, y no Rusia, el país que le preocupaba. De modo que se preservó un acuerdo anticomunista ante uno de los escasos desacuerdos políticos que se inmiscuyen en la diversión.

El segundo símbolo se relacionaba con la raza. El estereotipo de la simplicidad africana sugería la necesidad de una benévola ayuda occidental. El símbolo de la raza, no obstante, no era tan inequívoco como el símbolo del comunismo. El racismo debía ser rechazado, mientras que, al mismo tiempo, se evocaba el símbolo de la raza. Todos «nosotros» odiamos el sistema imperante en Sudáfrica pero debe ser protegido. En este caso, la propia estructura del discurso del orador coincidía con la manera en que los Jóvenes Conservadores se referían a la raza, no en África sino en Birmingham. Durante una discusión sobre la raza, Nigel había declarado que «todos odiamos el racismo», pero eran los antirracistas quienes estaban agitando el ambiente. Del mismo modo, Simon dijo que detestaba al Frente Nacional, pero eran siempre los izquierdistas los que comenzaban las acciones violentas. En otra ocasión, Nigel había dicho que rechazaba los comentarios provocadores de Enoch Powell sobre la raza, pero había que reconocer que lo que él predijo se había hecho realidad. Estas declaraciones comparten un estilo común con el orador y su (o «nuestro») odio por el *apartheid*. Se formula una declaración de principios antirracista, pero es incapaz de sostenerse *per se*:

es seguida inmediatamente por un calificativo neutralizador que permite que los temas raciales accedan a la conversación bajo la protección de una bandera aparentemente antirracista (véase Billig, 1982, para un análisis de esta forma «bilateral» de discurso).

Una vez concluida la charla y habiendo respondido las últimas preguntas, orador y público asistente se marcharon al pub. El orador invitó a una ronda de bebidas, con una cordial salvedad de sin alcohol para los menores de edad y permaneció en el pub el tiempo que le llevó acabar su cerveza. Se marchó con la excusa de que tenía otro compromiso. Poco después, esa misma tarde, sin ninguna referencia a la charla anterior, la conversación derivó hacia el tema de la raza. Preguntar si había sido la reunión la causa de esta conversación es irrelevante, ya que puede decirse que las conversaciones que surgen de manera espontánea tienen muchas causas diferentes. Lo importante en este caso no es un simple concepto de causa sino la coincidencia de temas.

En la mayoría de los casos, las cuestiones relacionadas con la raza forman parte de la conversación de los Jóvenes Conservadores bajo el paraguas de la diversión. Este racismo no asumía la forma de un prejuicio enconado pues se expresaba más bien como bromas. Los jóvenes adoptaban tonos de voz estúpidos como si fuesen acentos asiáticos o antillanos. En general, tenían escaso contacto social con personas no blancas. En ninguna de las ramas estudiadas había personas que no fuesen blancas. Laura, por su parte, no aprobaba las bromas que hacía su hermano. Era maestra en una escuela racialmente mixta y se esforzaba por corregir estereotipos simples y prejuicios irreflexivos. Charles y John, los liberales de mentalidad política, rara vez hacían bromas y nunca chistes racistas. En cuanto al resto, las bromas incluían un gran número de estereotipos, como la estupidez irlandesa y la codicia judía. A Nigel le gustaba acompañar sus burlas sobre la mezquindad judía con un exagerado encogimiento de hombros y las palmas de las manos abiertas al cielo.

Aquella noche, sin embargo, se hicieron más bromas de las habituales sobre la necesidad de tener pasaportes para visitar las zonas asiáticas de la ciudad. Además, se contaron historias sobre una naturaleza fáctica, que reflejaba en un contexto diferente el tono y el contenido de la intervención del orador. Fueron relatos, invariablemente recogidos de segunda mano, sobre negros que habían malinterpretado diversas situaciones. Simon mencionó a un nigeriano que había dado una medida inadecuada a una longitud de aluminio (risas). Nigel mencionó que su padre había sido maestro en Zambia y luego, adoptando una entonación cómica, como si quisiera cubrirse, añadió que «algunos de estos tíos no eran demasiado brillantes». Simon, que había hecho la broma sobre los pasaportes, comentó que «eso suena terriblemente racista», para añadir a continuación que los inmigrantes eran los verdaderos racistas: los antillanos odian a los asiáticos y los asiáticos odian a los antillanos. Y así sucesivamente.

El racismo que compartían estos Jóvenes Conservadores no tenía el tono de amargura o temor que se encontraba con frecuencia en las charlas con los jóvenes obreros blancos. De hecho, su jocosidad aseguraba que los temas racistas formaran parte de la diversión. Sin embargo, temas y estereotipos raciales similares han entrado en el relato de la empresa capitalista en Sudáfrica y esta empresa era seria, no estaba allí por diversión. Sería una simplificación absurda afirmar que los estereotipos formaban parte de una trama deliberada destinada a ocultar las contradicciones ideológicas mediante alguna forma burda de chivo expiatorio. Por otra parte, lo ordinario y lo extraordinario parecían coincidir en el mismo punto. Era como si la cámara ideológica hubiese captado lúcidamente una escena donde el primer plano se fundía de forma armoniosa en la distancia en una perspectiva continua. Debido a la armonía existente entre ambos, los fotógrafos no tenían necesidad de ampliar de manera ambigua y granulada las formas apenas perceptibles en la distancia. Esas ampliaciones, naturalmente, carecerían de la belleza brillante de las instantáneas contenidas en la guía de viaje. Además, forzar la vista para contemplar estas formas lejanas no puede competir con una diversión disponible tan cerca de nosotros.

Notas

[1] Para consultar análisis críticos de la metáfora relativa a la *camera obscura* en Marx, véase Kofman (1973), Mepham (1994) y, en términos más generales, Larrain (1983, 2007).

[2] El proyecto incluía encuestas sobre las actitudes políticas de más de dos mil alumnos de primero de bachillerato en el condado de West Midlands. También se realizaron debates y entrevistas con un pequeño número de alumnos de primero de bachillerato. Un resumen de las conclusiones principales del proyecto se encuentra en Cochrane y Billig (1983). En Cochrane y Billig (1982a, 1982b, 1984) se ofrecen ejemplos respecto de racismo en la clase obrera blanca.

[3] El trabajo de campo etnográfico para el estudio de los Jóvenes Socialistas lo llevó a cabo Raymond Cochrane, y nuestras comparaciones de los Jóvenes Socialistas y los Jóvenes Conservadores están incluidas en Billig y Cochrane (1983). Un escaso número de estudiantes informó haber mantenido algún contacto con partidos políticos y, en este sentido, los jóvenes pensaban que los presentes estudios etnográficos de los Jóvenes Socialistas y los Jóvenes Conservadores no podían considerarse representativos de la encuesta más amplia.

[4] Los miembros también cumplimentaron una Encuesta de Valores de Rokeach (Rokeach, 1973). En una confirmación perfecta de los modelos planteados por Rokeach, estos jóvenes calificaron «Libertad» como su valor más importante e «Igualdad» como el menos importante de los dieciocho valores enumerados en la escala (véase también Cochrane, Billig y Hogg, 1979; Billig y Cochrane, 1979).

Referencias

Abercrombie, N., Hill, S. y Turner, B. S. (1998). *La tesis de la ideología dominante.* Madrid: Siglo XXI.

Abrams, P. y Little, A. (1965). The young activist in British politics., *British Journal of Sociology. 16*(4), 315-333.

Barthes, R. (2012). *Mitologías.* Madrid: Biblioteca Nueva.Beloff, H. (1985). *Camera Culture.* Oxford: Blackwell.

Bem, D.J. (1967). Self perception: and alternative interpretation of cognitive dissonance phenomena. *Psychological Review, 74*(3), 188-200.

Berger, P. L. y Luckmann, T. (1968). *La construcción social de la realidad.* Buenos Aires: Amorrortu Editores.

Billig, M. (1982). *Ideology and social psychology.* Oxford: Blackwell.

Billig, M. y Cochrane R. (1979). Values of political extremists and potential extremists: a discriminant analysis. *European Journal of Social Psychology, 9*(2), 205-222.

Billig, M. y Cochrane R. (1983). The politics of fun. *New Society, 6*(octubre), 10-13.

Butler, D. y Pinto-Duschinsky, M. (1980). The Conservative elite 1918-78: does unrepresentativeness matter? En Z. Layton-Henry (ed.), *Conservative Party Politics* (pp.186-209). Londres: Macmillan.

Cochrane, R. y Billig M. (1982a). Adolescent support for the National Front: a test of three models of political extremism. *New Community, 10*(1), 86-94.

Cochrane, R. y Billig M. (1982b). Extremism of the centre: the SPDs young followers. *New Society, 20*(mayo), 291-292.

Cochrane, R. y Billig M. (1983). Youth and politics. *Youth and policy, 2*(1), 31-34.

Cochrane, R. y Billig M. (1984). I'm not National Front myself, but.... *New Society, 17*(mayo), 255-257.

Cochrane, R., Billig. M y Hogg, M. (1979). Politics and values in Britain: a test of Rockeach's two-valued model. *British Journal of Social and Clinical Psychology, 18*(2), 159-167.

Durham, M. (1985). Family morality and the new right. *Parliamentary Affairs, 38*(2), 180-191.

Edelman, M. (1964). *The symbolic uses of politics.* Urbana: University of Illinois Press.

Edelman, M. (1977). *Political language.* Nueva York: Academic Press.

Festinger, L. (1957). *A theory of cognitive dissonance.* Nueva York: Row, Peterson & Co.

Feuer, L. S. (1975). *Ideology and the ideologists.* Oxford: Blackwell.

Gamble, A. (1986). The political economy of freedom. En R. Levitas (ed.) *The ideology of the new right* (25-54). Cambridge: Polity Press.

Garrard, J. (1978). *The middle class in politics.* Farnborough: Saxon House.

Giddens, A. (2018). *Problemas centrales en teoría social: acción, estructura y contradicción en el análisis social.* Buenos Aires: Prometeo.

Harris, N. (1972). *Competition and the corporate State: British conservatives, the State and industry, 1945-1964.* Londres: Methuen.

Hoffer, E. (2009). *El verdadero creyente: sobre el fanatismo y los movimientos sociales.* Madrid: Tecnos.

Kofman, S. (1973). *Camera obscura: de L'idéologie.* París: Editions Galilée.

Larrain, J. (2007). *El concepto de ideología* (vol. 1). Santiago de Chile: LOM Ediciones.

Larrain, J. (1983). *Marxism and ideology.* Londres: Macmillan.

Marx, K. y Engels F. (1970) *The German ideology.* Londres: Lawrence and Wishart. [Marx, K. y Engels, F. (2014). *La ideología alemana.* Madrid: Akal.]

Mepham, J. (1994). The theory of ideology in capital. En T. Eagleton (ed.). *Ideology* (pp. 211-237). Londres: Routledge.

Norton, P. y Aughey, A. (1981). *Conservatives and conservatism.* Londres: Temple Smith.

Robertson, A. y Cochrane, R. (1973) "The Wilson-Patterson Scale: a reappraisal", *British Journal of Social and Clinical Psychology, 12*(4), 428-430.

Rokeach, M. (1973). *The nature of human values.* Nueva York: Free Press.

Seidel, G. (1975). Ambiguity in political discourse En M. Bloch (ed.). *Political language and oratory in traditional society* (pp. 205-226). Londres: Academic Press.

Seidel, G. (1978). Ambiguité et pratique sémiotique. *Travaux de Lexicométrie et de Lexicologie politique, 3,* 105-122.

Seidel, G. (1986). Culture, nation and 'race' in the British and French New Right. En R. Levitas (ed.). *The ideology of the new right* (pp. 107-135). Cambridge: Polity Press.

Wicklund, R. A. y Brehm, J. W. (1976). *Perspective on cognitive dissonance.* Londres: Wiley.

Willis, P. (2017). *Aprendiendo a trabajar. Cómo los chicos de clase obrera consiguen trabajos de clase obrera.* Madrid: Akal.

Wilson, G. D. (1973). *The psycology of conservatism.* Londres: Academic Press.

Wilson, G. D. y Patterson, J. R. (1968). A new measure of conservatism. *British Journal of Social and Clinical Psychology, 7*(4), 264-269.

Capítulo 5
Argumentos en la propaganda fascista[*]

Prefacio

En este capítulo, la política se traslada de la derecha ordinaria a la extraordinariamente extrema, y la metodología abandona la etnografía para abordar el análisis de textos impresos. Se examina un pequeño aspecto del pequeño mundo de la política fascista en Gran Bretaña. Este mundo es tan reducido, y sus participantes son tan insignificantes, que una atención detallada podría considerarse innecesaria. No obstante, los hechos ocurridos en el siglo xx han demostrado de qué manera tan súbita y peligrosa un grupo fascista puede irrumpir desde los márgenes de la vida política. El ejemplo más dramático ha sido sin duda el ascenso del Partido Nacionalsocialista Obrero Alemán de Hitler, conocido coloquialmente como Partido Nazi. Hoy en Francia, el Frente Nacional ha alcanzado el éxito electoral y protagonismo en el escenario nacional, algo que hace quince años hubiese resultado impensable. Por el contrario, en los últimos años la extrema derecha británica no ha conocido un éxito similar. Actualmente se encuentra dividida en pequeños grupos que luchan celosamente entre ellos. Tal como revela este capítulo, incluso el Frente Nacional tiene sus diferentes facciones.

La extrema derecha aporta una especie de laboratorio ideológico en miniatura. Se trata de un mundo dentro de un mundo. La producción de ideas y la retórica de su transmisión se pueden observar a pequeña escala. Como veremos

---

* Este capítulo se publicó originalmente en 1988 con el título de "Rhetoric of conspiracy tradition: arguments in National Front propaganda", en *Patterns of Prejudice, 22*(2): 23-34.

más adelante, este laboratorio reproduce la ideología estrafalaria y antisemítica de la teoría de la conspiración. El capítulo se centra en un momento específico en la historia del fascismo británico, cuando esta tradición ideológica parecía estar tomando un nuevo rumbo. Una facción del Frente Nacional parecía adoptar una línea prosionista. La aparición de esta nueva cuestión en el ámbito de la propaganda plantea numerosos interrogantes. ¿Se ha roto la tradición del antisemitismo? ¿Con qué facilidad puede invertirse una tradición ideológica? ¿Cómo puede detectarse el mensaje engañoso?

Estas preguntas se refieren a cuestiones retóricas, ya que la reconstrucción del significado ideológico es una reconstrucción de la retórica. Las creencias de la extrema derecha no deben considerarse como simples reflexiones esquizoides de personalidades paranoides. Por muy extrañas que sean esas creencias, ellas también tienen un contexto retórico. La teoría de la conspiración, que se encuentra en la raíz de la ideología que profesa el Frente Nacional, es un argumento; propone un sentido poco común, que argumenta en contra del sentido comúnmente compartido. Como se verá en este capítulo, el contexto de argumentación puede ser más complejo que esto: puede haber argumentos dentro de argumentos.

El análisis podría concentrarse en un breve momento dentro de un mundo restringido. Pero existe una cuestión general. Para entender un texto, en particular un texto político, es necesario entender su contexto argumentativo. Además, la teoría de la retórica puede tener una aplicación práctica. Puede contribuir a descifrar los mensajes de los propagandistas, que buscan engañar encubriendo sus propios contextos argumentativos. Bajo estas circunstancias, el análisis retórico puede ayudar al argumento práctico contra esos enemigos de la libertad que destruiría la posibilidad misma de una argumentación abierta.

Un rasgo curioso de los grupos de extrema derecha en Europa occidental desde la Segunda Guerra Mundial ha sido su adhesión al antisemitismo. Los partidos fascistas contemporáneos hacen campaña abiertamente en plataformas antiinmigración, apelando a sentimientos racistas para oponerse a la última oleada de llegadas de «extranjeros» y, al mismo tiempo, conservan con frecuencia una visión profundamente antisemita del mundo.[1] Durante la década de 1970 en Gran Bretaña, el Frente Nacional intentó convertirse en un partido de masas, pero sus campañas públicas contra asiáticos y antillanos no desvió a los líderes del partido de la ideología de que los «verdaderos» enemigos del partido eran los judíos.[2] A principios de la década de 1980 se repitió en los Países Bajos este mismo patrón con el Partido del Centro. Con un mensaje antiinmigración que apelaba principalmente a los hombres racistas de clase obrera, el partido sin embargo conservaba una ideología antisemita.[3]

El caso de Jean-Marie Le Pen en Francia ofrece el ejemplo más dramático de esta dualidad. Su partido, el Front National, ha conseguido un éxito electoral sin parangón entre otros grupos fascistas de nuevo cuño en la Europa de posguerra: diez representantes en el Parlamento europeo, treinta y cinco en la Asamblea Nacional francesa y más de cuatro millones de votos en la elección presidencial. Este éxito se ha obtenido mediante una retórica que contrasta de manera desfavorable a la Francia actual, y a su considerable población de inmigrantes norteafricanos, con el mito de una Francia anterior, bien ordenada y libre de árabes.[4] Sin embargo, la marcha hacia delante de Le Pen pareció meterse en problemas cuando, en una entrevista radiofónica en septiembre de 1987, reveló las tradiciones ideológicas de su partido. Al ser preguntado por el Holocausto, Le Pen, al igual que otros ideólogos antisemitas de extrema derecha, puso en duda que realmente se hubiera producido el asesinato masivo de judíos durante la Segunda Guerra Mundial.

Este exabrupto de Le Pen ejemplifica cuán curiosa es esta retención de antisemitismo. Los partidos de la extrema derecha no tienen nada que ganar en términos electorales de dicho antisemitismo: su apelación se dirige a los temores etnocéntricos de grupos distintos a los judíos. De hecho, los partidos fascistas que buscan un apoyo masivo tienen mucho que perder de la mácula provocada por el antisemitismo y el nazismo, como demuestra vívidamente el caso de Le Pen. Durante la década de 1970, el Frente Nacional británico negó ser un partido fascista y su antiguo líder, John Tyndall, siempre declaraba públicamente haber roto con su pasado político nazi y antisemita. Sin embargo, la propaganda del partido mostraba una dualidad. Mientras que las publicaciones destinadas para atraer a las masas se concentraban en la cuestión de la inmigración, las revistas más esotéricas y los libros recomendados promovían la idea antisemita de que existía una conspiración judía mundial. La separación de estos temas demostraba que, por razones tácticas, el partido no quería llamar la atención sobre la plena naturaleza de su ideología.[5]

La forma que ha asumido la ideología antisemita perpetuada por los partidos fascistas es la teoría de la conspiración. Los judíos o sionistas son considerados como los principales impulsores en una trama destinada a apoderarse del mundo mediante la destrucción de las naciones y la manipulación de las mentes de la gente corriente. Al articular esa ideología, los grupos fascistas continúan una tradición política con su propio texto y mitología clásicos.[6] La negación del Holocausto representa el último giro en este relato de conspiración y engaño. Autores como Arthur Butz en *El engaño del siglo xx* o Richard Harwood en *¿Murieron realmente seis millones?*, quienes sugieren que el Holocausto nunca ocurrió, ofrecen una teoría de la conspiración al argumentar que el Holocausto fue una mentira deliberada difundida por los sionistas para llevar a cabo su plan de dominar totalmente las mentes de las poblaciones gentiles.[7] Por lo tanto, cuando Le Pen contemplaba la posibilidad de la no existencia del Holocausto, no solo revelaba su actitud hacia acontecimientos del pasado sino que demostraba su actitud hacia la teoría de la conspiración antisemita de la política. Como reveló la repentina caída de las encuestas de opinión tras la emisión del programa de radio, la expresión pública de esta actitud resultó perjudicial para una política que buscaba el apoyo de las masas.

La tenacidad con la que los grupos fascistas han conservado la teoría de la conspiración antisemita plantea cuestiones interesantes respecto de la naturaleza del antisemitismo contemporáneo. Se pueden ofrecer dos explicaciones opuestas. Por una parte, el antisemitismo de los partidos fascistas «antiinmigrantes» podría considerarse como un anacronismo que surge del hecho de que, durante muchos años, dichos partidos estuvieron dirigidos por una generación educada en condiciones de un antisemitismo generalizado. Esto implica que con el tiempo la ideología antisemita desaparecerá, a medida que la generación joven de la posguerra asuma la dirección de la extrema derecha. Esta generación, que no ha experimentado de forma directa la llegada de grandes poblaciones de judíos inmigrantes de aspecto extranjero, abandonará las preocupaciones de los líderes anteriores y animará a los partidos fascistas a concentrarse en aquellos prejuicios que podrían tener una ventaja electoral directa. Por otra parte, también se podría sugerir una visión contraria. La tenacidad del antisemitismo revela la peculiaridad de esta forma de prejuicio. Históricamente, el antisemitismo ha existido en países donde no había población judía. Lo que podría verse en la extrema derecha no son las últimas fases del antisemitismo sino su continuación en un clima sin cuestiones judías o, para ser más precisos, sin la clase de cuestiones judías capaces de movilizar ese apoyo que busca la extrema derecha.

A causa de que el antisemitismo de la extrema derecha plantea esas cuestiones acerca del futuro del antisemitismo, a menudo resulta necesario prestar atención a los pequeños grupos extremistas que, por sí mismos, tienen escasa importancia política. No obstante, sí la tienen si se considera que representan las últimas fases de una historia larga y poco honrosa, o como uno de los medios mediante el cual se transmite esta historia hacia el futuro. Por este motivo merece la pena prestar atención a la evolución actual del Frente Nacional. El partido ha descartado ahora a los líderes con pasados abiertamente nazis que lo controlaban en la década de 1970. En la actualidad, el Frente Nacional se halla en manos de una dirección joven, a menudo instruida, que pertenece a la generación posterior a la guerra y de la que podría esperarse que abandonara el legado antisemita como una embarazosa reliquia del fascismo. Hoy el partido parece estar dividido en dos facciones que representan diferentes prejuicios especializados. Una facción parece haber abandonado el crudo mensaje racista para concentrarse en el antisemitismo, mientras que la otra parece haber adoptado la posición contraria. Sin embargo, es necesario analizar cuidadosamente la retórica de ambas facciones con el fin de entender la discusión que se produce en el seno del Frente Nacional. Desde la perspectiva de un análisis retórico se podrá llegar a la conclusión de que, a pesar de una parte de la retórica manifiesta, las tradiciones ideológicas del antisemitismo no están descartadas.

El Frente Nacional y el sionismo

A principios de 1988 parecía como si los conflictos de Oriente Medio se hubieran extendido al extraño mundo del fascismo británico. Dos facciones reclamaban la representación del «verdadero» Frente Nacional, y ambas publicaban sus propias revistas. En principio, cada facción parecía haber elegido un lado diferente para brindar su apoyo en el conflicto árabe-israelí. *Nationalism Today* y su compañero más sensacionalista, *National Front News*, han optado por la causa palestina, mientras que *Vanguard* parece, a primera vista, dar un vuelco a toda una tradición de ideología fascista al defender lo que parece ser una posición prosionista.

La postura propalestina de *Nationalism Today* está expresada con claridad en su número 42 (sin fecha, pero publicado a comienzos de 1988): «La erradicación del sionismo, mediante la liberación de Palestina, sigue siendo la única esperanza de una paz verdadera en Oriente Medio» (p. 10). El artículo concluye con una declaración de que los miembros británicos del Frente Nacional deberían identificarse con la lucha de los palestinos: «Debemos inspirarnos en pueblos como los palestinos, que habiendo perdido mucho más que nosotros, siguen luchando por la soberanía nacional y se niegan obstinadamente a renunciar a su identidad nacional». Esta posición no era nueva pero durante algún tiempo ha sido asumida por *Nationalism Today*. No es algo infrecuente en la extrema derecha. Por otro lado, *Vanguard*, una publicación de la facción rival, adoptó la posición contraria en su número de enero de 1988. Al abordar lo que se denomina «La cuestión judía», la revista propuso su propia respuesta. La «solución» era enviar a todos los judíos «a una nación propia, Israel». Se recomendaba que el Frente Nacional reconociera «el derecho de Israel a existir» y añadía que su solución era la «preferida por muchos judíos, incluidos los sionistas».

La diferencia entre ambas facciones afecta a cuestiones básicas de la ideología del Frente Nacional. En particular a la cuestión de la conspiración. Para el teórico de la conspiración antisemita, el sionismo no era simplemente el movimiento del nacionalismo judío dirigido hacia Israel, sino la fuerza malévola de la propia conspiración, cuyas ambiciones son globales. La facción propalestina del Frente Nacional expresaba esta concepción cuando afirmaba que el sionismo era un imperio «que amenaza a todo el mundo» el sionismo era un «iceberg de poder oculto de la que el Estado bandido de Israel solo es la cruel punta… Los tentáculos del poder sionista controlan los medios de comunicación, la economía y la vida política del mundo occidental».[8] Las imágenes de puntas de icebergs y tentáculos son comunes entre los teóricos de la conspiración, quienes afirman que el sionismo, o el poder judío, se esconde detrás de las fuerzas aparentemente opuestas del comunismo y el capitalismo. *Nationalism Today* (n.º 39) utilizó unas imágenes gráficas familiares para expresar una idea similar. Se ve a san Jorge matando a un dragón de dos cabezas: en una de ellas hay una hoz y un martillo, en la otra un signo de dólar, y ambas salen de un cuerpo con la estrella de David. Como N. Cohn ha puesto de manifiesto,[9] la imagen del dragón con varias cabezas era una ilustración común en el más célebre de los textos conspirativos: *Los protocolos de los sabios de Sion*.

En principio, al describir su actitud respecto de la «cuestión judía», *Vanguard* parecía adoptar una posición que rechazaba toda la teoría de la conspiración relacionada con la política. Los autores del artículo en cuestión, Steve Brady y Tom Acton, editores de la revista, criticaban de manera específica a aquellos que, siguiendo el «estilo de los Protocolos, creían que los judíos son la causa de todos los problemas». La expresión «estilo de los Protocolos» implica una crítica retórica al sugerir que los autores pretendían distanciarse de las tradiciones propias de la teoría de la conspiración. Los autores continuaban su exposición afirmando que las «teorías de la conspiración, que van de lo indemostrable a lo increíble, no aportan nada a la cuestión judía ni credibilidad al movimiento nacionalista». En los números anteriores de *Vanguard* (diciembre 1987) se había empleado una retórica similar. Un artículo firmado por Joe Pearce reseñaba el libro *Intercourse* de la feminista Andrea Dworkin. Pearce condenaba el libro mediante la comparación de su argumento con el antisemitismo irracional: «Llevado a su conclusión lógica, por supuesto, *Intercourse* hace que los desvaríos antisemitas de Julius Streicher o de *Los protocolos de los sabios de Sion* parezcan positivamente anodinos en comparación». La retórica sugiere que el autor se distancia del antisemitismo y de los despropósitos de la interpretación conspirativa de la política. Es como si se rechazara el pasado con el autor adoptando una retórica que habitualmente utilizan los antifascistas. Sin embargo, la siguiente frase, que aparentemente continúa el argumento, reintroduce un tema familiar bajo el disfraz de la crítica: «Después de todo, al menos los antisemitas limitan su odio a un grupo de personas que representan una pequeña, aunque poderosa, minoría de la población mundial», mientras que la Sra. Dworkin «¡escupe odio sobre la mitad de la especie humana!».

En otras palabras, aunque parece criticar el antisemitismo de Streicher y de los Protocolos, el autor no se distancia completamente de las tradiciones que caracterizan al antisemitismo. No solo los antisemitas son preferibles a las feministas sino que, y lo más importante, están luchando contra una minoría «poderosa». Como resultado, no se ha desechado todo el imaginario del antisemitismo; se mantiene la imagen de los judíos «poderosos», incluso en el instante en que parece criticarse la tradición conspirativa.

Argumentación y actitudes

A fin de comprender la expresión de actitudes políticas es necesario colocarlas en su contexto argumentativo. Este punto es subrayado por la psicología social que acentúa los aspectos retóricos de las actitudes en general.[10] El enfoque retórico pone de relieve que cualquier actitud es más que una expresión a favor de una determinada posición: representa también, de manera implícita o explícita, un argumento frente a una posición contraria. En consecuencia, con objeto de entender una posición actitudinal, debemos conocer la posición actitudinal contraria. Esta cuestión resulta especialmente relevante para la teoría conspirativa de la política. En este sentido, han sido varios los intentos de comprender la dinámica sociopsicológica de la creencia en una conspiración mundial. Algunos teóricos han llamado la atención sobre las motivaciones reprimidas, que se pueden expresar mediante este sistema «paranoide» de creencias.[11] Los psicólogos cognitivos han demostrado también cómo la creencia en una conspiración general puede organizar una percepción individual del mundo social a través de la aportación de un sistema de explicación integrado y autosuficiente.[12] No obstante, existe otra dimensión más allá de los factores cognitivos y motivacionales: la interpretación conspirativa de la política es un argumento y se encuentra inserto en el contexto argumentativo del discurso político. Esto es verdad tanto en relación con la interpretación conspirativa de la política en general como con los debates específicos sobre la conspiración que reflejan las publicaciones actuales editadas por el Frente Nacional.

Esto presenta una serie de implicaciones en el intento de analizar las teorías de la conspiración. En primer lugar, está la cuestión general de que el discurso político debe entenderse en su contexto argumentativo. Los teóricos de la retórica han subrayado que la formulación de un discurso concreto puede depender de la posición a la que se oponga. Por ejemplo, un político liberal puede utilizar una retórica radical a la hora de contrarrestar una postura conservadora, pero esto no significa que el mismo político vaya a utilizar siempre una retórica radical. Cuando se argumenta contra el radicalismo se puede emplear la retórica del conservadurismo. Este fenómeno de cambiar de retórica para abordar diferentes objetivos argumentativos se puede interpretar como «tomar partido por el otro».[13] El prosionismo de *Vanguard* no debe aceptarse sin antes preguntarse si la retórica del «prosionismo» podría tratarse de una estrategia para un argumento en particular y no de una retórica permanente.

En el caso de *Vanguard*, el contexto argumentativo se refiere a un argumento, no principalmente contra los enemigos exteriores del Frente Nacional, sino contra la facción rival, que actualmente utiliza una retórica antisionista y propalestina. No es casual que las expresiones de las facciones propalestinas y prosionistas hayan aparecido en publicaciones rivales aproximadamente al mismo tiempo. Se trata de expresiones de un argumento que se produce dentro del partido. Además, el argumento se refiere a tácticas y también a ideología. La facción propalestina ha estado sugiriendo que el Frente Nacional abandone la pretensión de intentar construir un partido de masas. En cambio, sugiere que el partido se concentre en la formación de «soldados políticos» para una elite revolucionaria profesional que mantendrá vínculos con elites similares de estilo militar en otros países. A lo largo de 1987, *National Today* publicó una serie de artículos en los que se delineaba esta estrategia de calidad en lugar de cantidad revolucionaria. Asimismo, esta estrategia de elitismo revolucionario ha estado acompañada de una inversión de la táctica de hacer campaña basándose en prejuicios burdos y etnocéntricos.

De hecho, en un nivel el racismo se ha invertido. El líder separatista negro antisemita, Louis Farrakhan, ha sido defendido haciendo hincapié en sus comentarios sobre los judíos y el sionismo. *National Today* (n.º 42) publicó un artículo de Abdul Wali Muhammad elogiando a Farrakhan, destacando en el texto la oposición del líder de la oposición musulmana al sionismo. En dicho artículo se emplearon imágenes conspirativas: «El sionismo continúa criticando y atacando al ministro Farrakhan y mueven los hilos de sus marionetas políticas blancas y negras para que hagan lo mismo». Del mismo modo, esta facción del Frente Nacional expresa su apoyo a Libia y al coronel Gaddafi. El *Libro verde* del líder libio se distribuye como una obra de gran importancia ideológica: «Encapsulada dentro del *Libro verde* se encuentra la ideología del pueblo, del gobierno de las masas para las masas en una verdadera democracia, una que deja obsoletas las reaccionarias hermanas gemelas del capitalismo y el comunismo» (n.º 41).

No es probable que la figura de Farrakhan y tampoco la de Gaddafi apelen al electorado etnocéntrico, cuyos votos ha buscado tradicionalmente el Frente Nacional. De hecho, el apoyo a estas figuras representa la antítesis misma del mensaje antinegro, antiextranjero que consiguió el éxito para el Frente Nacional en la década de 1970 y, en fecha más reciente, los votos de Le Pen en Francia. La facción del *Vanguard*, por otra parte, no descarta el nacionalismo y el racismo populistas. Se mofa de la «Sociedad de Apreciación del Coronel Gaddafi»[14] e identifica concretamente al islam como «un enemigo mortal de la raza blanca».[15] Además, *Vanguard* criticaba específicamente a sus rivales dentro del Frente Nacional por considera a Gaddafi «un revolucionario nacional, un luchador por la libertad y un defensor del pueblo armado». *Vanguard*, aludiendo a posibles ventajas pragmáticas de la postura prolibia, declaró que adoptaba una posición populista y antiterrorista: «Debemos condenar *todo* terrorismo, aunque ello signifique molestar a los libios y no recibir dinero de su embajada» (n.º de enero de 1987).

La retórica anticonspiratoria del argumento planteado por *Vanguard* tiene su lugar en el argumento general del Frente Nacional relativo a las tácticas. Por ejemplo, un artículo titulado «Estrategia, el camino hacia delante» analizaba si el partido debía contar con un liderazgo secreto/clandestino, que sería un «cuadro de elite revolucionario», o bien si, como defendía *Vanguard,* el Frente Nacional debía presentarse como un partido «democrático, electoral/comunitario» (enero 1987). El escritor Steve Brady criticó la idea de un Estado tan poderoso y monolítico que hiciera necesaria la existencia de un liderazgo secreto para impedir que los espías del MI5 tomaran el control del partido. «La teoría 'monolítica' con espías del MI5 en todas partes es un pasaporte a la paranoia», escribió Brady, introduciendo una retórica que se mofaba de la teoría de la conspiración: «¡Si un 'cuadro de elite revolucionario' representa una verdadera amenaza a su poder, obviamente los Sabios de Whitehall se asegurarán de que ellos también lo controlan!». Nuevamente se utiliza una referencia irónica a *Los protocolos de los sabios de Sion* como un elemento retórico para criticar a los oponentes.

Sin embargo, el significado ideológico de esta retórica no está necesariamente claro. La retórica anticonspirativa podría haberse utilizado para agudizar las diferencias tácticas y hacer que los oponentes parecieran absurdamente paranoicos. Las diferencias respecto de la estrategia y la estructura del partido pueden reflejar naturalmente afirmaciones diferentes sobre la naturaleza del poder del Estado. No obstante, llamar «paranoicos» a los oponentes y mofarse de sus ideas como si cargaran con la irracionalidad de *Los protocolos de los sabios de Sion* no indica *per se* una desvinculación respecto de la teoría de la conspiración en política. Lo que es necesario establecer es si la retórica se está aplicando en un argumento que tiene lugar *dentro* de la tradición conspirativa entre teóricos rivales, o si las diferencias tácticas han surgido porque una facción mantiene un argumento firme *contra* la tradición conspirativa. De esta manera, los sentimientos ostensiblemente prosionistas, así como el ostensible abandono de un racismo burdo por parte de la facción del *Nationalism Today*, deben situarse en un contexto argumentativo más amplio.

La teoría de la conspiración como argumento

Si la teoría de la conspiración es un argumento, entonces no se dirige retóricamente contra su objeto obvio. Los teóricos de la conspiración no dirigen su argumento contra los enemigos identificados por la teoría, ya que se considera que ellos están más allá del argumento. Nadie podrá disuadirles de sus malvados planes. En cualquier caso, además, ellos saben de la conspiración y, por lo tanto, el teórico de la conspiración no posee ninguna verdad oculta que anunciar a los conspiradores. En cambio, el teórico, al afirmar que ha descubierto la verdad oculta sobre el mundo, ofrece un argumento contra las interpretaciones del mundo corrientes y no conspirativas. Cuando los teóricos de la conspiración exponen sus relatos sobre la decepción masiva, no pueden dejar de criticar las concepciones de aquellos que han permitido que los conspiradores les engañaran. Por lo tanto, *Nationalism Today* (n.º 42) afirma con orgullo que «nosotros *no* somos embaucados como la mayoría de nuestros conciudadanos» (cursiva en el original).

Una teoría de la conspiración, sin embargo, no solo puede estar argumentando contra aquellos que están ciegos a, o rechazan específicamente, la noción de que una conspiración mundial explica la mayoría de los acontecimientos políticos. Un teórico particular puede argumentar valiéndose de las interpretaciones de otros teóricos de la conspiración porque no todos los teóricos están de acuerdo entre ellos. De hecho, en ocasiones declaran que las teorías rivales han sido elaboradas por los propios conspiradores como parte de la estrategia general de confusión. Este tratamiento pueden recibirlo incluso los simpatizantes más cercanos. Podemos ofrecer un breve ejemplo de esta situación. Un panfleto, *Christianity Exposed*, escrito por Christine Johns y publicado en 1985 en Londres por Truth Enterprises, describe la tristemente familiar historia de la conspiración judía. Johns basa su panfleto en el libro de Ben Klassen *Nature's Eternal Religion*, obra que también afirmaba que los judíos han creado el cristianismo para engañar a las masas. No obstante, después de haber citado los argumentos profundamente antisemitas de Klassen como la fuente autorizada de todas sus «pruebas», Johns menciona luego que Klassen quería reemplazar el cristianismo por una religión basada en la razón. Pero esto, advierte ella, era algo similar a los objetivos de la masonería que, naturalmente, según Johns, está controlada por los judíos. Esto es suficiente para sembrar una semilla de duda: «Tal vez Klassen no es un hombre honorable después de todo y, de hecho, está de su parte intentando engañarnos» (p. 19).

Si una teórica de la conspiración puede hacer semejante sugerencia sobre un compañero cuyas ideas se siguen escrupulosamente, entonces se abre un amplio terreno para la argumentación *dentro* de la tradición conspirativa. Existen sin duda numerosas maneras para expresar la idea básica de la conspiración. No todos los textos conspirativos explicitan su tema con la rotundidad de *Los protocolos de los sabios de Sion*, cuya simplicidad deriva de dos factores principales. En primer lugar, los conspiradores están claramente identificados: son los judíos y solo los judíos. En segundo lugar, la conspiración posee una estructura simple: el «rey de los judíos» imparte órdenes directas a sus subordinados. Para los teóricos de la conspiración es posible criticar ambos aspectos de esta simplicidad sin desechar la noción básica de que existe una conspiración judía/sionista. Un teórico podría sugerir que los conspiradores son principalmente, aunque no en exclusiva, judíos: por ejemplo, podría haber algunos masones gentiles atrapados en la red conspirativa. En segundo lugar, los teóricos podrían afirmar que los mecanismos de la conspiración son mucho más complejos que los incluidos en *Los protocolos de los sabios de Sion*.

Por ejemplo, un texto que ha circulado profusamente entre la extrema derecha en los últimos años es *None dare call it conspiracy* de Gary Allen. Este libro relata una historia sombría de engaños perpetrados por un grupo llamado The Insiders, a través de una red de organizaciones internacionales. La identidad exacta de The Insiders es vaga y el relato de Allen no es un texto abiertamente antisemita. La complejidad de su imagen conspirativa está ilustrada literalmente mediante sus cuadros, que muestran flechas interconectadas que cambian hacia delante y atrás desde corporaciones multinacionales, bancos internacionales y grandes fundaciones como Carnegie y Rockefeller. No es una simple cuestión de un rey que imparte órdenes que luego se transmiten fluidamente por una organizada cadena de mando. La imagen de una conspiración compleja se puede encontrar en otras teorías de la conspiración que incluyen las cuestiones antisemitas que están ausentes en *None dare call it conspiracy*. Por ejemplo, en *The new unhappy Lords*, escrita por A. K. Chesterton, el primer presidente del Frente Nacional, se describe una compleja red de engaños e intrigas y solo al llegar al capítulo 25 sugiere, casi como una idea de última hora, que los «maestros manipuladores y maestros conspiradores» eran judíos, con la salvedad de que no todos los judíos estaban implicados en la conspiración.

Desde el interior de la propia conspiración sería posible organizar dos tipos de argumentos contra el estilo Protocolos de la teoría de la conspiración. En primer lugar, se podría argumentar que a pesar de la existencia de una conspiración diabólica mundial, sus manipuladores, o iniciados, no eran principal o exclusivamente judíos. En segundo lugar, se podría argumentar que, incluso en el caso de que los principales manipuladores fuesen judíos o sionistas, sus medios de operación son mucho más sofisticados de lo que se imaginó en los *Los protocolos de los sabios de Sion*. La retórica de *Vanguard*, anticonspirativa y ostensiblemente prosionista, debe examinarse en términos de estas posibilidades argumentativas.

El «prosionismo» exhibido por *Vanguard* no es parte de una renuncia ideológica a la noción de una conspiración financiera y tampoco a la idea de que los judíos desempeñan un rol principal en el mundo financiero. El artículo publicado en *Vanguard* en el que se explicaba la posición prosionista estuvo precedido, en el número anterior, de un editorial anunciando que la revista escribiría directamente sobre «nuestras posibilidades en relación con el judaísmo, el sionismo y el pueblo judío» (noviembre/diciembre 1987). A esta declaración siguió una denuncia de la City londinense, en la que se señalaba a los principales implicados en el escándalo Guinness: «No puede ser una coincidencia que todos los que están en el banquillo sean judíos». A través de insinuaciones o declaraciones directas, se crea la impresión de que la City de Londres está controlada por judíos. En un artículo aparecido en febrero de 1987 y titulado «Donde la codicia es Dios» se realizaba un llamamiento a «un retorno a una Gran Bretaña autosuficiente, libre del control extranjero y libre de la amoralidad de la codicia que es la *raison d'être* de la City londinense». El autor se quejaba de que la City «es esencialmente ciega», en ella hay pocos cristianos y «no puede ver más allá del final de su *(ganchuda)* nariz» (énfasis en el original). La insinuación retórica sugiere que una religión extranjera (el judaísmo) ha tomado el control de la vida financiera del país.

La estrategia del prosionismo no es prosionista en el sentido habitual del término, ya que el sionismo se sigue considerando como algo más que el nacionalismo judío; como una fuerza de inmenso poder que controla las mentes del público. *Vanguard* (octubre 1987) se quejaba de «unos medios de comunicación corruptos y dominados por el sionismo», repitiendo de este modo el argumento de los teóricos de la conspiración contra la gente corriente que ha sido cegada por los creadores de opinión judíos. Se considera que los judíos representan una seria amenaza para la nación: «La presencia de una comunidad judía grande y poderosa en cualquier país, como la que tenemos hoy en Gran Bretaña, es, inherentemente debe ser siempre, una amenaza para las inspiraciones y los mejores intereses nacionales de la población anfitriona». La estrategia del prosionismo, por lo tanto, no es la consecuencia de ningún sentimiento positivo hacia los judíos, sino que se dirige a librar al país de un grupo peligrosamente poderoso, dominante y extraño. Además, como el sionismo es visto como una fuerza internacional, puede ser combatido con mayor facilidad una vez que los judíos se concentran en Israel y los «nacionalistas» se han fortalecido a sí mismos y a sus países al quedar libres de judíos. De esta manera, la estrategia actúa desde los mismos supuestos y estereotipos antisemitas que las teorías de la conspiración más familiares y antisionistas. Y sus objetivos viajan en la misma dirección, aunque por una ruta estratégica ligeramente diferente.

Si *Vanguard* no se ha desviado de la ideología previa del Frente Nacional al identificar a los judíos como un poderoso enemigo, tampoco lo ha hecho de manera significativa respecto de las tradiciones conspirativas. Si la retórica anticonspirativa fuese parte de un argumento *contra* la tradición, como opuesto a un argumento dentro de ella, entonces se podría esperar una desvinculación de la ideología de la conspiración. Esto implicaría, al menos, desvincularse del material publicado que circula regularmente en grupos fascistas y que «expone» la conspiración judía/sionista. Sin embargo, esa desvinculación no se ha producido, y mucho menos un argumento directo *contra* tales textos en general. El número de febrero de 1987 publicaba una lista de libros que podían obtenerse en Vanguard Books. *Los protocolos de los sabios de Sion* puede que no se encuentre en esta lista, pero en la breve subsección de Finanzas y gobierno estaban los viejos favoritos de la conspiración: *Who makes our money?*, de F-J. Irsigler, *Hidden Governmemt*, de J.C. Scott y *State secrets,* de Léon de Poncins. Todos ellos son textos antisemitas que relatan una historia de conspiración solo ligeramente más sofisticada que *Los protocolos*. En la sección de Raza y ciencias raciales se encuentra *The Jewish religion: its influence today*, de Elizabeth Dilling, que se describe como «un detallado análisis del papel del judaísmo en la sociedad contemporánea». En Ideología política se incluía el texto profundamente antisemita de Revilo Oliver, *Conspiracy of degeneracy,* y una de las publicaciones más antisemitas de la historia reciente, *Antizion*, de William Grimstad. Este último se anunciaba como revelador de «las opiniones largamente reprimidas de casi 600 de las mentes más brillantes de la historia sobre el sionismo y sus patrocinadores».

Por lo tanto, la lista de libros ofrece todos los indicios de que la facción de *Vanguard* sigue existiendo bien incrustada dentro de las tradiciones ideológicas de la teoría de la conspiración antisemita. Lo que aparentemente sucede no es tanto un alejamiento de la tradición conspirativa, sino un cambio –por razones tácticas y de política interna– en la forma de presentar la teoría de la conspiración. De hecho, la estructura de la propaganda de *Vanguard* es similar a la que exhibía el Frente Nacional en la década de 1970, cuando el antisemitismo se silenciaba en las revistas del partido pero se expresaba más directamente en los libros recomendados. Del mismo modo, *Flag* se concentra actualmente en el mensaje antiinmigración. *Vanguard,* en un plano superficial, parece atacar la ideología de la conspiración y el antisionismo de su rival, *Nationalism Today*, pero continúa atacando de manera inespecífica a la banca y los poderes del capitalismo financiero. No obstante, al ideólogo serio del partido se le proporciona material de lectura que reproduce abiertamente la mitología de la conspiración judía.

Todo esto sugiere la necesidad de comprender el contexto argumentativo y la estructura de la retórica de la extrema derecha con respecto a la conspiración. La retórica del prosionismo o crítica de la teoría de la conspiración no debería interpretarse simplemente al pie de la letra. Esta retórica debe entenderse en términos de la batalla librada por hacerse con el control del partido mientras facciones rivales adoptan posturas distintas. Por lo tanto, el «prosionismo» es un movimiento retórico que sirve para alimentar el argumento contra los «pro-palestinos». Además, el análisis del discurso de la extrema derecha puede servir para ilustrar una cuestión más general respecto de la necesidad de entender la comunicación política en términos de retórica.[16] Dado que la retórica implica argumentación, habría que plantearse una pregunta básica sobre cualquier discurso político que parezca utilizar una retórica tradicionalmente asociada a los críticos, y no a los partidarios, del discurso: ¿el orador o escritor está argumentando *en contra* de su propia tradición ideológica o está utilizando una retórica compleja para argumentar *dentro* de su propia tradición? En el caso de la extrema derecha, puede haber razones particulares por las que los argumentos internos tengan una estructura especialmente compleja. Pueden existir razones tácticas para presentar específicamente un argumento *dentro* de las tradiciones del antisemitismo como si se tratara de un argumento *contra* esas tradiciones. Por lo tanto, aquello que a primera vista puede parecer un alejamiento del antisemitismo puede, de hecho, representar una continuación de esta extraña y peligrosa tradición ideológica.

Las posiciones ideológicas que se establecen actualmente en el Frente Nacional pueden arrojar luz sobre la importante cuestión planteada anteriormente: ¿por qué los grupos fascistas se aferran a sus tradiciones de antisemitismo a pesar de que su continuación no parece reportar ninguna ventaja política directa? A juzgar por la facción de *Nationalism Today*, es posible que actualmente se puedan obtener ventajas financieras u otras de una presentación particular de la tradición conspirativa. En consecuencia, la combinación de la teoría de la conspiración antisionista con retórica propalestina y una ausencia de burda retórica antinegra puede ser considerada como una táctica destinada a optar a los fondos libios. Sin embargo, la facción de *Nationlism Today* no ha adoptado la teoría de la conspiración antisemita de la política *con el fin de* atraer el apoyo financiero, sino que puede intentar buscar dicho apoyo *porque* sostiene creencias antisemitas. De este modo, los editores actuales de *Nationalism Today* continúan formando parte de la misma tradición política que sus rivales en el Frente Nacional. Y es la continuación de esta tradición la que necesita explicación.

Lo que muestra el examen de la retórica de las revistas del Frente Nacional es que la tradición es más amplia que las creencias de cada uno en la redacción. Al presentar sus creencias, o al ocultarlas a medias, los redactores pueden recurrir a listas de libros y bibliotecas de material conspirativo, gran parte del cual ya resulta familiar a su público especializado. En esto podemos ver la permanente influencia de una tradición cultural. Como estos libros siguen existiendo, y porque se los sigue leyendo, la tradición continúa. Aquellos que han absorbido esta tradición cultural mediante una larga asociación con la extrema derecha, no es probable que descarten fácilmente los supuestos de su ideología política. Por lo tanto, se pueden formular dos predicciones. La primera sugiere que en la medida que el liderazgo de los grupos de extrema derecha siga en manos de aquellos que han absorbido la cultura de dichos grupos, entonces las tradiciones de la ideología antisemita de la conspiración continuarán en tales grupos. La segunda proposición podría establecer que es probable que solo aquellos que han absorbido la cultura de dichos grupos alcancen posiciones de liderazgo. Tomadas en conjunto, estas dos proposiciones sugieren que las tradiciones de conspiración son susceptibles de continuar en el futuro en la extrema derecha, por la única razón de que es donde estas tradiciones han existido y donde actualmente siguen existiendo.

Notas

[1] Billig, M. (1989). The extreme right and the perpetuation of antisemitism. En R. Eatwell y N. O'Sullivan (eds.), *The nature of the right* (pp. 137-162). Londres: Francis Pinter.

[2] Billig, M. (1978). *Fascists: a social psychological view of the National Front.* Londres: Academic Press; Fielding, N. (1981). *The National Front.* Londres: Routledge; Taylor, S. (1982). *The National Front in English politics.* Londres: Macmillan.

[3] Hagendoorn, L. y Janssen, J. (1986). Right-wing views among Dutch secondary school pupils. *The Netherlands Journal of Sociology, 22*(1), 87-96.

[4] Plenel, E. y Rollat, A. (1984). *L'effect Le Pen.* París: La Découverte; J. Lorien, K. Citron y S. Dumont (1985). *Le système Le Pen,* Amberes: EPO; M. A. Schain (1987). The National Front in France and the construction of political legitimacy. *West European Politics, 10*(2), 229-252.

[5] Billig, M. *op. cit.* véase nota 2, capítulo 6.

[6] Cohn, N. (1967). *Warrant for genocide.* Londres: Chatto/Heinemann. Davis, D. B. (1971). Some theories of counter-subversion: an analysis of anti-Masonic, anti-Catholic and anti-Mormon literature. En D. B. Davis (ed.), *Fear of conspiracy* (pp. 205-224). Ithaca: Cornell University Press.

[7] Seidel, G. (1986). *The Holocaust denial.* Leeds: Beyond the Pale; Billig, M. *op. cit.* véase nota 1.

[8] *National Front News*, abril 1987.

[9] Cohn, N. *op. cit. véase nota 6.*

[10] Billig, M. (1987). *Arguing and thinking: a rhetorical approach to social psychology*. Cambridge: Cambridge University Press. Véase también Potter, J. y Wetherell, M. (1987). *Discourse and social psychology.* Londres: Sage.

[11] Cohn, N. *op. cit. véase* nota 6. Hofstadter, R. (1966). *The paranoid style in American politics and other essays.* Londres: Jonathan Cape; Lipset, S. M. y Raab, E. (1971). *The politics of unreason.* Londres: Heinemann; Moscovici, S. (1987). The conspiracy mentality. En C. F. Graumann y S. Moscovici (eds.), *Changing conceptions of conspiracy* (pp. 151-169). Nueva York: Springer Verlag; Wulff, E. (1987). Paranoic conspiracy delusion. En C. F. Graumann y S. Moscovici (eds.), *Changing conceptions of conspiracy* (pp. 171-189). Nueva York: Springer Verlag.

[12] Kruglanski, A. (1987). Blame placing schemata and attributional research. En C. F. Graumann y S. Moscovici (eds.), *Changing conceptions of conspiracy* (pp. 219-229). Nueva York: Springer Verlag; Zukier, H. (1987). The conspirational imperative: medieval Jewry in Western Europe. En C. F. Graumann y S. Moscovici (eds.), *Changing conceptions of conspiracy* (pp. 87-103). Nueva York: Springer Verlag.

[13] Véase capítulo 7, abajo.

[14] *Flag*, enero 1988.

[15] *Vanguard*, noviembre/diciembre 1987.

[16] Nelson, J. S. (1987). Stories of science and politics: some rhetorics of political research. En J. S. Nelson, A. Megill y D. N. McCloskey (eds.), *The rhetoric of the human sciences* (pp. 198-220). Wisconsin: University of Wisconsin Press.

Capítulo 6
El concepto de «prejuicio»[*]

Prefacio

La política fascista, del tipo analizado en el capítulo anterior, podría representar los extremos del prejuicio. Su ideología podría ser un sentido poco común, calificado de extraño por las normas del sentido común más general. Sin embargo, los prejuicios no se limitan al fascismo. Hay que reconocer los del sentido común y esto incluye la propia noción de «prejuicio». El examen del prejuicio» debe tener en cuenta el significado de esta palabra corriente. El pensamiento contemporáneo fluye a través de una historia ideológica. Como se verá, afecta incluso al pensamiento de los ideólogos fascistas.

El capítulo 1 mencionaba la noción de Gramsci de que la filosofía se sedimenta en el sentido común. Como se vio en el capítulo 3, la teoría de las representaciones sociales de Moscovici también trata de la traducción de las nociones intelectuales en sentido común. Este capítulo ilustra estas nociones con respecto a la historia ideológica del prejuicio. Como se verá, la palabra «prejuicio» se utiliza para proteger el tipo de discurso sesgado sobre otros grupos, a los que parece estar criticando. De este modo, la historia ideológica del prejuicio se reproduce en el presente, ya que las desigualdades se perpetúan en la retórica del pensamiento y la práctica del sentido común.

Un número reciente de una revista publicada por el Frente Nacional incluía un artículo titulado «Modelos de prejuicio», que comenzaba con esta declara-

---

[*] Este artículo se publicó originalmente en 1988 con el título de "The notion of 'prejudice': some rhetorical and ideological aspects", en *Text, 8:* 91-110.

ción: «Tal vez la acusación preferida lanzada contra el Frente Nacional por sus críticos multirraciales es que somos simplemente una pandilla de fanáticos, que nuestra posición sobre la raza, el corazón mismo de nuestro ser político, no es más que un prejuicio ignorante contra la gente de color» (*Vanguard*, abril 1987). El tono del artículo era seudoacadémico. El autor, en el estilo de un erudito, definía «prejuicio» en el segundo párrafo: «Por lo general se asume que significa formarse una opinión, especialmente sobre un tema, una persona o un grupo de personas, sin conocer o sin tener en cuenta todos los hechos relevantes». La parte principal del texto estaba dedicada a argumentar que el Frente Nacional había tenido en cuenta «los hechos relevantes» al llegar a sus conclusiones de que Gran Bretaña debería estar habitada solo por gente blanca. El autor citaba libros de psicología que afirmaban que las personas negras eran, por término medio, intelectualmente inferiores a las personas blancas: «Leed aquí *The ineaquality of man*, obra de H.J. Eysenck, profesor de Psicología de la Universidad de Londres, para conocer los hechos». Se habían añadido un par de párrafos de antropología profana para sugerir que «los negros de África no habían logrado 'prácticamente nada' antes de la llegada del hombre blanco». Las referencias a los profesores y sus libros llevaban a la previsible conclusión: «En cuanto a la cuestión negra nuestro veredicto se basa en hechos, hemos juzgado el caso según las pruebas, con justicia, para llegar a las únicas conclusiones justas». Eran los rivales liberales en el Frente Nacional quienes evitaban los «hechos». «Ellos pueden sitar *(sic)* una gran cantidad de pruebas científicas en apoyo de sus creencias.» Una vez definido el término clave y citados los hechos relevantes, la frase final del autor señala con el dedo acusador a los liberales: «Nos atrevemos a decirlo: son ellos, no nosotros, los que tienen prejuicios».

En un sentido obvio, este artículo constituye una pieza poco memorable de la escritura fascista. La propaganda nazi alemana anterior a la guerra acostumbraba a citar fuentes académicas y seudoacadémicas en la elaboración de sus temas relativos a la raza. De hecho, los individuos que redactaban esos textos 'académicos' eran a menudo esas personas que sacaban las conclusiones políticas (por ejemplo, Cohn, 1967; Lutzhoft, 1971; Poliakov, 1974). Asimismo, los fascistas de la posguerra han estado utilizando material psicológico y antropológico en su ideología racista (Billig, 1978, 1981; Seidel, 1986b). Las listas de libros de los grupos fascistas de posguerra incluyen desde hace tiempo las fuentes utilizadas por el autor de *Vanguard*. No obstante, la cuestión que merece una mayor atención es el argumento básico del artículo: el autor afirma no tener prejuicios y les atribuye esos prejuicios a aquellos que se oponen al Frente

Nacional. En otras palabras, el autor invierte una acusación evidente contra los fascistas. Al hacerlo, no niega el valor que subyace a la acusación, a saber, que el prejuicio es erróneo. De hecho, se podría decir que el artículo, con su defensa del pensamiento del Frente Nacional y su ataque el liberalismo está reforzando el valor de que uno debe estar libre de prejuicios, ya que tanto el ataque como la defensa se basan, en esencia, en decidir a quién se debe llamar «prejuicioso».

Negación del prejuicio

De la manera en que el autor del artículo sobre el Frente Nacional niega su propio prejuicio, su texto guarda una gran semejanza con otros discursos relativos a la raza en la política contemporánea. Aquellos que argumentan en contra de los intereses de los negros o contra la inmigración no blanca niegan habitualmente que tengan prejuicios. Reeves (1983), en su estudio sobre el discurso político contemporáneo en Gran Bretaña, emplea el término «desracialización discursiva» para describir la estrategia mediante la cual los políticos evitan utilizar categorías raciales. Las leyes del Parlamento, concebidas para restringir la inmigración de los no blancos, están redactadas de tal manera que nunca se menciona la raza. Se utilizan otros criterios y es, como si por arte de magia, estos criterios «equitativos» dieran lugar a la exclusión de los no blancos. Las negaciones del prejuicio y el racismo llevan la autoría de los políticos de la Nueva Derecha (Gordon y Klug, 1986; véase también Schoen, 1977, y Studlar, 1974, para ejemplos de los discursos pronunciados por Enoch Powell). En la Nueva Derecha, la negación está acompañada a menudo de la afirmación de que los antirracistas son los *verdaderos* racistas (Barker, 1981).

La negación del prejuicio no se encuentra solo en el discurso de los políticos. Existen pruebas, procedentes de numerosas fuentes, de que la gente corriente que expresa sentimientos contra los negros acostumbra a negar sus propios prejuicios. Los investigadores estadounidenses se han referido al «nuevo racismo», que niega ser racista, en contraste con el «viejo racismo campesino», que pregonaba sin ambigüedades los valores raciales (McConahay y Hough, 1976; McConahay, 1981, 1982; McConahay *et al.*, 1981; Kinder y Sears, 1981; Kinder, 1986; Jacobson, 1985). Las actitudes que expresan los racistas modernos están desracializadas en el sentido de que las actitudes están justificadas por valores tradicionales, como la igualdad y la justicia, y no por cuestiones abiertamente raciales. Se ha sugerido que el racismo de los nuevos racistas no es tan nuevo y que incluso los llamados campesinos justificaban la segregación en términos desracializados (Weigel y Howes, 1985: véanse también las críticas de Sniderman y Tetlock, 1986a, 1986b). No hay duda de que la notable obra de Gunnar Myrdal, *The American Dilemma*, aporta pruebas de que, incluso en el profundo Sur, durante los días de la segregación racial, la expresión del racismo no estaba completamente desinhibida. Myrdal descubrió que los blancos sureños, que defendían la discriminación, elegían sus palabras con cuidado, mostrando una actitud indirecta en la manera de referirse a los negros: «Cuando hablan del problema negro, todos —no solo los liberales intelectuales— se esfuerzan por situar la raza o los prejuicios fuera de ellos mismos» (1944, p. 37).

Myrdal fue capaz de extraer esta ansiedad de conversaciones no estructuradas que mantuvo con estadounidenses particulares. En este sentido, su investigación se parece a los estudios modernos sobre el discurso, que buscan captar el flujo y el tono de los comentarios a medida que se producen, en lugar de confinar a los encuestados en una estrecha matriz de respuestas preestablecidas. Los estudios sobre el discurso realizados por Van Dijk entre la clase obrera neerlandesa blanca muestran un patrón similar al de los estudios estadounidenses sobre el «racismo moderno» en que los sentimientos racistas se expresan y niegan de manera simultánea (por ejemplo, Van Dijk, 1983, 1984, 1985a). Por ejemplo, uno de los encuestados declaró: «No tengo nada contra los extranjeros. Pero su actitud, su agresividad, asustan» (Van Dijk, 1984, p. 65). El mismo patrón se encontró en el discurso de los neozelandeses blancos de clase media cuando se referían a los maoríes (Wetherell y Potter, 1986; McFayden y Wetherell, 1986). Asimismo, Cochane y Billig (1984) y Billig *et al.* (1988) también informan de jóvenes blancos de clase trabajadora en Gran Bretaña, que niegan los prejuicios (no tienen nada contra los negros) como prefacio a quejarse de los negros. Una de las quejas más frecuentes se refería a que eran los negros quienes tenían prejuicios. Incluso algunos jóvenes partidarios del Frente Nacional mostraban este patrón de ambivalencia en su discurso. El capítulo 4, en este volumen, describe un patrón similar en grupos de jóvenes conservadores de clase media, quienes también atribuyen el *verdadero* prejuicio a los negros. El mismo patrón se puede encontrar en el discurso de los debates parlamentarios sobre el *apartheid* (Seidel, 1988).

Los datos procedentes de distintas nacionalidades y clases sociales sugieren un patrón general en el discurso sobre la raza y los prejuicios. Existe una negación del prejuicio que se ajusta al patrón de «descargo de responsabilidad» (Hewitt y Stokes, 1975): «Yo no tengo prejuicios». Esta afirmación no se queda sin calificativo: habitualmente está seguida de un «pero» que anuncia la expresión de sentimientos o anécdotas contra los negros. Todo esto sugiere la obvia, pero tal vez bastante negada cuestión, de que existe una norma cultural general contra el «prejuicio». Esta norma es tan general que el valor de «no tener prejuicios» es compartido incluso por el escritor fascista que se esfuerza en negar sus propios prejuicios pero en endosar la etiqueta a los adversarios liberales. Si este discurso ha conseguido impregnar incluso el discurso de los ideólogos fascistas, entonces su importancia no debería subestimarse cuando se intenta comprender la ideología del racismo moderno. Por encima de cualquier otra consideración, no debemos esperar que la ideología sea directa, porque se trata de una ideología que incluye la palabra «prejuicio» y el valor asociado al término. Por lo tanto, cualquier análisis del racismo moderno no debe centrarse completamente en las imágenes y los estereotipos que exhiben los grupos mayoritarios respecto de los grupos minoritarios. Debe incluir asimismo un análisis de aquello que, en la modernidad, la gente corriente entiende por el concepto mismo de «prejuicio», ya que se trata de un concepto que no solo emplean los científicos sociales sino que también es importante en el discurso corriente.

La norma contra el prejuicio

La fraseología «Yo no tengo prejuicios pero…» y sus variantes sugieren una ambivalencia cognitiva, o actitudinal, porque expresan simultáneamente dos cuestiones contrarias. Desde un punto de vista teórico, a menudo los psicólogos sociales se han mostrado insatisfechos al abordar la ambivalencia cognitiva. Influidos por la teoría del equilibrio, los psicólogos sociales han mostrado una tendencia a asumir que la ambivalencia debe resolverse dentro de una consonancia cognitivamente unitaria (véase Billig, 1982a y Billig *et al.*, 1988, para consultar las críticas a dicha teoría psicológica social dominante). Ha existido la tentación de suponer que existe una consonancia cognitiva subyacente. Esto se puede observar en los intentos realizados para dividir los temas contrarios de «Yo no tengo prejuicios pero…» en niveles diferentes; mediante la afirmación de que uno de los temas contrarios posee un significado psicológico más profundo se puede resolver la aparente contradicción. Por ejemplo, se ha sugerido que los temas prejuiciosos existen a un nivel psicológicamente más profundo que la negación del prejuicio. Por lo tanto, serían los temas prejuiciosos los que indican la «auténtica» estructura actitudinal. Esa división entre temas superiores e inferiores (genuinos y superficiales) puede encontrarse en la obra clásica sobre la psicología del prejuicio, *La personalidad autoritaria* (Adorno *et al.*, 1965). Reconociendo que los individuos autoritarios no expresaban su fanatismo en declaraciones sin matices, Adorno *et al.* sugirieron que se atenían de boquilla a las normas sociales más generales de tolerancia que entraban en conflicto con sus motivos psicológicos internos. Al argumentar de ese modo, sugerían en efecto que las motivaciones psicológicas internas del racismo existían en un nivel más profundo de la realidad social que las normas de tolerancia socialmente compartidas.

El inconveniente de este tipo de análisis reside en que se establece una distinción entre las normas superficiales de la sociedad y las fuerzas de la psique, más profundas y tal vez parcialmente ocultas. Una distinción de esas características puede llevar a una psicologización excesiva del estudio de la ideología, ya que se considera que las normas sociales obvias poseen menos importancia que las motivaciones personales. Existe también el supuesto de que una ideología debe contener una unidad interna. Este supuesto de la unidad ideológica, paradójicamente, no fue formulado por Adorno cuando colabora con Horkheimer en la elaboración de *The dialectic of enlightenment*. Este trabajo demostraba el hecho de que la ideología de la sociedad capitalista moderna expresaba la filosofía de la Ilustración de un modo que proclamaba y negaba simultáneamente el liberalismo.

El trabajo de análisis del discurso muestra asimismo que las negaciones del prejuicio no deben descartarse con tanta facilidad como si carecieran de importancia social. Van Dijk ha analizado el lenguaje del racismo, construyendo así una imagen de la ideología moderna que presta especial atención al modo en que los mensajes de las elites pueden transformarse en un discurso corriente (Van Dijk, 1985b, 1987). No hay duda de que este trabajo ha sido enormemente fructífero a la hora de señalar las estrategias detalladas y las maniobras retóricas que participan en la expresión del racismo. Además, es socialmente importante por la manera en que desmitifica dichas maniobras. Van Dijk plantea la cuestión de si las negaciones de prejuicios deben tratarse como expresiones de gestión de la impresión más que de actitudes genuinas. Por ejemplo, Van Dijk (1983) distingue entre «la expresión efectiva de macroestructuras semánticas (temas)» y «el objetivo interaccional y social» de crear la impresión deseada en el oyente. Van Dijk continúa afirmando que «estos dos conjuntos de objetivos diferentes pueden estar a veces en conflicto: una expresión directa u "honesta" de las creencias u opiniones del modelo de situación del hablante puede llevar a una evaluación social negativa del hablante por parte del oyente» (1983, p. 384). La disyuntiva entre la expresión honesta de las actitudes y la gestión de las impresiones se expresa de nuevo en Van Dijk (1984) cuando se refiere a los recursos lingüísticos implicados en la negación de los prejuicios. La negación del prejuicio es estratégica, pero «con ello queremos transmitir la idea de que el movimiento es estratégico solo en relación al objetivo de "causar una buena impresión", más que con el objetivo de ser "sincero y honesto"» (p. 127).

Si bien en ocasiones esto podría suceder en el discurso, y los propios datos de Van Dijk revelan la complejidad inherente del discurso racial, no puede representar la historia completa. Estos análisis, con el énfasis colocado en la creación de ideología (por ej., Van Dijk 1986, 1987), no cometen el error de asumir que la gestión de la impresión sigue leyes culturalmente universales (por ej., Tedeschi, 1981). No se puede presumir que en todas las culturas y épocas históricas la expresión de comentarios despectivos sobre otras personas crea una mala impresión. Esta solo se puede crear cuando existen normas sociales. Van Dijk lo reconoce claramente cuando escribe que «por una parte, la gente quiere expresar experiencias o evaluaciones posiblemente negativas pero, por otra parte, las normas sociales la obligan a dar una buena impresión y a no aparecer como racistas» (1985a, pp. 69-70). No obstante, existe nuevamente el contraste entre las inclinaciones personales y las normas sociales. Desde una perspectiva psicológica social se debe dar aún otro paso con el fin de vincular las normas sociales con la conciencia individual. Las normas sociales no pueden existir solo como restricciones que actúan fuera de los individuos. Para que las normas sociales funcionen a modo de presiones sociales deben internalizarse y, de esta manera, formar parte de las creencias cognitivas del individuo. En consecuencia, el conflicto que se advierte detrás del «Yo no tengo prejuicios pero…» no es solo el conflicto entre el individuo y las costumbres sociales ajenas (o quizá otras personas), sino un conflicto dentro de los individuos, que tienen dos temas ideológicos contrarios en los que basarse. Para emplear la terminología de Althusser (1971) es esta contradicción ideológica la que «interpela» al sujeto.

La evidencia de esta situación se desprende del hecho de que la expresión ambivalente no parece estar confinada a un abanico limitado de situaciones, en donde los individuos se encuentran expuestos al público, especialmente ante una audiencia que pertenece a una clase social superior o muestra un nivel educativo más avanzado. El capítulo 4 recoge una observación etnográfica de los Jóvenes Conservadores que se relajan en su propio entorno social. En esta situación, en la que se presume que todos los participantes tienen puntos de vista similares, el prejuicio aún no se ha liberado de su expresión ambivalente. Todos han aceptado la norma social, que utilizarán para condenar a otras personas y mediante la cual no desean ser condenados. El artículo en la publicación fascista, mencionado antes en este capítulo, también muestra la carga ideológica contenida en el concepto de «prejuicio». Este artículo estaba dirigido sobre todo a los compañeros miembros del Frente Nacional. Dentro de un círculo social en donde no se reprime la expresión directa de un burdo prejuicio, se puede encontrar, sin embargo, un argumento que se inspira en las imágenes, o normas sociales, predominantes en materia de prejuicios. El autor tenía mucho interés en que ni él ni los lectores se consideraran prejuiciados. Para comprender la fuerza de esta norma social hay que mirar más allá de la presentación social. También hay que explorar las raíces ideológicas del concepto, pues es la mitad de una ideología, una conciencia interiorizada, que sanciona doblemente el prejuicio. Se sanciona en la medida en que se permite y en la que se penaliza.

El significado de «prejuicio»

Una parte importante de la investigación sobre la psicología social del racismo se ha limitado en la medida en que se ha centrado en las imágenes de los grupos marginales, en lugar de hacerlo en la imagen del «prejuicio» o el «racismo» en sí. Los psicólogos sociales han realizado miles de estudios relativos a los estereotipos de los grupos marginales o a la distancia social deseada respecto de los miembros de los grupos marginales, etc. Los psicólogos sociales han generado una enorme cantidad de datos sobre las imágenes que los sujetos, especialmente los hombres blancos estadounidenses, tienen de los grupos marginales. Los estudios más recientes sobre el análisis del discurso han captado los tonos que la gente utiliza para hablar de los demás. En general, dichos estudios, especialmente la investigación tradicional relativa a los estereotipos, tienen un enfoque limitado ya que pretenden examinar las opiniones de los encuestados sobre un tema concreto o hacia un único «objeto de estímulo». Con la excepción de los estudios sobre el discurso, no buscan construir una imagen de la ideología contemporánea del racismo, entendiendo como tal el patrón socialmente compartido de ideas sobre raza y nacionalidad que circula en la sociedad contemporánea. Si se busca el análisis de esta ideología más amplia, entonces el foco de interés debe orientarse más allá de los limitados estudios sobre estereotipos o distancia social. También debe orientarse hacia las imágenes del «prejuicio».

La propia frase «Yo no tengo prejuicios pero…» indica la conexión entre el concepto de prejuicio y y las opiniones sobre los grupos marginales, que los psicólogos sociales suelen aceptar como indicadores de prejuicios. El hecho de que la conveniencia social de no parecer prejuiciado esté vinculada a su expresión en el discurso significa que un análisis de la ideología, o el patrón más amplio de ideas, no debe evitar el tema del «prejuicio». Para utilizar el lenguaje de Moscovici y sus colaboradores (Moscovici, 1982, 1983, 1984, Jodelet, 1984), los psicólogos sociales necesitan recopilar información sobre la representación social del «prejuicio» en el discurso mayoritario, del mismo modo que han estudiado la representación social de los grupos minoritarios. Como ya se ha sugerido, «prejuicio», como concepto cotidiano, así como social-científico, representa un importante valor cultural: incluso los teóricos racistas de un partido fascista parecen desear evitar que se los etiquete como prejuiciosos y no les importa pensar que tienen prejuicios. En consecuencia, la importancia ideológica y psicológica social del concepto necesita ser examinada dentro del contexto de la ideología racial.

A tal fin se recomienda una perspectiva retórica. El rasgo central de la perspectiva retórica propuesta por Billig (1985, 1987) es que estudia los aspectos argumentativos del discurso (véase también Shotter, 1987). En el centro de esta perspectiva se encuentra el análisis de los «lugares comunes» o aquellas frases cotidianas que expresan valores (Rokeach, 1973; Ehninger y Hauser, 1984) y que, según Aristóteles, añaden «una cualidad moral a nuestro discurso» (*Retórica*, 1909). Estos lugares comunes, en general, no se emplean de forma involuntaria sino que se utilizan con el fin de justificar el yo contra críticas reales o potenciales de los demás. Un enfoque retórico apuntaría directamente a la naturaleza argumentativa del discurso racista. Este es un aspecto que ha sido enfatizado por Van Dijk (1984, 1986a; véase también Schiffrin, 1985). El discurso argumentativo se encuentra en el contexto de la justificación y la crítica (Perelman y Olbrechts-Tyteca, 1971). Las historias referidas por las personas encuestadas se utilizan para justificar una posición particular, así como para criticar a los personajes de las historias. Del mismo modo, la frase citada «Yo no tengo prejuicios pero…» representa una justificación anticipada (o prolepsis) contra la crítica de ser prejuicioso (véase Billig, 1987, para un análisis más detallado de este punto). Al utilizar la fórmula, el orador no solo trata de desviar la crítica, sino que también reivindica su pertenencia a la comunidad moral de los que no tienen prejuicios. Incluso el fascista reivindica su pertenencia a esta comunidad, ya que intenta rebatir «la acusación favorita lanzada contra el Frente Nacional».

En la negación del prejuicio hay algo más que la refutación de críticas reales que podrían realizar otras personas específicas. No se trata simplemente de que el orador desee crear una buena impresión ante los demás, quienes podrían tener un conjunto de valores diferente. Los oradores también se justifican ante quienes podrían ser percibidos como similares al yo. Por lo tanto, el estudio etnográfico de Billig sobre los Jóvenes Conservadores (en el capítulo 4 de este volumen) mostraba que la negación del prejuicio se producía en una situación donde todos compartían opiniones similares. Del mismo modo, el escritor del Frente Nacional se estaba dirigiendo a los compañeros de su partido. Dado que se supone que el público tiene opiniones similares a las del orador, el orador, en sentido estricto, está literalmente autojustificándose: el yo está siendo justificado por el yo al yo. En este sentido, los discursos internos del yo parecen argumentos externos entre los yoes (Billig, 1987). Con el propósito de participar en dicha autojustificación, el orador debe poseer las herramientas ideológicas y argumentativas para criticar el «prejuicio», ya que el orador quiere escapar de aquellas críticas que podrían provenir por igual tanto del yo como del público. Es este aspecto de la autojustificación y la crítica del prejuicio por parte del orador el que se omite en cualquier explicación que descanse exclusivamente en la noción de gestión de la impresión.

La base ideológica de esta autojustificación reside en una pretensión de racionalidad y, como tal, el uso semántico de «prejuicio» implica nociones básicas de la filosofía y la psicología de la racionalidad. Esto se puede ver al considerar el concepto mismo de «prejuicio» y su transformación de ser un concepto de la filosofía de la Ilustración a un concepto que permite, por su aparente crítica, la expresión del prejuicio en el discurso cotidiano. Se puede argumentar que el uso corriente de la palabra «prejuicio» indica que las tradiciones del liberalismo han pasado al discurso cotidiano. Por otra parte, el empleo frecuente del concepto en la fórmula «Yo no tengo prejuicios pero…» implica los límites de estas tradiciones, al menos tal como se manifiesta en la realidad cotidiana.

La palabra «prejuicio» atrajo el significado de irracionalidad durante el período de la Ilustración cuando los filósofos adaptaron un término jurídico en su disputa con la fe irracional. Gadamer ha afirmado que «no es hasta la Ilustración que el concepto de prejuicio adquiere el aspecto negativo con el que todos estamos familiarizados» (1979, p. 240). Gadamer comenta a continuación el cambio semántico con «la tendencia general de la Ilustración a no aceptar ninguna autoridad y a decirlo todo ante el juicio de la razón» (p. 241). Voltaire aporta un buen ejemplo de la manera en que la filosofía de la racionalidad entrañaba una teoría de la irracionalidad, que se basaba en ideas psicológicas sobre la fuente del pensamiento erróneo. En su *Diccionario filosófico*, Voltaire incluyó una entrada para «prejuicios». Comenzaba con la afirmación de que «el prejuicio es una opinión sin juicio» (pp. 471-472): es decir, los procesos del razonamiento no se han aplicado a la opinión prejuiciosa. De esta manera, una opinión es prejuiciosa si los juicios en los que se basa son incorrectos o incluso totalmente inexistentes.

La persona que utiliza la frase «Yo no tengo prejuicios pero…» indica cierta imagen de cómo es la persona «prejuiciosa», y esta imagen es similar a la que tenía Voltaire, en el sentido de que se supone que esa persona tiene opiniones que no se han formado racionalmente. La influencia semántica de la Ilustración se puede advertir incluso en el discurso del escritor fascista antes citado. Sin embargo, este, aunque critica de manera ostensible las tradiciones del liberalismo, recurre al discurso de estas tradiciones cuando analiza el prejuicio. Su definición de este concepto de la Ilustración es similar al de Voltaire, en el sentido de que sugiere que la persona prejuiciosa llega a una conclusión sin preocuparse por los hechos en cuestión. Existía una diferencia entre las posiciones que eran «simplemente expresiones de una aversión intolerante» y aquellas que «están sólidamente apuntaladas por la realidad». Al establecer esta distinción, el escritor estaba defendiendo la filosofía de la Ilustración de que las conclusiones deben basarse en la racionalidad y no en disposiciones psicológicas.

La distinción entre la racionalidad del yo y la irracionalidad del prejuicioso también aparece en los comentarios de los adolescentes entrevistados por Cochrane y Billig (1984) y Billig *et al.* (1988). Incluso los partidarios del Frente Nacional, y su política de expulsar a los no blancos, se sentían obligados a justificar sus opiniones. Las personas que afirmaban no tener prejuicios, pero que se oponían a la presencia de inmigrantes no blancos, ofrecen justificaciones para sus posiciones. Como ha demostrado Van Dijk (1984), estas personas relatan en general historias sobre inmigrantes o utilizan razonamientos abstractos, tales como «si hubiera menos negros, habría más empleos o viviendas». En cualquier caso, las personas prejuiciosas están intentando justificar sus posiciones mediante la adopción de una perspectiva teórica o bien empírica. Las razones de las posiciones se exteriorizan, ya que el orador, en efecto, dice que es la naturaleza empírica del mundo, y no las preferencias del yo, lo que ha llevado a la conclusión. Al hablar de este modo se advierte una reivindicación del discurso racional y una defensa implícita contra cualquier crítica de ser irracional. Así, el discurso es argumentativo en ambos sentidos del término: se ofrecen argumentos para reforzar una conclusión y estos argumentos son justificaciones contra la posible crítica de ser irracional.

La autoimagen (o más bien, la autojustificación) de razonabilidad del orador depende de un contraste con aquello que no es razonable. El escritor fascista ejemplificó su imagen de irracionalidad con ejemplos de antirracistas. De forma similar, Billig *et al.* describen a los adolescentes blancos «razonables», algunos de los cuales eran simpatizantes del Frente Nacional, que se distanciaban de los «cabezas rapadas» o «lunáticos». El propio término «lunático», que fue ampliamente utilizado en este discurso, implica una teoría psicológica básica: designa a las personas cuyo pensamiento se aparta de la lógica a causa de la personalidad o la estupidez. Los «lunáticos», a diferencia de aquellos que proclamaban su racionalidad, no ofrecían ninguna justificación más allá de una aversión por las personas no blancas o una propensión a la violencia. De esta manera, el uso de justificaciones en sí mismo era la defensa contra la atribución de «locura» irracional, ya que si los oradores eran incapaces de ofrecer justificaciones «fácticas» de sus opiniones sobre los inmigrantes, también serían irracionalmente «lunáticos».

El uso que hace Voltaire del «prejuicio» difiere de dos maneras del uso actual, en el sentido de que estaba unida con menos fuerza a las evaluaciones negativas y a las imágenes de los grupos marginales. Como la evaluación negativa no era tan fuerte como ahora, Voltaire pudo hablar de prejuicios justificables, como los que puede tener un niño a favor de un maestro. El objetivo de los filósofos de la Ilustración eran los prejuicios de la religión y es posible encontrar el término utilizado en otros contextos sin las connotaciones negativas. Dos ejemplos, ninguno de ellos tomado del discurso filosófico sino de fuentes inglesas, servirán para ilustrar este uso. *The Annual Register* para 1787 incluía un breve ensayo titulado «Sobre el prejuicio», reeditado del tercer volumen de *The Observer*. El ensayo era absolutamente claro en su condena de los prejuicios de las religiones, al tiempo que los diferenciaba de otros prejuicios. Por lo tanto, el autor afirmaba que «los prejuicios de la educación son menos peligrosos que los religiosos» (1788, p. 182). E incluso que el «prejuicio nacional» debía considerarse como una «virtud» (p. 181). El segundo ejemplo procede de los primeros años del siglo XIX y atañe a la reacción del político conservador, lord Brougham, ante la simpatía mostrada por el príncipe regente hacia la Casa de Estuardo. Lord Brougham le recordaba a Su Majestad los delitos cometidos por los reyes Estuardo, que habían incluido «frustrar los prejuicios y oponerse a los deseos» de la nación (citado en Priestley, 1971, p. 159).

Estas citas, en el contexto semántico, pueden parecer curiosas al lector moderno, quien vería una contradicción de términos en la noción de prejuicio virtuoso y esperaría que la frustración de los prejuicios fuese motivo de elogio y no de reproche. Tanto Brougham como el autor en *The Annual Register*, como partidarios de la batalla de la Ilustración con la autoridad religiosa tradicional, estaban preparados para defender los sentimientos nacionales y nacionalistas. Sin embargo, son sentimientos que parecen contradecir las aspiraciones universalistas y racionales del liberalismo. No se trata de una contradicción que haya sido resuelta. En la actualidad, esos sentimientos nacionales también son defendidos por aquellos que se sitúan dentro de las tradiciones del liberalismo. Como ha demostrado Barker (1981), esta combinación es típica de los pensadores de la nueva derecha conservadora. No obstante, se ha producido un cambio semántico relativo a la noción de «prejuicio». Entre los escritores de la nueva derecha sería atípico encontrar una defensa explícita del «prejuicio nacional», ya que el concepto de prejuicio se ha concedido en gran medida con el deseo de evitar la crítica de ser irracionalmente intolerante. Los sentimientos, instintos, emociones, nacionales etc., pueden defenderse y, de hecho, se les puede dar una justificación «racional» (no instintiva, etc.) en términos de biología, función social o cualquier otro motivo (Seidel, 1986a). Al esgrimir un argumento contra la inmigración multirracial, los autores de la nueva derecha podrían justificarse en los llamados «sentimientos nacionales», pero la retórica argumentativa y la historia semántica se combinan para dejar una frase como «prejuicios nacionales» para sus oponentes.

Una razón por la que el lector moderno tiene dificultades para establecer una evaluación positiva del término «prejuicios nacionales» es que, en el siglo xx, el prejuicio ha adoptado un significado sustantivo. Su prototipo ha dejado de ser cualquier opinión formada sin juicio y se refiere a las opiniones nacionalistas, o racistas, en particular. En este sentido, la frase «Yo no tengo prejuicios pero…» no es meramente una defensa de la racionalidad en general, sino una defensa contra esa clase particular de irracionalidad que provoca la hostilidad hacia los individuos basada en el color de la piel o la procedencia de sus pasaportes. Samelson (1978) ha documentado el aumento del interés de los científicos sociales por el tema del prejuicio. En los primeros años del siglo xx, el término prejuicio rara vez quedaba sin calificar: por ejemplo, los psicólogos estudiaban el «prejuicio racial» o el «prejuicio nacional». En los primeros años de la posguerra se detecta un cambio semántico en esta cuestión. Cuando Gordon Allport escribió su obra clásica, *The nature of prejudice*, dejó el término sin calificar ya que su intención era incluir en su análisis principios generales relativos al funcionamiento psicológico. No obstante, el aspecto más destacado del libro es el que se refiere a los prejuicios de racismo, antisemitismo y nacionalismo, tanto que el término sin calificativos basta para evocar estas ejemplificaciones. Si Voltaire hubiera utilizado un título como *The nature of prejudice*, sus lectores podrían haber esperado críticas a los clérigos. A mediados del siglo xx, el título escogido por Allport invita a sus lectores a esperar que los argumentos del liberalismo se dirijan hacia objetivos diferentes.

Este cambio semántico no debe interpretarse necesariamente como un indicio de un declive en el nacionalismo o el racismo. Lo que sí indica es la exigencia de la ideología liberal de que las virtudes del «prejuicio nacional» se justifiquen y, por lo tanto, se traduzcan desde la categoría de «prejuicio». Las exigencias contradictorias de justificar y criticar los prejuicios nacionales pueden verse en el discurso cotidiano del racismo.

Justificación y negación del prejuicio

Si existe un tabú social contra la expresión de opiniones negativas injustificadas contra grupos marginales, entonces el orador que desea expresar opiniones discriminatorias debe estar preparado para buscar, y encontrar, razones apropiadas. Puede que se requiera un ingenio considerable para descubrir criterios no raciales para la discriminación racial y razones no raciales para criticar a otras razas. En consecuencia, no cabría esperar que el discurso sobre racismo esté caracterizado necesariamente por la pesada falta de sutileza del pensamiento descrita por Adorno *et al.* (1965). De hecho, existen buenas razones para suponer que los autoritarios clásicos del mencionado estudio de Adorno *et al.* eran mucho más flexibles cognitivamente de lo que se suponía (Billig, 1982b, 1985). Del mismo modo, es posible que la distinción entre «racismo anticuado» y «racismo moderno» no sea siempre una distinción en especie sino que puede reflejar una capacidad para proporcionar justificaciones, a menudo *a posteriori,* a las posiciones y opiniones. La educación puede mejorar la capacidad para producir justificaciones en lugar de eliminar el racismo a secas. Por lo tanto, hay pruebas de que las personas con mayor nivel educativo no muestran una mayor consonancia entre los principios generales de justicia y las posiciones particulares sobre cuestiones raciales, sino que pueden mostrar una mayor flexibilidad a la hora de justificar el abandono de principios abstractos (Sniderman *et al.,* 1984).

Además, si en este país el racismo se ha convertido en la ejemplificación prototípica del concepto de «prejuicio», entonces pueden esperarse estrategias de justificación similares cuando la gente niega el racismo y el prejuicio: al negar que uno es racista, se está negando que uno tenga prejuicios y viceversa. Las imágenes, o representaciones sociales, del prejuicio y el racismo serán similares. Al racista se le considerará irracionalmente prejuicioso, alguien que alberga una violencia y un odio irracionales. Aquellos que niegan sus propios prejuicio y racismo necesitarán esta imagen, ya que sus protestas de racionalidad dependen de un contraste con la irracionalidad. En consecuencia, los políticos de derecha utilizarán la imagen de los nazis irracionalmente violentos con el propósito de que sus propias políticas respecto de la raza parezcan razonables por contraste (Billig, 1982b).

Estos temas pueden ilustrarse mediante un reportaje periodístico sobre la discriminación en el ejército británico. El periódico *The Observer* publicó una extensa investigación que afirmaba que existía una discriminación sustancial de parte de los regimientos de elite contra los posibles reclutas de raza negra. A continuación se incluía un informe realizado por la Comisión para la Igualdad Racial sobre la misma cuestión. *The Observer* informaba que «siete regimientos de la Household Division –protectores de la familia real, coronel en jefe, Su Majestad la Reina– gestionan una barrera no oficial para gente de color» (6 de agosto de 1986). El periódico grabó los comentarios de algunos guardias en activo:

Un suboficial superior de la Guardia nos dijo: No hay negros en la Guardia. Nunca los ha habido y nunca los habrá. La gente no quiere ver una cara negra bajo una piel de oso. A los negros se les convence para que vayan a otra parte.

Un oficial de la Guardia que dejó el servicio hace poco tiempo nos dijo: «Los negros no llegan al depósito. Se ha convertido en una tradición no tener negros». Añadió, aparentemente inconsciente de lo ilógico de su afirmación: «No hay discriminación racial».

El director de Reclutamiento del Ejército (…) negó la semana pasada que existiera una barrera de color para los guardias negros o asiáticos. «Los Guardias tienen los mismos requisitos para los reclutas que cualquier regimiento de infantería o del Royal Armoured Corps», dijo. Creía que había «algunos», pero no podía nombrar ningún regimiento de la Guardia en el que hubiera un soldado negro. *(The Observer,* 6 de agosto de 1986.)

En los comentarios citados se pueden observar varias cuestiones. En un aspecto obvio, los tres comentarios son similares: todos buscan justificar la misma práctica discriminatoria y los tres han surgido de la misma institución que practica la discriminación. Esta similitud debería alertar contra una distinción demasiado firme entre los tres; por ejemplo, uno podría haber intentado hacer distinciones en términos de ser instancias de «nuevo» o «viejo» racismo, especialmente sobre la base de que los nuevos racistas, a diferencia de los viejos racistas, justificarán su posición citando principios generales no raciales (Sniderman y Tetlock, 1986a, 1986b; véase también Potter y Wetherell, 1987, para los argumentos contra la deducción de actitudes «verdaderas» a partir del discurso). Sin embargo, existen diferencias en la manera en que los oradores expresan sus opiniones, en particular con respecto a las justificaciones que ofrecen. Los tres fueron presentados en orden de rango ascendente y este orden coincide con la medida en que las opiniones se justifican «sin prejuicios».

El suboficial superior no trata de negar el prejuicio. De hecho, sus comentarios parecen invitar a la acusación, ya que describe la falta de guardias negros en términos de sentimientos y no en términos del discurso de la facticidad externa: «La gente no quiere ver una cara negra bajo una piel de oso». El orador no está criticando a la «gente» por tener estos deseos y tampoco es una justificación ofrecida para ellos. Él, naturalmente, está asumiendo que esa «gente» es blanca. Sin que se ofrezca una justificación, esos «deseos» representan la clase de estado psicológico que se dice caracteriza a los prejuicios. Los encuestados adolescentes de Cochrane y Billig (1984) y Billig *et al.* (1986) daban a entender que eran los prejuiciosos los que no «querían» a los negros o no los «querían» en Gran Bretaña. Por el contrario, daban a entender que a los que no tenían prejuicios personalmente no les molestaban los negros (algunos de sus mejores amigos eran negros…), pero había todo tipo de otras razones, más allá de sus sentimientos personales, por las que lamentablemente era mejor que no hubiera negros en Gran Bretaña. Los comentarios citados del suboficial superior son demasiado breves como para indicar si, de hecho, podría justificar sus comentarios de este modo en caso de que se le acusara personalmente de prejuicio. Hay que señalar que afirma que «la gente» no quiere ver una cara negra, no que él personalmente se oponga a ello.

El soldado entrevistado en el segundo párrafo de la cita, a diferencia del primero, en realidad niega el prejuicio. «No hay discriminación», sostiene. Este comentario depende de tener una idea aproximada de lo que se calificaría como discriminación racial. Lamentablemente, el periodista no le presionó en esta cuestión. Y lo que es más importante, hay pocos trabajos científicos sociales a los que recurrir para demostrar lo que la gente considera como ejemplos prototípicos de prejuicio y discriminación. Las encuestas demuestran que, independientemente de lo que la gente considere prejuicios raciales, creen que son los demás, y no ellos mismos, los que tienen prejuicios (Airey, 1984). El comentario del exsoldado sugiere, al contrario de la interpretación que hace el periodista, que podría existir una conexión percibida entre tradición y ausencia de discriminación. Si el orador identifica discriminación con sentimientos irracionales de hostilidad hacia los negros, entonces existe una base para la negación del prejuicio: si el regimiento está motivado por el deseo de mantener la tradición, entonces no está motivado por sentimientos de antipatía hacia los negros y, por lo tanto, no tiene prejuicios. Un interrogatorio más detallado podría haber revelado si el discurso del soldado hubiese tomado este rumbo argumentativo.

El tercer comentario representa la defensa más sofisticada en esta cuestión. Se ofrece un relato que explica las prácticas actuales sin recurrir a justificar los sentimientos de nadie que pudiera estar implicado en ellas. De hecho, se trata de un relato «sociológico» no especializado: describe de qué manera funciona un sistema y todos esos estados psicológicos, que pudieran ser indicativos de una mentalidad prejuiciosa, no tienen lugar en este sistema. No había barreras para la gente de color, porque para la selección de los reclutas se aplican las reglas habituales y simplemente ocurre que los negros y los asiáticos fallan en las pruebas. He aquí un ejemplo de la desracialización del discurso (Reeves, 1983). Las reglas están desracializadas ya que no prohíben que negros y asiáticos triunfen. Aquellos que ejecutan las reglas no son racistas, ya que se limitan a seguir los procedimientos de una manera que no tiene en cuenta el color de la piel. De hecho, es un misterio cómo fallan las pruebas las personas negras y asiáticas. La implicación no declarada es que existe algo respecto de la aptitud de los propios reclutas potenciales que les lleva a fracasar. En ocasiones, en esta clase de discurso desracializado quien habla puede revelar supuestos racistas y estereotipos irreflexivos. Un alto oficial de policía de Londres estaba intentando atraer a reclutas negros a la fuerza policial mientras negaba que el racismo imperante en ese cuerpo podría haber disuadido a la gente de color de unirse en el pasado. «El racismo en la fuerza no es la razón principal para que la gente de color prefiera no presentarse. Ser oficial de policía implica trabajar muchas y difíciles horas» *(The Guardian,* 6 de marzo de 1986).

El oficial de policía, como el director de Reclutamiento del Ejército, ofrece una explicación que intenta específicamente descartar las motivaciones racistas. De este modo se produce una negación del prejuicio, no solo de parte del orador sino también de parte de la institución a la que está justificando. Al equiparar prejuicio o racismo con estados psicológicos individuales, el «racismo institucional» se convierte en una imposibilidad lógica: porque, ¿cómo pueden las instituciones albergar odios irracionales? Al convertir, en teoría, el racismo institucional en una imposibilidad, esta clase de discurso lo justifica en la práctica. La línea argumental depende de dos rasgos principales: a) existe una necesidad de crear una justificación abierta para prácticas que podrían ser objeto de críticas y esta justificación debe explicar la discriminación racial en términos de otra cosa que no sean preferencias irracionales; b) el discurso implica que la preferencia irracional sería moralmente mala y las buenas intenciones del orador, y de aquellos a quienes justifica, están aseguradas si demuestran que difieren de aquellos que podrían actuar sobre la base de prejuicios irracionales.

Estos dos factores pueden verse con claridad en un editorial publicado en el periódico de derechas *The Daily Telegraph* (6 de diciembre de 1986) sobre el mismo tema de discriminación en el ejército. Al igual que los oficiales, el autor intentaba justificar las prácticas de reclutamiento de los Guardias y, como cabría esperar por parte de un órgano serio de la opinión de derechas, se exhibía un mayor ingenio en la búsqueda de razones justificativas que el mostrado por los oficiales de menor rango citados. La dirección principal en el argumento del editorial era que la discriminación positiva era una «chapuza peligrosa». También se incluía una defensa de las prácticas actuales. Era verdad, concedía el periódico, que no se encontrarían rostros negros en las filas de la Household Division de los Guardias. Pero eso no era racismo, porque hay «razones» para el no reclutamiento. Por estas, el periódico se refería a razones que son «razonables» y, por lo tanto, diferentes de las preferencias prejuiciosas. Era necesaria una explicación y había una al alcance de la mano: «Lo que parece inhibir a los Guardias de modificar su política de reclutamiento es una preocupación por mantener el aspecto uniforme de las formaciones en las ocasiones solemnes». No obstante, como el propio autor reconocía, quizás esta no fuese ya una razón convincente. El artículo del periódico concluía: «Los soldados podrían tomarse algún tiempo para considerar si con esta actitud no están anclados en el pasado» (*The Daily Telegraph*, 6 de diciembre de 1986). En otra palabras, la peor crítica que podía hacerse a la falta de reclutamiento de individuos de raza negra era la de no haber sabido adaptarse a los tiempos. En este caso, el discurso del prejuicio, con su mezcla de negación y justificación simultáneas, terminaba con una declaración del clásico imperativo liberal del progreso histórico.

Conclusiones

Horkheimer y Adorno en *La dialéctica de la Ilustración* hacían hincapié en considerar el desarrollo del racismo irracional como el desarrollo del liberalismo, tal como se practica en una sociedad antiliberal. En la frase de Horkheimer, es la «tendencia del liberalismo a inclinarse hacia el fascismo» (1947, p. 20). Si este diagnóstico es cierto en términos históricos o sociológicos es una cuestión, pero las relaciones entre liberalismo y racismo no pueden descartarse. El escritor fascista, al negar cualquier prejuicio, muestra de qué manera el discurso del liberalismo se puede inclinar hacia el discurso fascista. Asimismo, no debería esperarse que la ideología liberal actual, según se revela en el discurso corriente, refleje las aspiraciones universalistas de la Ilustración. Marx y Engels pueden haber anticipado en *El manifiesto comunista* que el capitalismo aboliría las particularidades de las naciones y volvería obsoleta la estrecha conciencia nacional. Sin embargo, los acuerdos económicos internacionales no han sustituido por completo a los acuerdos nacionales. Si la ideología refleja la organización económica, entonces cabría esperar que la conciencia moderna debe contener sus lugares comunes universalistas y particularistas. Existen los temas tolerantes de la hermandad internacional (tanto masculina como femenina) a los que recurrir con el fin de añadir a los argumentos el sentido moral del liberalismo. Observamos nuevamente que existen consideraciones más restringidas que deben justificarse en términos de otros lugares comunes. Si el liberalismo ha triunfado, no lo ha hecho en la erradicación de los prejuicios de la nación, excepto en el nombre. Su victoria en el discurso cotidiano es la exigencia de una justificación racional o empírica. La paradoja reside en que cuanto más se critican los prejuicios, más se justifican los prejuicios del liberalismo.

Referencias

Adorno, T. W., Frenkel-Brunswik, E., Levinson, D. J. y Sanford, R. N. (1965). *La personalidad autoritaria*. Buenos Aires: Editorial Proyección.

Airey, C. (1984). Social and moral values. R. Jowell y C. Airey (eds.), *British social attitudes: the 1984 Report* (pp. 121-156). Aldershot: Gower.

Allport, G. W. (1968). *La naturaleza del prejuicio*. Buenos Aires: Temas de Eudeba.

Althusser, L. (1975). *Lenin y la filosofía*. Ciudad de México: Ediciones Era.

Anónimo (1788). On prejudice. En *Annual Register, 1787* (pp. 181-184). Londres: G.G.J. y G. Robinson.

Aristóteles (2022). *Retórica.* Madrid: Gredos.

Barker, M. (1981). *The New Racism.* Londres: Junction Books.

Billig, M. (1978). *Fascists: A social psychological view of the National Front.* Londres: Academic Press.

Billig, M. (1981). *L'Internationale Raciste: de la psychologie á la 'science' des races.* París: Maspero.

Billig, M. (1982a). *Ideology and social psychology.* Oxford: Blackwell.

Billig, M. (1982b). Anti-semitism in the eighties. *Month, 15,* 125-130.

Billig, M. (1985). Prejudice, categorization and particularization: from a perceptual to a rhetorical account. *European Journal of Social Psychology, 15*(1), 79-103.

Billig, M. (1987). *Arguing and thinking: a rhetorical approach to social psychology.* Cambridge: Cambridge University Press.

Billig, M., Condor, S., Edwards, D., Gane, M., Middleton, D. y Radley, A. (1988). *Ideological dilemmas in everyday thinking.* Londres: Sage.

Cochrane, R. y Billig M. (1984). I'm not National Front myself, but.... *New Society, 17*(mayo), 255-257.

Cohn, N. (1967). *Warrant for genocide.* Londres: Chatto/Heinemann.

Ehninger, D. y Hauser, G. A. (1984). Communication of values. En C. C. Arnold y J. W. Bowers (eds.), *Handbook of rhetorical and communication theory* (pp. 720-748). Boston: Allyn and Bacon.

Gadamer, H. G. (1977). *Verdad y método.* Salamanca: Sígueme.

Gordon, P. y Klug, F. (1986). *New right, new racism.* Londres: Searchlight.

Hewitt, J. P. y Stokes, R. (1975). Disclaimers. *American Sociological Review, 40,* 1-11.

Horkheimer, M. (1947) *Eclipse of reason.* Nueva York: Oxford University Press.

Horkheimer, M. y Adorno, T. W. (1973). *The dialectic of enlightenment.* Londres: Allen Lane. [Horkheimer, M. y Adorno, T. W. (2007). *Dialéctica de la Ilustración: fragmentos filosóficos.* Madrid: Akal.]

Jacobson, S. K. (1985). Resistance to affirmative action: self-interest or racism? *Journal of Conflict Resolution 29,* 306-329.

Jodelet, D. (1984). Représentation sociale: phénomenès, concept et théorie". En S. Moscovici (ed.), *Psychologie sociale* (pp. 367-378). París: Presses Universitaires de France.

Kinder, D. R. (1986). The continuing American dilemma: white resistance to racial change 40 years after Myrdal. *Journal of Socal Issues 42,* 151-171.

Kinder, D. R. y Sears, D. O. (1981). Prejudice and politics: symbolic racism versus racial threats to the good life. *Journal of Presonality and Social Psychology 40,* 414-431.

Lutzhoft, H. J. (1971). *Der Nordische Gedanke in Desutschland, 1920-1940.* Stuttgart: Ernst Klett.

Marx, K. y Engels, F. (1968). The Communist Manifesto. En *Selected works*. Londres: Lawrence and Wishart. [Marx, K. y Engels, F. (2018). *El manifiesto comunista.* Madrid: Akal.]

McConahay, J. B. (1981). Reducing racial prejudice in desegregated schools. En W. D. Hawley (ed.). *Effective school desegregation* (pp. 35-53). Beverly Hills: Sage.

McConahay, J. B. (1982). Self-interest versus racial attitudes as correlates of anti-busing attitudes in Louisville: is it the buses or the blacks? *Journal of Politics 44,* 692-720.

McConahay, J. B., Hardee, B. B. y Batts, V. (1981). Has racism declined in America? *Journal of Conflict Resolution 25(4),* 563-579.

McConahay, J. B. y Hough, J. C. (1976). Symbolic racism. *Journal of Social Issues 32:* 23-45.

McFayden, R. y Wetherell, M. (1986). Categories in discourse. Trabajo presentado en la Social Psychology Section, British Psycological Society Conference, Sussex.

Moscovici, S. (1982). The coming era of representation. En J. P. Codol y J. P. Leyens (eds.). *Cognitive analysis of social behavior.* La Haya: Martinus Nighoff. Cambridge University Press.

Moscovici, S. (1984). The myth of the lonely paradigm: a rejoinder. *Social Research, 51(4),* 939-967.

Myrdal, G. (1944). *An American dilemma.* Nueva York: Harper.

Perelman, C., y Olbrechts-Tyteca, L. (2009). *Tratado de argumentación. La nueva retórica.* Madrid: Gredos.

Poliakov, L. (1974). *The Aryan myth.* Londres: Chatt/Heinemann.

Potter, J. y Wetherell, M. (1987). *Discourse and social psychology.* Londres: Sage.

Priestley, J. B. (1971). *The prince of pleasure and his regency, 1811-1820.* Londres: Sphere Books.

Reeves, F. (1983). *British racial discourse.* Cambridge: Cambridge University Press.

Rokeach, M. (1973). *The nature of human values.* Nueva York: Free Press.

Samelson, F. (1978). From 'race psychology' to 'studies in prejudice': some observations on the thematic reversal in social psychology. *Journal of the History of the Behavioral Sciences, 14(3),* 265-278.

Schiffrin, D. (1985). Everyday argument: the organization of diversity in talk. En T. A. van Dijk (ed.). *Handbook of Discourse Analysis* (vol. 3, pp. 35-46). Londres: Academic Press.

Schoen, D. (1977). *Enoch Powell and the powellites.* Londres: Macmillan.

Seidel, G. (1986a). Culture, nation and 'race' in the British and French New Right. En R. Levitas (ed.). *The ideology of the new right* (pp. 107-135). Cambridge: Polity Press.

Seidel, G. (1986b). *The Holocaust denial.* Leeds: Beyond the Pale.

Seidel, G. (1988). "We condemn apartheid, BUT...": a discursive analysis of the European Parliamentary debate on sanctions (July 1986). *Sociological Review, 36*(S1), 222-249.

Shotter, J. (1987). Rhetoric as a model for psychology. En *Proceedings of the 'Future of Psychology' Conference*. Leicester: British Psychological Society.

Sniderman, P. M., Brody, R. A. y Kulinsky, J. H. (1984). Policy reasoning and political values: the problem of racial equality. *American Journal of Political Science, 28*, 75-94.

Sniderman, P. M. y Tetlock, P. E. (1986a). Symbolic racism: problems of motive attribution in political analysis, *Journal of Social Issues, 42*(2), 129-150.

Sniderman, P. M. y Tetlock, P. E. (1986b). Reflections on American racism. *Journal of Social Issues, 42*(2), 173-187.

Studlar, D. T. (1974). British public opinion, colour issues and Enoch Powell: a longitudinal analysis. *British Journal of Political Science, 4*(3), 371-381.

Tedeschi, J. T. (1981). *Impression management: theory and social psychological research*. Nueva York: Academic Press.

Van Dijk, T. A. (1983). Cognitive and conversational strategies in the expression of ethnic prejudice. *Text-Interdisciplinary Journal for the study of discourse, 3*(4), 375-404.

Van Dijk, T. A. (1984). *Prejudice and discourse: an analysis of ethnic prejudice in cognition and conversation*. Amsterdam: Benjamins. [Van Dijk, T. A. (2010). *Prejuicio en el discurso: análisis del prejuicio étnico en la cognición y en la conversación*. Sevilla: Arcibel.]

Van Dijk, T. A. (1985a). Cognitive models in discourse production: the expression of ethnic situations in prejudice discourse. En J. P. Forgas (ed.), *Language and social situations* (pp. 61-79). Nueva York: Springer.

Van Dijk, T. A. (1985b). Elite discourse and racism. Ponencia ofrecida en la Escuela de Verano de Teoría Crítica de Utrecht. Utrecht.

Van Dijk, T. A. (1986a). When majorities talk about minorities. En M. L. McLaughlin (ed.), *Communication Yearbook* (vol. 9, pp. 57-83). Beverly Hills: Sage.

Van Dijk, T. A. (1986b). Mediating racism: the role of the media in the reproduction of racism. En R. Wodak (ed.), *Language, power and ideology*. Amsterdam: Benjamins.

Van Dijk, T. A. (1987). *Discourse and power*. Amstersam: Universidad de Amsterdam. [Van Dijk, T. A. (2009). *Discurso y poder*. Barcelona: Gedisa.]

Voltaire (1995). *Diccionario filosófico*. Madrid: Temas de Hoy.

Wetherell, M. y Potter, J. (1986). Discourse analysis and the social psychology of racism. *Newsletter of the Social Psychology Section of the British Psychological Society, 15*, 24-29.

Weigel R. H. y Howes, P. W. (1985). Conceptions or racial prejudice; symbolic racism reconsidered. *Journal of Social Issues, 41*(3), 117-138.

Capítulo 7
Aspectos retóricos e históricos de las actitudes: el caso de la monarquía británica*

Prefacio

El estudio de las actitudes ha sido un tema importante, si no *el* más importante, en la psicología social. Como se expuso en el capítulo 1, los psicólogos sociales han ignorado normalmente los aspectos retóricos e históricos de las actitudes y se han centrado en las características del portador de actitudes individual. En consecuencia, los factores sociales e ideológicos se han proyectado más allá del horizonte teórico. En cambio, la perspectiva retórica requiere una revisión de la naturaleza de las actitudes. No se puede dar por sentado lo que significa «mantener una actitud», pero hay que tener en cuenta las dimensiones retóricas del hecho de adoptar una posición determinada. Esa revisión es especialmente necesaria si se desea convertir a la psicología social en una ciencia histórica, como se expone en el capítulo 3.

El presente capítulo reconsidera la naturaleza histórica y retórica de las actitudes en relación con una cuestión específica: las opiniones sobre la monarquía británica. Al seleccionar un tema de esta clase se hace hincapié en la dimensión histórica por partida doble. En primer lugar, el propio tema se coloca en un contexto histórico, ya que se considera que las posiciones, o actitudes, tienen una localización histórica. En segundo lugar, la posición individual tiene una historia: la «actitud» no es fija sino que se despliega retóricamente a medida que se desarrolla el contexto histórico de la controversia. De este modo es visible

---

* Este capítulo se publicó originalmente en 1988 con el título de "Rhetorical and historical aspects of attitudes: the case of the British monarchy", en *Philosophical Psychology, 1*, 83-103.

la paradoja de la ideología, analizada en el capítulo inicial. Los individuos no son esclavos de sus actitudes y tampoco son necesariamente amos de su propio destino.

Introducción

El enfoque retórico de la psicología social señala la importancia de la argumentación en la vida social y establece una conexión entre argumentar y pensar (véase también Miller, 1986; Shotter, 1987). Aunque Billig (1987a) esboza el tipo de cuestiones que podría poner de relieve una psicología social retórica, es necesario desarrollar los términos teóricos clave. Sería posible intentar dicho desarrollo teórico mediante el análisis conceptual, con el fin de producir en abstracto una estructura teórica, que luego podría probarse en el terreno empírico. En este caso, sin embargo, se ha adoptado una táctica diferente. Las cuestiones teóricas relacionadas con el concepto de actitudes se considerarán en relación con una cuestión social real: las actitudes británicas hacia la monarquía. Esta táctica, que difumina la distinción convencional entre teoría pura y trabajo aplicado, surge de la creencia de que la teoría en la psicología social no se produce como un fin en sí misma y tampoco para generar programas de investigación. Existe para ayudar a entender la realidad social. Para que un enfoque retórico de la psicología social resulte provechoso debe ser capaz de arrojar luz sobre cuestiones relacionadas con la estructura de la ideología y el movimiento de la opinión pública. Por lo tanto, no parece muy sensato adoptar, mientras se intenta elaborar cuestiones teóricas, una postura filosófica distante que ignora las mismas cuestiones que la teoría debería abordar.

El enfoque retórico enfatiza que las ideologías no funcionan necesariamente para suprimir la argumentación y el pensamiento sino para proporcionar los elementos con los que la gente puede pensar y argumentar respecto de la vida cotidiana (Billig *et al.*, 1988). Esta posición tiene implicaciones directas para el estudio de las actitudes. Si se acentúan los aspectos argumentativos de las actitudes, entonces no se debe considerar a las actitudes solo como respuestas evaluativas individuales hacia un objeto estímulo determinado. En cambio, las actitudes son posiciones asumidas en cuestiones de controversia: son posiciones en los argumentos (Billig, 1987a; Billig, 1993). Toda actitud *a favor* de una posición es también, de manera implícita pero con mayor frecuencia explícita, una posición *contra* la posición opuesta. Dado que las actitudes son posiciones asumidas sobre cuestiones controvertidas, cabe esperar que los portadores de actitudes justifiquen su posición y critiquen la posición contraria. Las justificaciones y críticas de las actitudes no deben considerarse epifenómenos, añadidos a una predisposición psicológica más básica, sino que forman parte integral de las actitudes como tales.

En fecha reciente ha sido materia de debate si el concepto de «actitud», tal como lo utilizan los psicólogos sociales, debe ser esencialmente un concepto individual o social. Los partidarios de la escuela de pensamiento de la «representación social» han criticado la corriente principal de investigación sobre actitudes por poseer un sesgo individualista (véase Billig, 1993; Jaspars y Fraser, 1983; Moscovici, 1963, 1983). El enfoque retórico apoya la posición de esos críticos, en la medida en que defiende que no debe ignorarse el contexto social, y en particular el retórico, de las actitudes. Uno de los supuestos actuales es que el significado de una posición actitudinal depende de la controversia social en la que se asume esa posición: los cambios en este contexto argumentativo originan cambios en el significado de la posición individual. La naturaleza social de las actitudes puede verse, no solo por su contexto sino también por su contenido. Billig (1987a), con una fundamentación específica en las tradiciones de la retórica antigua, analiza cómo las justificaciones y las críticas se construyen típicamente sobre «lugares comunes» sociales. Estos son los valores y máximas comunes a una comunidad y, por lo tanto, constituyen su «sentido común» (véase también Perelman y Olbrechts-Tyteca, 1971; Perelman, 1979). Si las justificaciones actitudinales, y las críticas de las actitudes contrarias, se basan en dichos lugares comunes, entonces las actitudes, por su contenido, son socialmente compartidas y, por lo tanto, poseen un significado social que va más allá de las motivaciones y reacciones afectivas del individuo que las adopta.

A primera vista, este enfoque retórico parece dirigir el estudio de las actitudes al de la argumentación y la controversia públicas. Si, como ha sostenido McGuire (1986), los psicólogos sociales necesitan estudiar la estructura de las actitudes, entonces los teóricos retóricos parecen sugerir que debe estudiarse la estructura del debate público sobre cuestiones sociales con el fin de determinar la estructura de las actitudes. No obstante, uno de los temas principales de este artículo será que, desde el punto de vista de la psicología social, hay que mirar más allá de los argumentos *explícitos* que se producen en el curso de las controversias reales. También es necesario considerar las dimensiones *implícitas* ya que forman una parte importante de la estructura retórica de las actitudes. Estos son los elementos que podrían entrar en juego en futuras controversias.

La distinción entre aspectos implícitos y explícitos no es inequívoca y no ha sido establecida mediante una definición nítida. En cambio, esta distinción se explorará mediante ejemplos tomados de actitudes ante la monarquía pasadas y presentes. Se establecerá un contraste entre las conclusiones de los encuestadores públicos, quienes sugieren que actualmente existe un apoyo incondicional a la monarquía británica, y un análisis retórico que sugiere una reacción más compleja entre las características implícitas y explícitas.

En el análisis, y especialmente en los ejemplos descritos, existe una fuerte dimensión histórica. En este sentido, uno de los ejemplos hará referencia a las actitudes monárquicas vigentes en el siglo XVIII. Este aspecto histórico no es común actualmente en la mayoría de los escritos de la psicología social. No obstante, un enfoque histórico es idóneo para comprender el significado de las actitudes, considerando que el contexto retórico de las actitudes es también un contexto histórico. Si el significado de las actitudes cambia a medida que también lo hace el contexto retórico, entonces es necesario asumir una perspectiva histórica para constatar los cambios a lo largo del tiempo. El tipo de estudio de laboratorio, que se utiliza con frecuencia en el estudio de las actitudes en el ámbito de la psicología social, puede ofrecer el beneficio de una mayor precisión que el empleo de ejemplos históricos. Sin embargo, el barrido de la historia queda necesariamente excluido del laboratorio. Desde una perspectiva retórica es necesario relacionar las expresiones actitudinales con movimientos más amplios de la opinión pública porque los cambios históricos, y el movimiento permanente en la cuestión relativa a la controversia pública, pueden determinar las estructuras de los aspectos implícitos y explícitos de las actitudes. La propia noción de desarrollo y cambio a lo largo del tiempo está contenida en la noción de aspectos implícitos y explícitos de las actitudes. De este modo, los ejemplos, que examinan el desarrollo histórico de las actitudes, pretenden mostrar que las actitudes explícitas actuales deben contener sus potencialidades implícitas para circunstancias futuras.

Existe aún otra razón para la adopción de una perspectiva histórica. La cuestión de la monarquía británica es intrínsecamente histórica. La misma monarquía es un símbolo que proclama su propia historicidad. Resulta extraño manifestar que este conocido símbolo ha sido comparativamente descuidado por las ciencias sociales y especialmente por la psicología social. La negación se ha producido a pesar de que la realeza es una de las familias más ricas del mundo, posiblemente la familia más conocida, y sin duda el objeto del mayor interés público. Al negar este símbolo manifiesto de la condición de Estado y de los privilegios hereditarios, los científicos sociales han vuelto la espalda a un importante acertijo: ¿cómo puede el público británico apreciar simultáneamente su herencia de privilegios hereditarios y su herencia de democracia parlamentaria? Al plantear la cuestión de la monarquía, la intención no ha sido elegir un asunto extraño, tal vez incluso frívolo, sino uno cuyo examen debería plantear cuestiones importantes sobre la ideología contemporánea.

Ocupar el lugar del Otro

La hipótesis de que el significado de una actitud debe entenderse en relación con un contexto argumentativo más amplio tiene numerosas implicaciones psicológicas sociales. En primer lugar, las alteraciones que se producen en nuestra posición actitudinal no pueden relacionarse solo con el estado afectivo interno de quien manifiesta la actitud, sino que debe entenderse en términos del contexto retórico de la controversia. Esto es especialmente necesario para entender el fenómeno denominado por Billig (1987a) como Ocupar el lugar del Otro. Los ejemplos relativos a este fenómeno se analizarán más adelante referidos a las actitudes monárquicas, pero por el momento son necesarias algunas explicaciones generales.[1]

Billig (1987a) ilustra Ocupar el lugar del Otro mediante ejemplos donde la gente, que generalmente ha defendido una posición determinada y contra la posición contraria, parece darse la vuelta y utilizar los argumentos de sus antiguos oponentes: de este modo, ocupan el lugar del otro. Billig (1987a) sugiere que este fenómeno se produce cuando el contexto retórico se ha alterado y se presentan diferentes actitudes contrarias para criticar. Bajo estas circunstancias, la «antigua» posición actitudinal debe asumir un nuevo significado, si ha de repetirse en el contexto modificado, en la medida en que se dirigirá contra actitudes contrarias diferentes. Los que mantienen una actitud, conscientes de este cambio de contexto, pueden no desear que su posición anterior sea dirigida contra los nuevos argumentos contrarios. En consecuencia, pueden cambiar la dirección de sus expresiones actitudinales. En el siguiente apartado se ofrecerá un ejemplo histórico que mostrará de qué modo un crítico de la monarquía británica se convirtió en un firme defensor porque, en un clima retórico alterado, la posición anterior adquirió un significado nuevo y más sólido.

Debe hacerse hincapié en que Ocupar el lugar del Otro difiere del cambio de actitud, tal como se concibe convencionalmente por parte de los psicólogos sociales. A primera vista, Ocupar el lugar del Otro parece tratarse de un caso de cambio de actitud: en el momento 1 se puede oír a una persona defender la posición actitudinal X, mientras que más tarde, en el momento 2, la misma persona critica a X, sin que haya engaño deliberado ni hipocresía en ninguna de las dos ocasiones. En apariencia hay un «cambio de actitud» entre el momento 1 y 2. Sin embargo, si lo que ha ocurrido es que la persona ha Ocupado el lugar del Otro, entonces no es necesario que se haya producido un cambio de actitud en el sentido tradicional. De acuerdo con la teoría de la psicología social, las actitudes se cambian cuando se invierte un componente cognitivo o evaluativo básico, habitualmente mediante la recepción de una información nueva y persuasiva. Para utilizar un lenguaje cotidiano, se produce un cambio de mentalidad por parte de quien mantiene la actitud (véase el análisis de Crocker *et al.*, 1984; McGuire, 1969; Montmollin, 1984; Petty y Cacioppo, 1981). Por ejemplo, el estudio clásico elaborado por McGuire (1964) demostró cómo se podía inducir a los sujetos de laboratorio a que rechazaran los supuestos irreflexivos en el momento de recibir nueva información (véase también, Szybillo y Heslin, 1973). Ocupar el lugar del Otro es diferente en el sentido de que no se produce una inversión de la posición anterior, a instancias de una información nueva y persuasiva. Asimismo, Ocupar el lugar del Otro está relacionado con cambios en el contexto social de la controversia pública, mientras que los teóricos del cambio de actitud han mostrado una tendencia a concentrarse sobre todo en los cambios en la persona que mantiene la actitud.

Una consideración con respecto a cómo podría producirse la situación de Ocupar el lugar del Otro debería llamar la atención de aquello que aquí llamaremos las «características implícitas» de las actitudes. Estas se refieren a aquellos aspectos de las creencias que pueden no utilizarse habitualmente en un argumento explícito para justificar la posición propia, pero que poseen el potencial necesario para utilizarlos en un argumento futuro. De este modo se asume que la persona que mantiene la actitud podría poseer posee ciertas creencias cuyo contenido puede asumirse implícitamente como una crítica de las posiciones contrarias, pero es posible que estas posiciones aún no se hayan concretado históricamente en argumentos. Cuando se da cuenta de ello, quien mantiene la actitud puede recurrir a estos aspectos argumentativos implícitos de la creencia y proceder a desarrollarlos.

Así, Ocupar el lugar del Otro puede implicar volver explícito aquello que previamente puede haber estado implícito. Es posible que cuando alguien Ocupa el lugar del Otro no esté desarrollando algo absolutamente nuevo, en el sentido de que el sujeto experimental clásico, que exhibe un cambio de actitud, incorpora una pieza de información totalmente nueva. Ocupar el lugar del Otro supone basarse en elementos actitudinales que pueden haber estado implícitos previamente. Existe un cambio en el sentido de que pueden descubrirse calificaciones argumentativas a medida que se explicitan las calificaciones implícitas. No obstante, esto no es lo mismo que la inversión descrita por el cambio de actitud. Si un enfoque retórico consiste en entender un fenómeno como es Ocupar el lugar del Otro, entonces debe aceptarse que en todo momento hay rasgos argumentativos explícitos e implícitos en las actitudes. Además, tal como se sugerirá más adelante, las características implícitas pueden ser contrarias a las explícitas. Por lo tanto, no debemos esperar que los temas de una ideología o de un modelo de creencias tenga que ser internamente consistente (Billig, 1982). De hecho, como mostrarán los ejemplos posteriores, la propia consistencia puede ser una estrategia retórica, y formar parte del contexto argumentativo, más que una propiedad psicológica social de las creencias (véase también Billig, 1987a).

La perspectiva retórica propuesta no concibe las actitudes como estáticas, ya que una actitud no se considera como un patrón de respuesta fijo situado dentro de un individuo. En este sentido, el enfoque es similar al que manifiestan los analistas del discurso (Potter y Wetherell, 1987) y los teóricos de la representación social (Moscovici, 1983, 1984); ambos enfoques también se muestran críticos ante los supuestos de que los «sistemas actitudinales» poseen alguna clase de dinámica interna orientada hacia la consistencia. El énfasis en las características implícitas y explícitas también sugiere una similitud con la psicología del desarrollo, que examina cómo las condiciones sociales pueden crear y materializar aspectos implícitos del proceso de desarrollo (Edwards y Mercer, 1987; Griffin y Cole, 1984; Shotter, 1989). Por lo que respecta a las actitudes, se parte del supuesto de que las posiciones actitudinales, y por tanto las estructuras actitudinales, no pueden desarrollarse plenamente ya que, aunque puedan desarrollarse para determinados contextos argumentativos, también deben contemplar contextos aún no materializados. Dado que no todas las circunstancias pueden anticiparse, debe existir un elemento provisional en las actitudes que haga factible su desarrollo a medida que el contexto de la controversia se desarrolla y cambia. Solo una pequeña fracción de potencialidades puede materializarse históricamente y, por lo tanto, quien mantiene la actitud posee temas de creencias cuyo significado argumentativo implícito nunca llegará a concretarse. En tanto que forma parte de la estructura de las actitudes poseer tales potencialidades implícitas no concretadas, los aspectos implícitos pueden denominarse como la parte no estructurada de la estructura actitudinal.

Significado implícito

El análisis de Ocupar el lugar del Otro sugiere que existe una necesidad de establecer una distinción teórica entre los aspectos argumentativos *explícitos* e *implícitos* de las actitudes. Los primeros son aquellos que expresa quien mantiene una actitud sobre un asunto si este es objeto de controversia pública. En este sentido, las actitudes justifican de manera explícita una posición particular y critican la posición contraria en una cuestión controvertida. La persona que mantiene la actitud, al expresarla, puede no estar realmente comprometida en un debate cara a cara, ya que lo que importa es el contexto general de la controversia, no el contexto interpersonal específico. Por ejemplo, quien mantiene la actitud, al cumplimentar individualmente una encuesta de opinión está participando, según esta definición, en una controversia explícita si se manifiesta una posición determinada sobre una cuestión de debate público. Si se le pregunta sobre la respuesta, cabe esperar que el defensor de la actitud justifique explícitamente su posición y critique la posición contraria. Esta expectativa, desde un punto de vista retórico, es parte de lo que significa adoptar una actitud, porque esta existe dentro del amplio contexto social de la controversia explícita.

No obstante, la estructura de las actitudes no solo comprende las justificaciones y críticas explícitas que podría proponer quien adopta la actitud. También están los elementos implícitos, a partir de los cuales pueden desarrollarse nuevas justificaciones y críticas, en caso de que cambie el contexto argumentativo. Con el propósito de desvelar estos elementos implícitos puede ser necesario adoptar una perspectiva diacrónica, que contempla la expresión de posiciones actitudinales a través de la historia. De esta manera sería posible descubrir las características implícitas que podrán explicitarse más adelante. En consecuencia, las características implícitas no representan las justificaciones y críticas completamente formuladas que se pueden producir para abordar los argumentos actuales. Ellos representan, en cambio, los temas para posibles críticas y justificaciones. Para citar la descripción hecha por Francis Bacon de los lugares comunes retóricos, representan las «*semillas*, no las *flores* de los argumentos» (1858/1605, p. 492, cursiva en el original). Se sugerirá que cuando cambia el contexto de la controversia, quien mantiene la actitud puede recurrir a estos temas implícitos. El proceso de convertir las semillas en flores, para seguir con la metáfora de Bacon, consiste en traducir los argumentos implícitos en explícitos.

A menos que se establezca la distinción entre aspectos implícitos y explícitos, la estructura de las posiciones actitudinales se puede simplificar excesivamente y volverse demasiado estática. Como se verá más adelante, la búsqueda de las características implícitas de las posiciones argumentativas supone con frecuencia una búsqueda de temas contrarios implícitos. Esto tiene implicaciones para el estudio general de la ideología y los temas contrarios de la ideología (Billig, 1982; y Billig *et al.*, 1988). Billig (1987a) sugiere que el sentido común también posee sus propios temas contradictorios. Por lo tanto, los individuos que parecen adoptar una actitud explícita coherente, puede que implícitamente estén aceptando temas contrarios ideológicamente determinados. La existencia de esos temas contrarios puede permitir que se produzca el Ocupar el lugar del Otro. Esta situación quedará reflejada mediante el ejemplo histórico del siguiente apartado, donde un crítico de la monarquía fue capaz de convertir justificaciones implícitas en explícitas, dentro de un contexto de controversia alterado.

Existen buenas razones para explicar por qué un enfoque histórico, o al menos diacrónico, es particularmente apropiado para estudiar el significado actitudinal implícito en Ocupar el lugar del Otro. En primer lugar, la perspectiva retórica aboga por entender las actitudes en términos de un contexto social más amplio. En este sentido es coherente con aquellos teóricos que sostienen que la psicología social debe ser una disciplina histórica. Por ejemplo, Gergen (1973) afirma que los psicólogos sociales deben tratar sus datos contemporáneos como si fuesen históricos. Moscovici (1984) ha argumentado que la psicología social debe convertirse en «una ciencia antropológica e histórica» (p. 984). Además de las consideraciones generales respecto del deseo de tomarse la historia en serio, hay una razón particular para explicar por qué una perspectiva histórica, o al menos diacrónica, es adecuada en el presente caso. Ocupar el lugar del Otro se revela a lo largo del tiempo a medida que los individuos reaccionan ante las cambiantes condiciones producidas por el cambio histórico. Por lo tanto, un enfoque sincrónico no sería apropiado para investigar un fenómeno que es esencialmente diacrónico.

Al considerar el ejemplo histórico, y más tarde las actitudes contemporáneas en un contexto diacrónico, será posible realizar nuevos comentarios acerca de la naturaleza de la estructura actitudinal implícita o, tal vez, de su falta de estructura en sí misma. Tal como a menudo acostumbra a suceder en el ámbito de las ciencias sociales, es más útil desarrollar nociones teóricas en relación con cuestiones reales y específicas que establecer distinciones teóricas en abstracto.

James Gillray: crítico y defensor de la monarquía

El ejemplo histórico relacionado con Ocupar el lugar del Otro está representado por el gran caricaturista político inglés, James Gillray. El cambio súbito en sus objetivos satíricos que se produjo entre 1792 y 1793 ilustra la forma en que la opinión pública puede cambiar drásticamente como respuesta a los cambios que se han producido en las circunstancias de la controversia. James Gillray desarrolló más que cualquier otro individuo el arte de la caricatura satírica. Sus despiadados grabados de los principales personajes de la sociedad inglesa de la época le reportaron fama aunque no fortuna. Sus obras, creadas a un ritmo trepidante, se compraban con gran entusiasmo y la multitud se congregaba delante de sus editoriales siempre que se exhibía un nuevo grabado. Nunca antes se habían difundido de un modo tan amplio e irreverente las imágenes de la gente importante y respetada. Era un nuevo arte que podía dar expresión a las actitudes populares. En un sentido obvio, Gillray no era el creador de esas actitudes. El artista jamás habría alcanzado esa popularidad si no hubiese sido capaz de conferir expresión a los estados de ánimo existentes en su público. Sin embargo, su originalidad le permitía representar los predominantes, aglutinando los temas en imágenes y epígrafes impactantes, intensificando así las actitudes de las que surgía su arte.

Algunas de las caricaturas más famosas, y osadas, de Gillray eran las que tenían como motivo a la realeza. Era capaz de transmitir en términos grotescos las personalidades de Jorge III y su familia. Es importante recordar cuál era la posición política de la monarquía inglesa en aquella época. El rey aún no se había convertido en aquello que Walter Bagehot describiría como la parte «digna» de la Constitución. En 1867, Bagehot puede haber sido capaz escribir que «una república se ha insinuado bajo los pliegues de una Monarquía» (1965/1867, p. 94). No obstante, a finales del siglo XVIII, el monarca aún ejercía un poder político considerable, nombrando y cesando gobiernos según su elección. Jorge III favorecía a los conservadores y al hacerlo provocaba las críticas de los *whigs* y los radicales. Los críticos apenas podían mantener la pretensión constitucional de que el monarca estaba por encima del error político. Por ejemplo, el monarca no se libraba de los comentarios del crítico que firmaba con el seudónimo Junius, que ha sido descrito por un historiador como «tal vez el más hábil y devastador comentarista político» que Inglaterra haya producido jamás (Plumb, 1966, p. 118). En el comienzo de una de sus denuncias, Junius se dedicó a excluir al monarca de su ataque: «La doctrina inculcada por nuestras leyes, *Que el rey nunca puede equivocarse*, se admite sin reparos» (1779, p. 100, cursiva en el original). A pesar de ello, Junius pronto se dedicó a lanzar calumnias contra el carácter del rey. Junius concluyó este exabrupto particular con una amenaza, que tomaba su fuerza del conocimiento general de que la casa de Hannover había usurpado la corona a los Estuardo. Junius escribió que mientras el rey «se jacta de la seguridad de su derecho a la corona, debería recordar que, así como fue obtenido por una revolución, puede perderse por otra» (1779, pp. 111-112).

Los principales objetivos de Junius pueden haber sido los ministros del rey, pero en 1792 el objetivo satírico de Gillray se dirigía con toda seguridad contra los personajes reales. Aquel año produjo una profusión de caricaturas antimonárquicas, con un total de veintiséis grabados satíricos de la realeza (Hill, 1965, p. 44). Entre la producción de 1792 había un par de retratos que concitaron un gran interés. El primero de ellos, titulado *Un voluptuoso bajo los horrores de la digestión,* muestra al príncipe de Gales en un avanzado estado de disipación después de haber comido y bebido en exceso y con el vientre prominente reventando a través de sus calzones. Las facturas de las deudas de juego están metidas bajo un orinal rebosante y el príncipe está rodeado de medicamentos para la indigestión y la viruela. El grabado complementario, *La templanza disfrutando de una comida frugal,* describe al rey y a la reina tan mezquinos como derrochador era su hijo mayor. La pareja real, con la ropa remendada, está comiendo huevos duros, agua y chucrut (el último artículo llama la atención sobre los orígenes no ingleses de la casa de Hannover). No hay fuego en el emparrillado de la chimenea; el rey ahorra en servilletas colocándose el mantel alrededor del cuello. Una nota fijada a la pared, como si fuese el menú de un restaurante, informa al rey sobre la tasa de interés de su fortuna. Las caricaturas gemelas del rey acaparando la riqueza de la nación y el príncipe dilapidándola habían aparecido en otros grabados de Gillray, pero en ninguna parte con mayor efecto que en estas dos producciones de julio de 1792.

No obstante, este tremendo ataque satírico contra la familia real cesó súbitamente. Los temas antimonárquicos fueron reemplazados por la defensa de la monarquía. Las producciones posteriores, que retomaron temas pasados, serían más amables, como, por ejemplo, los grabados casi sentimentales del príncipe de Gales soñando en vísperas de su boda (14 de enero de 1795; reproducidos en

Hill, 1966). Podríamos preguntarnos cuál fue la causa de un giro tan repentino y si se produjo un cambio de actitud por parte de Gillray, tal vez incluso una conversión que le hizo pasar de crítico a defensor de la monarquía.

En verdad, no había ningún cambio de actitud en el sentido estricto sino que se había producido un acontecimiento histórico que requería una reevaluación de las posiciones mantenidas hasta ese momento. En enero de 1793, el rey de Francia fue ejecutado por los jacobinos y, en febrero, la República francesa declaró la guerra a Inglaterra. Gillray respondió con una contundente caricatura antirrepublicana en la que aparecía Luis XVI en la guillotina. Un *sanscoulotte*, identificable por su trasero desnudo, toca el violín mientras arden iglesias y las monjas son colgadas: la brutal escena lleva el irónico título de *El cenit de la gloria francesa: el pináculo de la libertad* (12 de febrero de 1793). El *sanscoulotte* era un sujeto tan familiar en la producción de Gillray de 1793 como lo habían sido los defectos de la familia real británica el año anterior. Los temas antirrepublicanos ilustraron no menos de una decena de caricaturas firmadas por Gillray en 1793.

El cambio de papel de crítico a justiciero no se puede considerar al margen del contexto histórico de la controversia. Después de la ejecución de Luis XVI, la crítica monárquica asumió un nuevo significado. En 1793, las caricaturas de Jorge III y el príncipe de Gales habrían contenido implicaciones más radicales, e incluso antipatrióticas, que las que tenían en 1792. Los dibujos tal vez fuesen los mismos, pero en 1793 la línea de grabado de la barriga del príncipe de Gales habría expresado inevitablemente simpatías jacobinas y regicidas. Gillray, en común con la inmensa mayoría de su público, no quería ponerse del lado de los jacobinos. De hecho, Gillray incluso colaboró con una revista llamada explícitamente *The Anti-Jacobin Review*. Todo esto no sugiere necesariamente que Gillray rechazara sus actitudes previas, incluido su temprano apoyo a la Revolución francesa. Gillray no había descubierto de pronto la espléndida generosidad del monarca inglés ni la seriedad de su heredero. El artista más bien había descubierto, o se había visto obligado por la evolución histórica a descubrir las limitaciones de su antimonarquismo. Ante el cambio de contexto de la controversia, Gillray se había vuelto para hacer frente a un desafío argumentativo de la izquierda. Con el fin de contrarrestar esta nueva situación, él estaba Ocupando el lugar del Otro, y utilizaba para ello los símbolos nacionales de la realeza que antes había ridiculizado.

Es posible que Gillray haya formulado nuevas imágenes, y nuevos argumentos, para abordar el cambio de situación, pero esta novedad no estaba construida a partir de una conversión súbita. Para entender cómo se expresaba su nueva posición es necesario buscar las características implícitas en la posición anterior, cuando su objetivo era la monarquía británica. En sus trabajos anteriores había aspectos que contenían la base implícita de su antijacobinismo. En 1790, una caricatura que elogiaba la Revolución francesa y la caída de la Bastilla describe a la libertad devolviendo la corona de Luis XVI con las palabras «Recibid de la Libertad nuevamente vuestra corona» (véase Hill, 1965, p. 42). En este caso se observa implícitamente una defensa de la monarquía limitada y, por lo tanto, una crítica implícita del rígido antimonarquismo que se revela en el jacobinismo. Del mismo modo, la amenaza anterior proferida por Junius contiene una defensa implícita de la monarquía: una revolución puede derrocar a los Hannover, había amenazado Junius, pero luego insinuaba que estos serían reemplazados, no por el jacobinismo, sino por una monarquía más benévola o débil. Esta cuestión, obviamente, no se podía explicitar porque aún no había llegado el momento del jacobinismo. Pero esos temas permanecen, justo bajo la superficie de la argumentación explícita, como recursos potenciales para futuras controversias, en caso de que el contexto cambie y el argumentador necesite Ocupar el lugar del Otro.

Cabe preguntarse si la persona que ocupa el lugar del otro está siendo incoherente. Esta reflexión puede ser objeto de un debate argumentativo. Los críticos pueden alegar incoherencia, pero la persona interesada puede justificarse reivindicando una coherencia total. La justificación puede implicar la conciencia de que el significado de las posiciones actitudinales depende del contexto más amplio de la controversia y no puede entenderse únicamente en términos de las declaraciones actitudinales pronunciadas por el individuo. No tenemos constancia de que Gillray se defendiera de esta manera contra las acusaciones de incoherencia, pero se puede ofrecer un ejemplo de otra figura pública de aquella época. Robert Bisset (1800) realizó esa defensa de su héroe Edmund Burke. Antes de que estallara la Revolución francesa, Burke había apoyado la causa popular contra el excesivo poder monárquico; de hecho, incluso había sido objeto de rumores que lo situaban como el autor de las cartas de Junius. Sin embargo, según Bisset, «poco después de la Revolución francesa se impusieron las doctrinas, con una tendencia a elevar la rama popular mucho más allá de su proporción» y los objetivos de Burke cambiaron. Bisset protestó alegando que era un error acusar a Burke de incoherencia a causa del cambio observado en sus argumentos. La conducta de Burke «nacía de una identidad de principios, variando sus operaciones en función de las circunstancias». Bisset, recurriendo a una descripción de Ocupar el lugar del Otro a modo de justificación para la táctica, llegó a la conclusión de que «hay estados de la sociedad en los que sería apropiado asumir las mismas opiniones que sería correcto adoptar en otras circunstancias» (Bisset, 1800: 269).

En todo este cuadro nos encontramos tratando con los temas implícitos y contrarios de argumentos actitudinales y con los contextos donde podrían desarrollarse de manera explícita. En realidad, los temas implícitos pueden haber sido mucho más complejos que los descritos. Los temas monárquicos implícitos pueden tener también sus propias partes contrarias republicanas, que podrían haberse hecho explicitas en otros contextos. Si los monarcas abusan de la libertad, o si las revoluciones triunfan solo porque sustituyen a un soberano inaceptable por otro, entonces los críticos como Gillray, Junius o incluso Burke podrían haber sido atraídos hacia el bando republicano. Podría haber llegado el momento en que encontraran razones por las que el rey no podía hacer nada bien y por las que ninguna cabeza real merecía llevar el gorro de la Libertad. Por supuesto, de todas las infinitas posibilidades habría de surgir solo un conjunto de circunstancias históricas. Sin embargo, desde una perspectiva psicológica social, que intenta examinar la estructura actitudinal, es necesario reconocer esas características implícitas cuyas semillas podrían haber sido alimentadas para que florecieran bajo otras circunstancias. Estas características implícitas contienen contratemas contrarios a los temas de argumentos explícitos, e incluso posiblemente contra otros contratemas. A menos que se reconozca esta dimensión argumentativa implícita, no será posible entender de qué manera los acontecimientos históricos reales fueron capaces de hacer explícito un determinado conjunto de justificaciones implícitas a medio formar.

Actitudes contemporáneas: justificación y racionalización

En las posiciones asumidas por Gillray es posible identificar una serie de temas ideológicos, tales como nacionalismo, antiautoritarismo, tradicionalismo, libertarismo, etc. Estos no están integrados dentro de un sistema ideológico estricto que puede computar posiciones actitudinales con la precisión de una fórmula matemática. Existe, en cambio, una evidente tensión a medida que los asuntos se orientan hacia direcciones ideológicas contrarias. En este sentido, en el pensamiento de Gillray se advierte un sentido de modernidad. En la opinión pública británica moderna persisten temas ideológicos conflictivos similares.

Los valores radicales y conservadores siguen coexistiendo y no son tanto propiedades de poblaciones diferentes sino que se encuentran en el pensamiento de las mismas personas (Billig, 1982; Billig *et al.*, 1988; Edelman, 1977). Existen, por supuesto, diferencias importantes entre los siglos XVIII y XX en relación con las actitudes hacia la monarquía. En el siglo XVIII, la función de la monarquía era un tema de abierta controversia, ya que el papel del monarca era debatido y cuestionado con vehemencia. Con el propósito de sumarse al ambiente de controversia es necesario plantear justificaciones o críticas explícitas. No obstante, tal como muestra el ejemplo de Gillray, la existencia de críticas explícitas no excluye la continuación de justificaciones implícitas y viceversa. Asimismo, el equilibrio entre crítica y justificación implícitas puede cambiar a medida que el contexto de controversia se desarrolla en términos históricos.

En la actualidad, la posición en lo que respecta a la monarquía es muy diferente. Existe escasa controversia política unida a la figura de la soberana ya que, como reconoció Bagehot en el siglo XIX, el monarca constitucional exitoso debe estar alejado de la política. El republicanismo no es un tema en el debate político contemporáneo (Harris, 1966; Ziegler, 1978). Studlar (1984) ha señalado que todas las instituciones establecidas en Gran Bretaña han sido objeto de ataques críticos en épocas recientes excepto la monarquía: «Solo la monarquía parece a salvo del desafío, segura en su sustantiva debilidad» (p. 5). La debilidad no es financiera y tampoco es una debilidad que se deriva del hecho de ser ignorada. Sin embargo, la posición constitucional de la monarquía escapa a la controversia, aunque las personalidades de la familia real, su sentido de la indumentaria y sus actividades de ocio son todos temas de debate. En esta atmósfera, no cabría esperar que las críticas y justificaciones de la monarquía fuesen más explícitas, ya que actualmente no son necesarios en el debate.

Por otra parte, existe una cálida aceptación general de la monarquía, un hecho revelado regularmente mediante las encuestas de opinión pública (por ejemplo, Encuesta Nacional de Opinión, 1986; Gallup, 1976; véanse encuestas sobre sondeos en Harris, 1966; Norton, 1984; Ziegler, 1978). Young (1984), al examinar los resultados de la encuesta británica sobre actitudes sociales, comenta que las «actitudes hacia la monarquía se orientan con fuerza hacia un apoyo acrítico por parte de todos los grupos sociales» (p. 30). Este apoyo era tan firme y consensuado que Young (1984) ha abogado por suprimir de esta encuesta anual la pregunta relativa a la realeza. Si bien el número de estudios académicos sobre las actitudes monárquicas británicas son sorprendentemente escasos, los que se han realizado confirman el carácter consensual de la aceptación pública (véase Blumler *et al.*, 1971; Rose y Kavanagh, 1976; Billig, 1987b). Un grupo de investigadores se ha concentrado en las relaciones públicas en ocasiones ceremoniales (Bocock, 1974; Dayan y Katz, 1985; Shils y Young, 1975). El énfasis centrado en estas ocasiones, junto con las encuestas de opinión, podría llevar a la conclusión propuesta por Sils y Young (1975): el pueblo británico ama a su monarquía y este amor se expresa durante las coronaciones y ceremonias similares con una intensidad rayana en lo místico y que refuerza el sentido de comunidad nacional.

Aunque es evidente que las coronaciones y las bodas reales parecen evocar fuertes respuestas emocionales (Jennings y Madge, 1987; Ziegler, 1978), un enfoque retórico no puede contentarse con una descripción que sugiera que las actitudes británicas son bastante claras. Si la ausencia de desafío depende de que la monarquía se perciba como «sustancialmente débil», entonces detrás de ese apoyo manifiesto puede encontrarse una crítica implícita. Bajo circunstancias de cambio, los temas implícitos, tanto justificativos como críticos, podrían ser sacudidos en la explicitud argumentativa. En ausencia de controversia respecto de la institución de la monarquía, cabría esperar que la actitud consensuada británica fuese de aceptación irreflexiva. Sería irreflexiva porque la aceptación no ha sido probada en el debate. Por lo tanto, el atractivo de la monarquía podría parecerse a lo que McGuire (1964) denominó un «tópico cultural». Como demostró McGuire mediante sus experimentos de inoculación, dichos tópicos pueden mostrarse indefensos contra la crítica porque quien sostiene un tópico cultural no ha desarrollado justificaciones para defenderlo cuando se encuentra ante un ataque argumentativo. No obstante, la aplicación directa de ese modelo a la cuestión de las actitudes hacia la monarquía negaría el papel que desempeñan los factores implícitos, en especial las justificaciones implícitas a las que se podría recurrir en caso de preparar un ataque argumentativo o las críticas implícitas que saldrían a la superficie en circunstancias históricas cambiantes.

Los estudios realizados sobre las actitudes respecto de la monarquía revelan que las personas encuestadas no se parecen a los sujetos de McGuire (1964), que se mostraban completamente desvalidos cuando tenían que defender su tópico cultural. En cambio, los encuestados revelan que cuentan con los elementos básicos de un argumento justificativo para la monarquía. La naturaleza ideológica de esta justificación implícita contiene algunas características interesantes. Billig (1987b) solicitaba a las personas encuestadas que confeccionaran una lista con las ventajas de tener una monarquía y descubrió que las respuestas comunes se referían a los beneficios económicos del turismo y a la importancia de la monarquía para crear unidad social. Blumler *et al.* (1971) les presentó a las personas encuestadas una serie de afirmaciones promonárquicas. La afirmación que recibió la aprobación más sólida era la que sostenía que la monarquía beneficiaba el turismo. Ziegler (1978), en su análisis de los registros de observación masiva durante la coronación de Isabel II en 1953, revela que las dos razones más citadas para apoyar la coronación eran que creaba riqueza y que unía a la nación. Estas razones no se ofrecían con el propósito de abordar las críticas explícitas, ya que estas son poco frecuentes. Las razones, como tales, no eran justificaciones explícitas. Sin embargo, podría decirse que se trata de justificaciones implícitas de una naturaleza casi totalmente formulada, en el sentido de que aportan razones para la existencia de la monarquía y de sus actos solemnes. Representan justificaciones socialmente compartidas que estan preparadas si se presenta la ocasión de argumentar explícitamente.

Es necesario preguntar por qué esas justificaciones implícitas podrían haberse desarrollado en ausencia de críticas manifiestas. Cabría preguntarse ¿por qué el tema de la monarquía en Gran Bretaña no habría de parecerse a los tópicos culturales de McGuire, que carecían incluso de una defensa implícita? Como respuesta se podría suponer que las justificaciones implícitas pueden existir para abordar las críticas implícitas. Asimismo, las críticas implícitas pueden no derivarse de fuentes externas a la persona que adopta una actitud, sino que pueden tener su origen dentro de la ideología compartida por esa persona. Si es así, coexistirían entonces con justificaciones implícitas dentro de la parte implícita de la estructura de las actitudes, del mismo modo que, por ejemplo, la posición de Junius contenía temas implícitos, sus contrarios e incluso contra-contratemas. En otras palabras, es posible que exista, a un nivel implícito, una dialéctica internalizada entre crítica y justificación.

Este punto puede llevarse incluso más lejos considerando la naturaleza de las justificaciones implícitas contemporáneas de la monarquía. Se puede decir más sobre la justificación, que tanto Blumler *et al.*, (1971) como Billig (1987b) consideran como más destacada: la del beneficio para el comercio turístico. En un sentido obvio, se trata de una justificación de lo más sorprendente. Estamos considerando una institución supuestamente amada y reverenciada por el público británico casi al extremo de una adhesión mística. No obstante, la justificación más común, o justificación implícita, es la de declarar que la institución ingresa dinero porque a los extranjeros les encanta observar sus desfiles. En este caso estamos tratando con una racionalización, en ambos sentidos del término: el psicológico y el ideológico.

Racionalización psicológica

Podría decirse que una racionalización psicológica es una justificación de una posición que se mantiene por razones no relacionadas con la justificación. En particular, los apegos emocionales pueden tener una justificación que psicológicamente no explica por qué el individuo los mantiene. La justificación implícita en el caso de la monarquía sugiere que los beneficios económicos de la monarquía superan ampliamente sus gastos obvios a cargo del erario público. No obstante, el pueblo, que podría afirmar esto, no habrá hecho un cuidadoso cálculo de las finanzas reales. Ellos no han llegado a tener una visión favorable de la monarquía *porque* el balance se sitúa en números negativos. Las pruebas de desarrollo sugieren que el apego a los símbolos de la monarquía se produce en una etapa temprana, mucho antes de que sea posible realizar sofisticados análisis de costo-beneficio de los ingresos nacionales (Abramson e Inglehart, 1970). En otras palabras, la justificación implícita es una racionalización, que existe para protegerse de las críticas. Preserva el apego, pero no es su causa.

Racionalización ideológica

A diferencia de la racionalización psicológica, una racionalización ideológica se puede referir al contenido de la ideología socialmente compartido: en particular hacer referencia a la clase de ideología que intenta explicar el mundo social con la intención de que parezca racional. La justificación implícita, que alude a los beneficios financieros de la nación que posee una monarquía, es una racionalización en este sentido. Se trata de una institución, que es reconocida por académicos desde Bagehot hasta Shils y Young como apelando a sentimientos irracionales, a la que se le concede una justificación racional y que se percibe sirviendo al propósito de crear riqueza nacional. La persona que adopta una actitud se convierte en un «economista profano» al realizar esa clase de juicio: es como si se hubiesen realizado cálculos racionales. La justificación implícita en términos de unidad nacional es también, en este sentido, una racionalización. En este caso, la persona que adopta una actitud, se convierte en un «sociólogo profano» en lugar de al referido economista. Siguiendo a Bagehot o a la sociología funcional moderna, se hace la afirmación de que la figura del soberano une al colectivo nacional. Nuevamente, se dice que las fuerzas místicas sirven a una función racional y, de este modo, son racionalizadas.

La necesidad de que la monarquía sea racionalizada funcionalmente, al menos de manera implícita, se puede constatar en el programa oficial de la coronación en 1953. Este fue el espectáculo que marcó un punto álgido de comunión nacional, celebrado con profunda intensidad (Shils y Young, 1975). El programa oficial, colmado de símbolos tradicionales, imágenes religiosas e incluso un efusivo poema obra del Poeta Laureado, incluía un artículo que explicaba la *Majestad de la Reina* (Bryant, 1953). El autor declaró que la Corona era el símbolo de la unidad nacional. Como tal, era capaz de producir «un milagro más maravilloso que el mayor logro de la ciencia», porque «permite que millones que nunca se han mirado unos a otros actúen juntos en cooperación pacífica y mutua y hace que se sientan contentos y orgullosos de hacerlo» (p. 8). El funcionalismo racionalizado se expresa incluso en este momento de emoción patriótica y casi mística. El milagro no lo representa la monarquía en sí sino lo que consigue. Toda la irracionalidad de pompa y circunstancia tiene una justificación perfectamente racional: «No puede existir un mayor servicio a la humanidad que preservar esa unión e impedir que esos millones se disuelvan en un grupos antagónicos y destructivos» (p. 8). Por lo tanto, el autor consideró apropiado justificar la monarquía sin refutar explícitamente una impugnación crítica, ya que no parecía existir ninguna de modo explícito.

Desde una perspectiva retórica podría decirse que la monarquía no se defiende en términos de sus propios lugares comunes monárquicos, sino según otros lugares comunes. Es como si la monarquía no fuese un valor en sí misma, sino que necesita ser justificada por unos valores más básicos y universalmente aceptados. La creación de riqueza y la armonía nacional representan dichos valores y, como lugares comunes retóricos, proporcionan las fuentes no controvertidas para justificar aquellas cuestiones que pudieran ser puntos de controversia (Billig, 1987a). El resultado es que la monarquía queda justificada de un modo inmediato y racional cuando queda implícito que la institución crea riqueza o nacionalidad. No obstante, esta misma reivindicación de la monarquía implica una limitación: la institución irracional y reverencial debe ser tolerada siempre que sirva a su función. Esta justificación implícita también contiene las semillas de su propia crítica implícita.

Justificaciones implícitas y contradicciones ideológicas

Se puede decir que los principales temas de la ideología moderna contienen la posibilidad de criticar a la realeza, ya que los valores del logro individual y la igualdad democrática deben contener su propia potencialidad implícita para criticar el privilegio heredado y el poder aristocrático. El monarca moderno no es una figura que deba ser incuestionablemente venerada y que con un toque mágico pueda curar la escrófula (Bloch, 1973). A fin de sobrevivir en una era racional, la institución irracional debe tener una función y resultar atractiva para la población. No hay duda de que la realeza moderna es consciente de esta situación. El actual príncipe de Gales ha sido citado diciendo que «algo tan curioso como la monarquía no podrá sobrevivir a menos que se tengan en cuenta las actitudes de la gente (…); después de todo, si la gente no la quiere, no la tendrá» (citado en Rose, 1985, p. 75).

Si se percibe a la monarquía como cumpliendo una función, entonces la realeza tiene un trabajo que hacer. El lenguaje del profesionalismo no es inapropiado. Eduardo VII, quien temía seriamente que su hijo fuese el último rey de Inglaterra (Nicolson, 1952), solía referirse a su reinado como su *métier*, estableciendo un paralelismo con los empleos de «trabajadores y profesionales» (Andrews, 1975, p. 182). Es probable que, en sus días de juventud, Eduardo VII no se tomara tan en serio su profesión. Una serie de escándalos, en los que no estuvieron ausentes las apuestas y los divorcios, perturbó las exigencias morales de la conciencia burguesa sobre la moralidad de la realeza. Sin embargo, el movimiento republicano de la década de 1870 parece haber estado más preocupado por los fracasos de Victoria que por los pecadillos de su hijo (Roby, 1975). En su estado de duelo exagerado, la reina se negaba a cumplir con sus obligaciones públicas. Puede que no hiciera su trabajo pero seguía cobrando su generoso sueldo. Era como si el avaro monarca de Gillray fuera más ofensivo que la voluptuosa que sufría los horrores de la disipación.

Las encuestas modernas han revelado la medida en que el pueblo espera que la familia real se gane su posición privilegiada. Las propias preguntas utilizadas en las encuestas de opinión pública indican la importancia del supuesto. Por ejemplo, una encuesta sobre las actitudes de los jóvenes hacia la monarquía preguntaba quiénes eran los miembros más trabajadores de la casa real (Young Guardian Garrick James Youth Survey, *The Guardian*, 29 de abril de 1987). Existía una clara relación entre las personas vinculadas y la cantidad de trabajo que se percibía que realizaban. La prensa popular se hace eco de la creencia de que la realeza debe desaparecer, si no por ser realeza, al menos por otras actividades: «Acéptalo, Carlos, ¡necesitas un trabajo!» declaraba la portada del tabloide *Star* en un mensaje dirigido al príncipe de Gales (6 de mayo de 1987). Si las encuestas de opinión pública revelan consenso casi generalizado sobre el apoyo a la monarquía, con frecuencia revelan también una división en lo que respecta a qué miembros de la familia real deben recibir apoyo económico y, en particular, se apoya la retirada de la financiación pública a aquellos miembros que se considera que no trabajan lo suficiente (véase, por ejemplo, Pearson, 1986, pp. 227 y ss.).

Se puede dar un ejemplo para mostrar cómo esta actitud contiene su propia potencialidad para inclinarse de la justificación implícita a la crítica explícita, en caso de que se piense que el equilibrio entre costo y beneficio ha cambiado. El ejemplo se ha tomado de un artículo de fondo publicado en el tabloide *The Sun*, que declara ser monárquico pero que se deleita destapando cotilleos relacionados con la realeza. En el número del 3 de diciembre de 1971, *The Sun* comentó un informe parlamentario según el cual los miembros de la familia real deberían recibir grandes aumentos en sus asignaciones. El titular establecía el tono del artículo: «Claro, es el mayor espectáculo de la Tierra, pero ¿es necesario que nos cueste la Tierra?». El periódico exigía que se ofreciera al público un buen espectáculo a cambio de su dinero: «Sigue siendo necesario preguntarse si estamos obteniendo una buena relación calidad-precio. Y *The Sun* no está convencido». Con una gran hipérbole, el periódico predijo que las justificaciones se convertirían en agrias críticas: «El Gobierno debería reconocer que el informe puede convertir a muchos lealistas en republicanos».

Las críticas del periódico al informe eran una amenaza apenas disimulada de que su propia lealtad tenía límites. La amenaza era casi explícita, si bien ocultaba detrás una predicción acerca de las reacciones de otras personas. Al formular esa amenaza se reconocía que una alteración en las circunstancias podrían llevarla, y a «muchos leales», a Ocupar el lugar del Otro. Cualquier cambio en la posición podía atribuirse a factores externos, y así podía montarse una defensa de la propia coherencia, al tiempo que aparentemente se cambiaba de bando, del lealismo al republicanismo. Naturalmente, como suele suceder con el tabloide mencionado, el tema está tratado de una manera exagerada. Los llamativos titulares implicaban que la marcha del jacobinismo moderno estaba a punto de comenzar a causa de un oscuro informe parlamentario. Pero donde la historia publicada por el periódico tenía realmente importancia era en la descripción y, de hecho, en la representación de las limitaciones de una posición actual, que en un nivel está basada en una posición explícitamente favorable y que, sin embargo, contiene sus propias limitaciones implícitas. Sin estas limitaciones no habría necesidad de justificaciones funcionales implícitas, que conllevan la posibilidad de criticarlas si cambian las circunstancias.

Otro aspecto de la historia revelada por *The Sun* merece ser comentada. La pompa real es desmitificada: se describe como «circo» y «espectáculo» con una audiencia de pago que exige que los actores desempeñen profesionalmente sus papeles. Numerosos observadores han afirmado que la ideología moderna está marcada por la implacable desmitificación de la tradición (es decir, Horkheimer y Adorno, 1973; Horkheimer, 1988; Abercrombie *et al.*, 1998). Bagehot (1965/1867) puede haber pensado que la monarquía, con su boato y evocaciones de antigüedad, era un «disfraz» de la verdadera política, necesario para retener la lealtad de las masas ignorantes (p. 97). Sin embargo, el público moderno es capaz de ver a través del disfraz. La gente sabe que toda esa pompa deriva de su realidad como circo y exige que el circo satisfaga funciones racionalizadas.

Esto puede parecer exagerado y sin duda es necesaria una detallada investigación psicológica social, probablemente de naturaleza cualitativa, para sostener el argumento. Sin embargo, existe otro elemento de prueba, que puede utilizarse para demostrar de qué manera las circunstancias históricas pueden producir una desmitificación dramática de la monarquía, que no sería posible si la gente no dispusiera ya de las herramientas ideológicas para esa desmitificación crítica. Uno de los archivos de Mass Observation más significativos es el informe realizado en septiembre de 1940 (Informe 247). Este documento se basa en comentarios sobre la realeza recopilados durante la primera parte de la Segunda Guerra Mundial. Cabría pensar que se trataba de una ocasión en la que el símbolo de la unidad nacional se encontrara en un estado de máxima necesidad, mientras la ciudadanía se prepara para sacrificar sus vidas por el rey y la patria: bajo condiciones de amenaza nacional era de esperar que se intensificara la fuerza psicológica del símbolo (Edelman, 1964; Sherif, 1966). En cambio, el ambiente, según revelaron los datos recopilados por el informe de Mass Observation, es de indiferencia respecto de la realeza. Una mujer de mediana edad de clase trabajadora comentó: «Creo que todo es un poco tonto; reyes y reinas en tiempos de guerra. No creo que se les quiera. Todos los reyes están bien en tiempos de paz, nos gustan las ceremonias y las vestimentas reales, pero ahora depende de todos nosotros, no de los reyes y las reinas». Otro hombre comentó que «los reyes y las reinas no hacen mucha diferencia cuando se trata de guerras y todo eso. Los nuestros son solo figurines y eso se demuestra más que nunca en tiempos de guerra».

Cabría suponer que esta es la misma clase de gente que, apenas unos años antes, había disfrutado y se había sentido conmovida por el esplendor desplegado durante el jubileo de Jorge V y la coronación de Jorge VI. Del mismo modo, volverían a mostrar esos mismos sentimientos, probablemente con renovada intensidad, en 1953. Podría suponerse, de nuevo, que el cambio de posición se produjo sin que hubiese sentimientos de cambio de actitud o disonancia. Asimismo se podría predecir que si en 1940 la realeza hubiera continuado con los pomposos desfiles de tiempos de paz (como había hecho el príncipe regente durante las guerras napoleónicas), la indiferencia podría haberse convertido en crítica explícita. La propia realeza, consciente de los límites de la lealtad de sus súbditos, supo hacer los ajustes necesarios en su trabajo. Se encontró una utilidad en tiempos de guerra y no se produjeron críticas implícitas.

Conclusiones

El análisis teórico, así como el debate acerca de las actitudes monárquicas, ha concitado la atención sobre la distinción entre los aspectos argumentativos explícitos e implícitos de las actitudes. En psicología social no es suficiente solo con definir las actitudes según la posición adoptada en un momento determinado, con el supuesto de que dicha posición es fija, que solo cambia por la recepción de «información persuasiva». Los aspectos implícitos deben tenerse en cuenta, especialmente si un fenómeno como Ocupar el lugar del Otro debe diferenciarse de un cambio de actitud convencional. El caso de James Gillray sirve para ilustrar esta situación. En 1792 estaba asumiendo una posición antimonárquica, mientras que en 1793 la había abandonado. El cambio dependía de los cambios que se operaban en el amplio contexto de la controversia, que provocó el desarrollo de los aspectos actitudinales anteriormente implícitos.

El tema de las actitudes contemporáneas respecto de la monarquía muestra que la distinción entre características implícitas y explícitas puede llevarse un paso más allá. En la actualidad, la institución de la monarquía no es un tema controvertido en Gran Bretaña. En este sentido no cabría esperar que hubiera justificaciones totalmente formuladas. Si surgiera una controversia, y si los republicanos ganaran adeptos, se podría predecir que los partidarios afinarían sus justificaciones, ya que los temas implícitos se desarrollan explícitamente en el curso del debate argumentativo. Las nociones vagas sobre los beneficios turísticos de la monarquía podrían articularse mejor a fin de combatir las nociones republicanas contrarias. La paradoja es que las posturas argumentativas a veces solo se justifican cuando se critican (Billig, 1987a).

A pesar de la carencia de justificaciones manifiestas en lo que respecta a la monarquía, existen no obstante justificaciones implícitas. Estas no existen para hacer frente a desafíos externos virtualmente inexistentes, sino que son necesarias porque aquellos que justifican la monarquía poseen también los recursos para plantear una crítica implícita de la misma. En este sentido, la ideología permite la posibilidad de una dialéctica implícita, internalizada. El partidario actual de la monarquía dispone de los temas implícitos que permitirán que ese apoyo se traduzca en una crítica en caso de que la monarquía no consiga hacer su trabajo o si se advierte que las cuentas no cuadran. Es posible que hoy la respuesta dominante sea favorable, pero esta circunstancia solo se mantiene en la medida en que se acepte de manera implícita que las funciones se están cumpliendo de manera fructífera y racional. A esta posición actual no se le debe conceder una inmovilidad psicológica y alejada en cierto modo de la fluidez del desarrollo histórico. Los temas y contratemas ideológicos pueden asemejarse en un momento dado a semillas sin desarrollar, en el sentido de que contienen las posibilidades de futuras respuestas argumentativas, incluyendo esa especie de reverso cuando hay que Ocupar el lugar del Otro.

En este análisis hay una cuestión general relacionada con la naturaleza de las actitudes que se extiende más allá del tema específico de la monarquía. La estructura de las posiciones actitudinales actuales contendrá potencialidades implícitas para el futuro. Si esto apunta a la importancia de la dimensión implícita, existen entonces razones para no enfatizar una distinción absoluta y rígida entre lo implícito y lo explícito. En lugar de representar una dicotomía entre ambos, puede haber una continuidad. Las creencias sobre los beneficios financieros producidos por la monarquía han sido descritas como justificaciones casi totalmente formuladas, como si estuviesen situadas hacia el extremo explícito pero aún no fuesen completamente explícitas. Nuevas investigaciones sobre este asunto y otros podrían permitir a los investigadores construir finas líneas entre lo explícito y lo implícito y de sus relaciones con distintos contextos argumentativos.

Los investigadores podrían dedicarse también a estudiar los procesos mediante los cuales lo implícito se traduce en explícito. Tales investigaciones podrían llevarse a cabo desde una perspectiva histórica e incluso experimental. Por ejemplo, en el laboratorio a los sujetos experimentales se les podría pedir que representaran papeles en situaciones hipotéticas futuras con el fin de descubrir bajo qué tipo de circunstancias podrían Ocupar el papel del Otro. Se les podría pedir a los realistas que imaginasen cuál sería su reacción si el monarca comenzara a recuperar antiguos poderes para cesar gobiernos o a negarse a dar su consentimiento a los actos del Parlamento. O bien los sujetos realistas podrían ser enfrentados por un compañero que sostiene que el monarca tendría que recuperar esos antiguos poderes. Bajo esas circunstancias se podría prever que los temas críticos implícitos salieran a la superficie explícita del debate, y que los argumentos monárquicos recurrieran a las tradiciones retóricas antimonárquicas.

Sin embargo, no debe pensarse que una metodología se puede concebir con el propósito de plantear todos los temas implícitos en términos de lo explícito o que solamente los aspectos explícitos tienen una realidad actitudinal. En cualquier etapa, nuestras actitudes incluirán sus temas implícitos y estos forman parte de la estructura actitudinal. Por lo tanto, los psicólogos sociales necesitan estudiar los temas implícitos por sus propios méritos. Es probable que se trate de una tarea hermenéutica y posiblemente podría conseguirse mediante el análisis del discurso (Potter y Wetherell, 1987). Es necesario buscar directamente las semillas de las posiciones potencialmente actitudinales. Para continuar con la metáfora floral, podría decirse que los investigadores deben buscar este año las posiciones actitudinales plenamente florecidas para conseguir las semillas de los cultivos del año próximo. Los psicólogos sociales necesitan entrenar sus ojos para mirar más allá de los pétalos de colores brillantes o del lujurioso follaje para examinar estas pequeñas semillas contenidas en el interior de la actual planta con flor. Si su propósito es hacer predicciones deben recordar que las semillas tienen que desarrollarse bajo determinadas condiciones climáticas y que actualmente no se conocen. No obstante, la metáfora floral se rompe porque las semillas actitudinales contienen los ingredientes de la negación, así como de la repetición, del crecimiento actual. En particular, los temas contrarios implícitos, y sin duda los contra contratemas, poseen potencialmente un gran interés teórico.

Esto significa reconocer que, en un sentido estricto, las actitudes son indeterminadas o, mejor dicho, que su significado no puede determinarse por completo. Las actitudes siempre contienen significados implícitos, indeterminados. Esta posición teórica se puede comparar con el relato etnometodológico de las reglas sociales (por ejemplo, Coulter, 1983; Garfinkel, 2006; Wieder, 1971). Los teóricos etnometodológicos sugieren que las reglas sociales no pueden determinarse por completo sino que su significado se descubre a menudo *a posteriori*. Gillray descubrió los límites de este antirrealismo después de la Revolución francesa y los encuestados en Mass Observation descubrieron los límites de su monarquismo en los primeros años de la Segunda Guerra Mundial. Si embargo, la noción de descubrimiento podría ser ligeramente engañosa en sí misma si implica que todos los significados indeterminados e implícitos han sido determinados y explicitados.

Del mismo modo, no debe asumirse que la actitud descubierta es necesariamente más «cierta» que la precedente, más bien como si una motivación inconsciente hubiese sido extraída de las tinieblas del superyó hacia la luz del yo. Un conjunto de potencialidades se concretó históricamente, pero esto crea en sí nuevas potencialidades y, naturalmente, deja muchas más posibilidades aún sin cumplir. De esta manera, el área de lo implícito no ha sido mermada porque forma parte necesariamente del significado actitudinal. Existe una diferencia entre el tratamiento etnometodológico de las reglas y el presente debate sobre las actitudes. En el relato etnometodológico, las reglas se vuelven más precisas a medida que se encuentran nuevos precedentes. No existe un equivalente exacto de Ocupar el lugar del Otro. En el caso de las expresiones actitudinales, se producen inversiones a medida que cambian los contextos retóricos e históricos. Son estos contextos los que aportan los contextos para las actitudes sociales. A su vez, dichas actitudes deben permanecer inevitablemente indeterminadas mientras la historia tenga más caminos en los que tropezar.

Notas

[1] El término «Ocupar el lugar del Otro» se ha elegido deliberadamente para establecer un paralelismo con la noción de George Mead de «Asumir el papel del otro» (Mead, 1934). Para un análisis de las similitudes y, sobre todo, de las diferencias entre los dos fenómenos, véase Billig (1987a, capítulo 9).

Referencias

Abercrombie, N., Hill, S. y Turner, B. S. (1998). *La tesis de la ideología dominante*. Madrid: Siglo XXI Editores.

Abramson, P. R. e Inglehart, R. (1970). The development of systemic support in four Western democracies. *Comparative Political Studies, 2*(4), 419-442.

Andrews, A. (1975). *The follies of Edward VII*. Londres: Lexinton Press.

Bacon, F. (1985). *On the dignity and advancement of learning*. Londres: Longman.

Bagehot, W. (2010). *La Constitución inglesa*. Madrid: Centro de Estudios Políticos y Constitucionales.

Billig, M. (1982). *Ideology and social psychology*. Oxford: Blackwell.

Billig, M. (1985). Prejudice categorization and particularization: from a perceptual to a rhetorical approach. *European Journal of Social Psychology, 15*(1), 79-103.

Billig, M. (1987a). *Arguing and thinking: a rhetorical approach to social psychology.* Cambridge: Cambridge University Press.

Billig, M. (1987b). *Attitudes towards the British Royal Family: schematic and rhetorical aspects.* Manuscrito inédito, Universidad de Loughborough.

Billig, M. (1988). Common-places of the British Royal Family: a rhetorical analysis of plain and argumentative sense. *Text-Interdisciplinary Journal for the Study of Discourse, 8*(3), 191-217.

Billig, M. (1993). Studying the thinking society: social representation, rhetoric and attitudes. En G. M. Breakwell y D. V. Canter (eds.), *Empirical approaches to social representations* (pp. 39-62). Oxford: Oxford University Press.

Billig, M., Condor, S., Edwards, D., Gane, M., Middleton, D. y Radley, A. (1988). *Ideological dilemmas in everyday thinking.* Londres: Sage.

Bisset, R. (1800). *The life of Edmund Burke.* Londres: George Cawthorn.

Bloch, M. (1973). *The Royal touch.* Londres: Routledge.

Blumler, J. G., Brown J. R., Ewbank, A. J. y Nossiter, T. J. (1971). Attitudes to the monarchy: their structure and development during a ceremonial occasion. *Political Studies, 19*(2), 149-171.

Bocock, R. (1974). *Ritual in industrial society.* Londres: George Allen & Unwin.

Bryant, A. (1953). The Queen's majesty. En *The Coronation of her Majesty Queen Elizabeth II: Approved Souvenir Programme.* Londres: King George's Jubilee Trust.

Coulter, J. (1983). *Rethinking cognitive theory.* Londres: Macmillan.

Crocker, J., Fiske, S. T. y Taylor, S. E. (1984). Schematic bases of belief change. En J. R. Eiser (ed.), *Attitudinal Judgement* (pp. 197-226). Nueva York: Springer Verlag.

Dayan, D. y Katz, E. (1985). Electric ceremonies: television performs a royal wedding. En M. Blonsky (ed.), *On signs* (pp. 16-32). Oxford: Basil Blackwell.

Edelman, M. (1964). *The symbolic uses of politics.* Urbana: University of Illinois Press.

Edelman, M. (1977). *Political language.* Nueva York: Academic Press.

Edwards, D. y Mercer, N. (1987). *El conocimiento compartido: el desarrollo de la comprensión en el aula.* Barcelona: Paidós Ibérica.

Gallup, G. H. (1976). *Gallup International Public Opinion Polls, Great Britain 1937-1975.* Nueva York: Random House.

Garfinkel, H. (2006). *Estudios en etnometodología.* Barcelona: Anthropos.

Gergen, K. J. (1973). Social psychology as history. *Journal of Personality and Social Psychology, 26*(2): 309-320.

Griffin, P. y Cole, M. (1984). Current activity por the future: the Zo-ped. *New directions for child and adolescent development,* (23), 45-64.

Harris, L. M. (1966). *Long to reign over us?* Londres: William Kimber.

Hill, D. (1965). *Mr. Gillray: the caricaturist.* Londres: Phaidon Press.

Hill, D. (1966). *Fashionable contrasts: caricatures by James Gillray.* Londres: Phaidon.

Horkheimer, M. (1978). The end of reason. En A. Arato y E. Gebhardt (eds.), *The Essential Frankfurt School Reader* (pp. 26-48). Oxford: Basil Blackwell.

Horkheimer, M. y Adorno, T. W. (2007). *Dialéctica de la Ilustración*. Madrid: Akal.

Jaspars, J. M. F. y Fraser, C. (1984). Attitudes and social representations. En R. M. Farr y S. Moscovici (eds.), *Social representations* (pp. 101-123). Cambridge: Cambridge University Press.

Jennings, H. y Madge, C. (1987). *May 12th 1937: Mass Observation Day Survey*. Londres: Faber & Faber.

Junius (1779). *The Letters of Junius*. Londres: A. K. Newman and Co.

McGuire, W. J. (1964). Inducing resistance to persuasion: some contemporary approaches. En L. Berkowitz (ed.), *Advances in experimental social psychology* (vol. 1, pp. 192-229). Nueva York: Academic Press.

McGuire, W. J. (1969). The nature of attitudes and attitude change. En G. Lindzey y E. Aronson (eds.), *Handbook of social psychology* (vol. 3, 2.ª ed., pp. 136-314). Reading, MA: Addison-Wesley.

McGuire, W. J. (1986). The vicissitudes of attitudes and similar representational constructs in twentieth century psychology. *European Journal of Social Psychology, 16*(2), 89-130.

Mead, G. H. (1934). *Mind, self and society*. Chicago: University of Chicago Press.

Miller, M. (1986). *Kollective Lernprozesse*. Frankfurt: Suhrkamp.

Montmollin, G. de (1986). El cambio de actitud. En S. Moscovici (ed.), *Psicología social* (vol. 1, pp. 173-207). Barcelona: Paidós.

Moscovici, S. (1963). Attitudes and opinions. *Annual Review of Psychology, 14*(1), 231-260.

Moscovici, S. (1983). The phenomenon of social representations. En R. M. Farr y S. Moscovici (eds.), *Social representations* (pp. 3-69). Cambridge: Cambridge University Press.

Moscovici, S. (1984). The myth of the lonely paradigm: a rejoinder. *Social Research, 51*(4), 939-967.

National Opinion Polls (Encuestas nacionales de opinión) (1986). The Royal Family. *Political, Social Economic Review, 59*, 12-15.

Nicolson, H. (1952). *King George the Fifth*. Londres: Constable.

Norton, P. (1984). *The British polity*. Nueva York: Longman.

Pearson, J. (1986). *The ultimate family*. Londres: Michael Joseph.

Perelman, C. (1979). *The new rhetoric and the humanities*. Dordrecht: D. Reidel.

Perelman, C., y Olbrechts-Tyteca, L. (2009). *Tratado de argumentación. La nueva retórica*. Madrid: Gredos.

Petty, R. E. y Cacioppo, J. T. (1981). *Attitudes and pesuasion classic and contemporary approaches*. Iowa: Wm.C. Brown.

Plumb, J. H. (1966). *The first Four Georges*. Londres: Fontana/Collins.

Potter J. y Wetherell, M (1987). *Discourse and social psychology*. Londres: Sage.

Roby, K. (1975). *The King, the press and the people: a study of Edward VII*. Londres: Barrie & Jenkins.

Rose, R. (1985). *Politics in England*. Londres: Faber & Faber.

Rose, R. y Kavanagh, D. (1976). The monarchy in contemporary political culture. *Comparative Politics, 8*(4), 548-76.

Sherif, M. (1966). *Group conflict and co-operation*. Londres: Routledge & Kegan Paul.

Shils, E. y Young, M. (1975). The meaning of the Coronation. En E. Shils (ed.), *Center and periphery* (pp. 63-81). Chicago: University of Chicago Press.

Shotter, J. (1987). Rhetoric as a model for psychology, *Proceedings of the Futures of Psychology Conference*. Leicester: British Psychological Society.

Shotter, J. (1989). Vygotsky's psychology: activity in the developmental zone. *New Ideas in Psychology, 7*, 185-204.

Studlar, D. T. (1984). Introduction. En D. T. Studlar y J. L. Waltman (eds.) *Dilemmas of change in British politics* (pp. 1-19). Londres: Macmillan.

Szybillo, G. J. y Heslin, R. (1973). Resistance to persuasion: inoculating theory in a marketing context. *Journal of Marketing Research, 10*(4), 396-403.

Wieder, D. L. (1971). On meaning by rule. En J. D. Douglas (ed.), *Understanding everyday life* (pp. 107-135). Londres: Routledge & Kegan Paul.

Young, K. (1984). Political attitudes. En R. Jowell y C. Airey (eds.). *British social attitudes: the 1984 Report*. Aldershot: Gower.

Ziegler, P. (1978). *Crown and people*. Londres: Collins.

Capítulo 8
La naturaleza argumentativa de las opiniones firmes[*]

Prefacio

Este capítulo continúa abordando el tema de la monarquía, una cuestión sobre la cual el pueblo británico puede explayarse rápida y extensamente. Hay un cambio del amplio panorama histórico del capítulo anterior a los detalles de la conversación actual. Este capítulo examina qué significa expresar una opinión en términos retóricos. Con este propósito emplea algunas de las técnicas metodológicas del análisis de la conversación, si bien son seleccionadas para una causa teórica ligeramente diferente a que si estuviesen en manos de los analistas de la conversación.

El estudio se basa en un único caso, que se ha tomado de un proyecto más amplio que investiga la charla familiar sobre la familia real británica. El capítulo se centra en un individuo que tiene sólidas opiniones antimonárquicas y que expone con entusiasmo delante de su familia. Mientras habla, y su esposa e hijos le replican, se escenifica un complejo drama retórico. Tal como se analizó en el capítulo 1, la expresión de las opiniones no es un hecho simple; la gente habla entre sí y habla del mundo en general: las cuestiones estratégicas se mezclan con las reivindicaciones para retratar la realidad social. Como se sugiere en el capítulo 2, existe un vínculo entre argumentar y pensar. Mientras la familia discute, para que se oiga que piensan. De este modo, la filosofía cotidiana se replantea y se vuelve a discutir. Así, la ideología se vuelve a presentar de manera reflexiva.

---

[*] Este capítulo se publicó originalmente en 1989 con el título de "The argumentative nature of holding strong views: a case study", en *European Journal of Social Psychology, 19:* 203-222.

Introducción

La investigación tradicional sobre actitudes ha sido muy criticada por su método, sus presupuestos teóricos y, sobre todo, por su ausencia de logros firmes (Eiser, 1987; Jaspars y Fraser, 1983; Lalljee *et al.*, 1984; Potter y Wetherell, 1987; Smith 1987). Van Dijk (1987), al manifestar su insatisfacción con la investigación anterior, afirma que «a pesar de las decenas de libros y artículos dedicados a esta noción en psicología social, es muy poco lo que sabemos sobre la naturaleza concreta de las actitudes» (p. 264). Algunos críticos afirman que gran parte del problema se debe a la dependencia metodológica de los cuestionarios formales, que han dado por sentada la existencia de actitudes y que no dicen nada sobre la forma en que estas podrían expresarse en conversaciones corrientes. Por ejemplo, Lalljee *et al.* (1984) recomiendan tratar las actitudes como actos expresivos, e instan a los psicólogos sociales a que comiencen a investigar los medios por los que se realizan dichos actos expresivos y los contextos sociales en los que pueden tener lugar dichas actuaciones. Esto significa utilizar metodologías naturalistas y cualitativas. En este sentido, la recomendación coincide con el enfoque del discurso propuesto por Potter y Wetherell (1987). Los teóricos del discurso van más allá de la propuesta de introducir un cambio metodológico en los estudios con cuestionarios al análisis directo del discurso. Ellos argumentan en contra del supuesto básico de la teoría de la actitud, es decir, que existe una entidad psicológica como «una actitud», y discuten la utilidad teórica del concepto de actitud (Potter y Wetherell, 1988).

Aunque existen diferencias teóricas entre los distintos críticos, hay un acuerdo general en que el área temática, tradicionalmente ocupada por la investigación sobre actitudes, debe reconstruirse radicalmente. En la actualidad, dicha reconstitución no ha hecho más que empezar. Varios estudios sobre el discurso han revelado que las personas expresan sus opiniones de una forma mucho más compleja de lo que podría predecir la teoría tradicional de las actitudes (por ejemplo, Billig, capítulo 6 de este volumen; Billig *et al.*, 1988; Frazer, 1988; Potter y Wetherell, 1987, 1988; Van Dijk, 1984, 1987; Wetherell y Potter, 1988; Wetherell *et al.*, 1987). El presente estudio pretende desarrollar más esta cuestión mediante el examen de los aspectos retóricos, y en especial argumentativos, de lo que generalmente se podría denominar «expresar actitudes». No obstante, se evitará el término «actitud» para minimizar el riesgo de incorporar los supuestos de la teoría de la actitud tradicional porque dichos supuestos no pueden darse por hechos cuando se reconstituye el ámbito temático.

El presente estudio utilizará el término «opiniones» en lugar de «actitudes». Además, «opinión» se utilizará en un sentido no técnico, pues denota el objeto o tema de la investigación y no una herramienta teórica para estudiar el tema. Al igual que la gente corriente afirma «tener opiniones» y, de hecho, «tener actitudes», la psicología social debería estudiar qué ocurre cuando se hacen tales afirmaciones en la vida corriente. Por lo tanto, existe una necesidad de investigar qué significa «mantener una opinión» y esto se hará al examinar en detalle un único caso. En una fase temprana del desarrollo teórico de un área, el estudio de caso único puede ser especialmente útil, ya que el análisis detallado de un fenómeno concreto puede permitir la identificación de características básicas. Si bien no pueden hacerse afirmaciones sobre representatividad de la muestra a partir de un único estudio de caso, se espera que un análisis en profundidad pueda revelar características y complejidades que poseen una generalidad más extensa.

En el presente estudio de caso se explorarán especialmente dos características del discurso relativo a «mantener opiniones». El análisis examinará si el discurso de opiniones revela variabilidad. Asimismo, el análisis se preocupará por ver si dicho discurso expresa los supuestos de la multi o la intersubjetividad. Ambas cuestiones tienen importantes implicaciones teóricas para la reformulación de los enfoques tradicionales de las actitudes.

Variabilidad

Una de las líneas principales de la crítica dirigida por los teóricos del discurso contra los teóricos actitudinales tradicionales se ha centrado en la cuestión de la variabilidad. Los teóricos del discurso han sostenido que generalmente la gente no tiene posiciones actitudinales simples, invariables, sino que en su discurso expresan una compleja mezcla de posiciones (Billig *et al.*, 1988; Frazer, 1988; Potter y Wetherell, 1988; Wetherell y Potter, 1986, 1988). Potter y Wetherell (1987) sugieren que la variabilidad plantea el desafío más importante a los supuestos de la teoría de las actitudes, y compromete la noción de que los individuos llevan con ellos una posición actitudinal fija o una orientación estable hacia «actitud-objetos». Estos investigadores continúan argumentando que dicha variabilidad es completamente previsible desde una posición de discurso-acto, que considera el habla como una forma de acción: en contextos discursivos diferentes debe esperarse que la gente haga cosas diferentes con su discurso y, en consecuencia, habrá variabilidad en sus manifestaciones de un contexto a otro. Billig *et al.* (1988) señalan otra fuente de variabilidad. Ellos sugieren que el sentido común es «dilemático», al contener temas contrarios. Por lo tanto, la gente poseerá normalmente estos temas contrarios como parte de sus existencias de sentido común relativas al conocimiento; el empleo de esos temas se modificará entonces dependiendo del contexto retórico. Aparece nuevamente un desafío al supuesto de que la persona corriente es una portadora de actitudes que lleva consigo, de una situación a otra, una opinión fija e internamente coherente.

Multisubjetividad frente a intersubjetividad

La distinción entre estas dos clases de subjetividad procede del concepto de intersubjetividad enunciado por Pollner. Según Pollner (1974, 1975) el supuesto de intersubjetividad es un supuesto básico de la vida social: el razonamiento cotidiano asume que los puntos de vista deben ser sustituibles entre sí y que los puntos de vista no sustituibles son considerados como una amenaza para el supuesto de la realidad del mundo y, por lo tanto, las diferencias entre puntos de vista deben ser tenidos en cuenta. Gilbert y Mulkay (1984) y Mulkay y Gilbert (1982) demostraron que este supuesto avalaba el pensamiento de los científicos. Los científicos normalmente han asumido que sus teorías no reflejaban su propia subjetividad (o representarán simplemente sus propias «opiniones»), pero que cualquier persona que dispusiera de los hechos necesarios podía, o debía, llegar a la misma conclusión. Las opiniones opuestas de científicos rivales representaban un problema, que luego debía ser explicado con el fin de justificar el supuesto de intersubjetividad. En consecuencia, los científicos utilizaban una serie de estrategias discursivas para explicar despectivamente las teorías contrarias a las propias. A primera vista, el discurso de las opiniones no parece tener este mismo supuesto de intersubjetividad, ya que no muestra problema alguno con el hecho de que la gente tenga opiniones diferentes en cuestiones sociales, en el sentido de que sí constituyen un problema las opiniones divergentes relacionadas con la verdad «científica» o «legal». La teoría de la actitud tradicional a menudo parece asumir la multisubjetividad inherente al discurso de las opiniones. Con frecuencia se ha afirmado que las «actitudes» son estados emocionales internos y esto implicaría que el discurso actitudinal será fundamentalmente un discurso expresivo. Eiser y Van der Pligt (1988) han sugerido recientemente que una actitud es «una forma de experiencia» que es «básicamente *evaluativa*» (p. 3, cursiva en el original). Cabría esperar que cuando la gente habla sobre sus opiniones está describiendo sobre todo sus propios sentimientos y esperando que los otros tengan sentimientos diferentes. Por lo tanto, el discurso de las opiniones, lejos de basarse en reivindicaciones enfrentadas sobre una realidad externa, se basará en afirmaciones que describan diferentes aspectos subjetivos: «Siento cariño por X», «Siento frialdad hacia X», «Tiendo a sentir indiferencia hacia X». Esta clase de discurso es el que se obtiene de los encuestadores de la opinión pública. En ocasiones, las personas encuestadas expresarán abiertamente el supuesto de la multisubjetividad; el formulario de la Encuesta Británica de Actitudes Sociales incluye en sus instrucciones la frase «confiamos en que todos puedan dar su opinión sobre todas las cuestiones» (Jowell *at al.*, 1987: 246). De este modo, el mundo hacia el cual se orientan los encuestadores se asume como un mundo de multisubjetividad.

A diferencia de las opiniones de los teóricos de la actitud, quienes consideran que la expresión de opiniones es ante todo una cuestión de expresión externa de una subjetividad interior, los teóricos de la retórica han hecho hincapié en los aspectos argumentativos. Mantener una opinión sobre una cuestión social supone asumir una posición argumentativa en relación con las opiniones contrarias. Los temas sobre los que los encuestadores preguntan a la ciudadanía son cuestiones de controversia pública sobre las que se esperan posiciones diferentes y contrarias. El individuo, que asume una posición, no está describiendo simplemente el yo y las reacciones del yo sino que está contraponiendo opiniones alternativas. En este sentido, cabría esperar que el discurso de opiniones fuese un discurso argumentativo. En las discusiones no se establece simplemente una posición sino que normalmente se discute por la superioridad de la posición propia sobre la posición del rival. La dialéctica argumentativa de justificación y crítica no se basa en el supuesto de la multisubjetividad. No obstante, las cuestiones pueden no ser tan simples, al menos si se toma en serio el supuesto de que el sentido común es «dilemático». El supuesto de que «todos tienen opiniones» –y, de hecho, de que «todos *deben* tener opiniones»– puede coexistir con los supuestos contrarios de la intersubjetividad, y esta coexistencia podría ser una fuente de variabilidad discursiva.

La propuesta es examinar de qué manera podrían expresarse estos temas en un conjunto particular de discursos. El estudio de caso no se ha elegido al azar, forma parte de un proyecto mucho más amplio. Se ha seleccionado este caso particular a fin de proporcionar una «prueba difícil» de los supuestos del enfoque discursivo. El estudio toma como sujeto a un individuo de quien se reconoce que tiene «opiniones firmes».

Opiniones firmes y variabilidad

Puede argumentarse que la variabilidad encontrada en los estudios sobre el discurso no cuestionan realmente los supuestos de la teoría de la actitud, ya que la variabilidad siempre ha sido prevista por los teóricos de la actitud, al menos cuando quienes adoptan una actitud tienen actitudes «débiles» o inmaduras. Aquello que los críticos de la teoría de la actitud necesitan mostrar no es que se puede producir la variabilidad –ya que eso nunca se ha puesto en duda–, sino que se produce cuando menos se espera: es decir, que aquellos individuos que adoptan «actitudes firmes» mostrarán variabilidad en lugar de una respuesta fija.

Opiniones firmes y multisubjetividad

En la investigación de las actitudes ha existido una tradición que sugiere que la tenencia de opiniones firmes actuará contra el supuesto de la multisubjetividad. Por ejemplo, en sus estudios clásicos, Adorno, Frenkel-Brunswik, Levinson y Sanford (1965) y Rokeach (1960) sugerían que los fanáticos decididos creerán firmemente que solo existe «una» respuesta correcta a las cuestiones sociales. Estos individuos negarán la validez de la subjetividad de los otros. Por lo tanto, si se aceptan los supuestos de dichos estudios, podría hacerse una predicción respecto del discurso de las opiniones. Aquellas personas con opiniones firmes es probable que participen en las estrategias discursivas identificadas por Gilbert y Mulkay (1984) para descartar las opiniones de los otros. No obstante, si se asume la perspectiva retórica o discursiva, el discurso de la intersubjetividad y la multisubjetividad debe entenderse según el contexto retórico o argumentativo, y no debe darse por hecha la ausencia de variabilidad en el discurso de la persona que mantiene opiniones firmes.

El estudio

El presente estudio recoge una entrevista que forma parte de una serie realizada a familias sobre el tema de la familia real británica. Con este propósito se contactó con las personas escogidas para que participaran en calidad de familia, con el fin de debatir juntos cuestiones relacionadas con la familia real y se concertó una cita para que la entrevista tuviera lugar en el domicilio familiar. Las entrevistas fueron en gran medida no estructuradas y la entrevistadora planteó los diversos temas y animó a participar a todos los miembros del núcleo familiar. La entrevistadora tenía varios temas generales que tratar, aunque el orden de estos y la formulación de las intervenciones de la entrevistadora no estaban predeterminados. La tarea principal de la entrevistadora consistía en iniciar la conversación de los miembros de la familia y no en plantear temas específicos. No obstante, tenía instrucciones de formular un «resumen de preguntas» al concluir la sesión, cuyo enunciado se aproximaba al de dos preguntas de opinión pública de MORI** sobre la monarquía. Se indicó además a la entrevistadora que si los temas provocaban una discusión entre los miembros de la familia, su intervención debía ser mínima para que la discusión siguiera su propio curso. Ella tampoco debía intervenir aun cuando la discusión pareciera desviarse del tema inicial o incluso de la cuestión central relativa a la monarquía.

La familia, cuya entrevista se incluye en el presente estudio, vivía en una pequeña ciudad del condado inglés de West Midlands y estaba formada por el padre (42 años), la madre (39 años), un hijo (18 años) y una hija (17 años). Todos ellos vivían en la casa familiar que era propiedad de los progenitores. El padre estaba empleado como mecánico de automóviles, la madre trabajaba en una tienda y el hijo era tapicero. La hija aún estaba en la escuela terminando sus exámenes de bachillerato. La entrevista fue grabada y tuvo una duración aproximada de una hora y media. La entrevistadora la transcribió luego en su totalidad. La trascripción ocupó 34 páginas mecanografiadas. Las citas indicarán el número de página de la transcripción mecanografiada para dar una indicación aproximada del lugar que ocupa el extracto citado en la visión de conjunto.

En *Retrato del antisemita*, Jean-Paul Sartre escribe sobre su tío Jules, que era conocido en la familia por la vehemencia de sus opiniones antiinglesas. Cada vez que surgía el tema de los ingleses, el tío Jules sacaba toda la artillería a través de la conversación. El padre de la familia entrevistada era igualmente conocido por sus opiniones sobre la familia real. Cuando la entrevistadora estaba preparando la sesión, el hijo dijo que su padre tenía «opiniones firmes» sobre el tema y a menudo tenía arrebatos de cólera cuando se mostraban artículos de la realeza en televisión. La propia entrevista ofreció al padre la ocasión de exponer

---

** Ipsos MORI es una de las organizaciones de encuestas más conocidas del Reino Unido. Realiza estudios de investigación sobre políticas sociales y públicas e incluye temas como deporte, cultura, salud, ciencia, educación, delincuencia y empleo. *(N. del T.)*

sus firmes opiniones y a la entrevistadora de escucharlas. Por lo tanto, cuando este las expuso, y los otros miembros de la familia también junto con lo que opinaban acerca de las opiniones del padre, estaban haciendo algo que, en un sentido amplio, ya se había producido antes y que esperaban que se repitiera en el futuro, si bien no en presencia de la entrevistadora. Sin la continuidad de esta actividad, y sin la expectativa de dicha continuidad, el padre, igual que el tío Jules de Sartre, no se habría ganado su reputación de tener opiniones firmes.

Todos tenemos nuestras opiniones en esta casa

«Mantener opiniones firmes» es un ejemplo del fenómeno más general del hecho de mantener opiniones. Aunque es posible que no todo el mundo tenga «opiniones firmes», hay una expectativa culturalmente compartida de que todo el mundo tendrá opiniones de un tipo u otro, como ilustra la cita de las instrucciones de la Encuesta Británica de Actitudes Sociales. Tal suposición implica que los puntos de vista de las personas diferirán y, por lo tanto, esta suposición parecería implicar una multisubjetividad en lugar de una intersubjetividad. En cuanto a la cuestión de si una persona con opiniones firmes expresaría externamente esta suposición, cabe señalar una observación hecha por el padre. Justo al inicio de la entrevista, después de haber indicado que lee mucho sobre la familia real, declaró:

1. (p. 1)
Padre: ... Todos tenemos nuestras opiniones en esta casa, espero no imponeros la mía, ya sabéis que cada uno tiene la suya...[1]

Esta observación tiene la apariencia de una afirmación general de que el hogar se caracterizaba por la multisubjetividad. El comentario no se refería específicamente a la monarquía, sino que era general: todos en la casa tenían opiniones y se daba a entender que no todas las opiniones eran iguales. El hecho de que esta declaración se hiciera al comenzar la entrevista podría interpretarse como un anuncio de que el discurso que la entrevistadora escuchará a continuación estará marcado por la multisubjetividad. Además se observa un valor moral. No solo existe la afirmación de hecho de que los demás miembros de la familia tienen sus propias opiniones, sino que también existe la afirmación de que esto es correcto y adecuado. El padre da a entender que si interfiere con esta corrección, entonces lo está haciendo mal, está «imponiendo» sus opiniones.

Aunque el padre parece anunciar el inicio de un discurso de multisubjetividad, el discurso resultante no se caracterizaba por una estricta multisubjetividad: los miembros de la familia no exponían a su vez sus propios «sentimientos», «opiniones», etc., de forma que implicaran que las «opiniones», «sentimientos», etc., de uno no tuvieran ninguna relación competitiva o antagónica con los de los demás. En cambio, como veremos, el discurso estaba marcado por la argumentación, en la que «opiniones», «sentimientos», etc., estaban en permanente oposición argumentativa, con las opiniones firmes del padre como rasgo especialmente destacado. En este sentido, la declaración de multisubjetividad formulada por el padre no se puede considerar de forma aislada, como si fuese una respuesta incorpórea a una pregunta de un cuestionario. Es necesario incluirla en su contexto retórico y discursivo.

Las nociones de que todos tienen sus opiniones y que no está bien «imponer» las propias opiniones a los demás son tópicos culturales o lugares comunes. Es posible considerar a los lugares comunes como representando valores que en sí mismos no son objeto de debate, pero que desde el punto de vista retórico se utilizan a menudo para apoyar posiciones discutibles (Billig, 1987, 1988). El padre emplea un lugar común para expresar algo que él mismo reconoce que puede ser potencialmente discutible: él «espera» no imponer sus opiniones a los demás. La expresión de este deseo reconoce que son posibles otros relatos o categorizaciones de su comportamiento. Dichos relatos pueden retratarle infringiendo el supuesto de multisubjetividad mediante la «imposición» de sus firmes opiniones. El contraste entre la (legítima) expresión de las opiniones y la (ilegítima) imposición de opiniones se produjo más tarde en el transcurso de la conversación, cuando la familia hablaba sobre el príncipe Carlos.

2. (p. 18)

Entrevistadora: ¿Creéis que es correcto que alguien como Carlos hable de arquitectura de la forma en que lo ha hecho recientemente?

Hijo: No tiene nada que ver con él, ¿verdad?

Madre: Bueno, no, es su punto de vista, es su opinión.

Hijo: Está tratando de imponer su opinión a los demás.

Madre: No, pero es su…

Entrevistadora: ¿Creéis que eso influye? ¿Creéis que la gente se da cuenta?

Hijo: La gente se da cuenta, la gente que sigue a la familia real pensará que tiene razón.

En este extracto, la madre se enfrenta al hijo, quien está del lado del padre. Ambas partes recurren a los mismos tópicos para apoyar sus posiciones opuestas. La madre justifica las acciones del príncipe Carlos en términos del derecho individual a expresar opiniones. En cambio, el hijo critica las mismas acciones como una «imposición», con la implicación de que las acciones de Carlos ponen en peligro, o no respetan, los derechos individuales de los demás. Tal como sugiere el hijo, otros renunciarán a sus propios puntos de vista, habiendo sido influidos, o presionados, por el príncipe: lo que constituye exactamente «presionar», o retórica de base, queda sin elaborar por ambas partes, aunque se insinúa el uso ilegítimo del poder social. Es como si los participantes se basaran en una distinción entre la autoexpresión, que respeta la multisubjetividad, y la persuasión retórica, que la amenaza.

No obstante, se nos presenta una paradoja, en el sentido de que el discurso sobre la multusubjetividad es en sí mismo un discurso retórico. En el extracto 1, se puede considerar que el padre intenta persuadir a la audiencia de cómo se debe categorizar este discurso de opiniones. Él no está ofreciendo su caracterización simplemente como «suya» y sin que posea mayor validez que cualquier caracterización de sí mismo como «presionando». El padre está intentando una prolepsis con el propósito de evitar esas críticas (Billig, 1987), y más tarde veremos que, de hecho, él está respondiendo a una caracterización crítica de sus propias opiniones. En el extracto 2, los participantes están discutiendo entre ellos sobre cómo caracterizar el discurso de Carlos. Las diferentes formulaciones del discurso de Carlos se enfrentan entre sí, y cuando ocurre eso el supuesto de la multisubjetividad es un tema del discurso, en lugar de ser una característica de la práctica discursiva. En otras palabras, las posiciones se presentan como mutuamente incompatibles. La madre niega la caracterización que hacen de Carlos su hijo y más tarde su esposo, quien a su vez rechaza la que expone la madre. Los participantes asumen una oposición entre «presionar» y «expresar» opiniones y, por lo tanto, Carlos debe estar haciendo una cosa o la otra: la pregunta es cuál de ambas está haciendo. En este sentido, el argumento en su práctica asume una intersubjetividad ya que los participantes presuponen la validez superior de su propia posición. La paradoja reside en que ellos hacen esta suposición a la vez que declaran su propio compromiso con la multisubjetividad y, de hecho, utilizan los lugares comunes de la multisubjetividad como recursos para argumentar sus posiciones (véase Schiffrin [1985] para un análisis de la naturaleza paradójica del discurso de las creencias).

La persona que posee opiniones firmes participa de esta paradoja general, si bien con una dimensión retórica añadida. El padre, al propugnar el valor moral general de la multisubjetividad, está utilizando un lugar común compartido por todos los participantes. La práctica de argumentar la intersubjetividad tampoco limita al poseedor de opiniones firmes. En el extracto 2, el hijo, que en esta ocasión actúa como aliado temporal pero al que no se le suelen reconocer opiniones firmes, argumenta con fuerza. La madre tampoco niega débilmente el argumento del hijo, sino que responde a la afirmación positiva con una réplica negativa y, en este sentido, muestra lo que Violett (1988) ha denominado «resistencia discursiva».

No obstante, el poseedor de opiniones firmes se encuentra en una posición retórica particular, especialmente si, como en el caso del padre en el contexto familiar o de Carlos en el contexto nacional, se considera que ocupa una posición de poder privilegiada (es decir, el poder de ejercer influencia sobre los demás). Cuanto más enérgicamente se argumenten las opiniones, más riesgo corren de que los opositores las califiquen de «presionadas» en lugar de «expresadas». Si se las caracteriza de esta manera, entonces se las está desacreditando, del modo en que el hijo desacredita las opiniones de Carlos. El descrédito hace que la opinión sea retóricamente poco persuasiva, ya que la opinión «presionada» no tiene por qué tomarse en serio, al estar expresada de forma ilegítima: «No tiene nada que ver con él». Por lo tanto, quienes mantienen opiniones firmes pueden tratar de contrarrestar la crítica a la «presión» estableciendo sus propias credenciales multisubjetivas (véase Hewitt y Stokes [1975] para un análisis de la acreditación). El padre, al tomar la iniciativa para prefijar el debate con una declaración de multisubjetividad, no está reivindicando simplemente un lugar común general. Está enmarcando su propio discurso y negando que sus propias opiniones firmes tengan una intención amenazadoramente persuasiva. Al restar importancia al carácter persuasivo de sus opiniones, está, por supuesto, participando activamente en una actividad argumentativa dirigida a la persuasión.

Argumentar con opiniones firmes

La perspectiva retórica enfatiza que normalmente se afirma que existen los puntos de vista, opiniones o actitudes allí donde hay un contexto de controversia. Como tal, cabría esperar que el discurso de las opiniones en general, y de las opiniones firmes en particular, fuera un discurso argumentativo. La transcripción de la entrevista reveló el alcance del modo argumentativo del discurso. Desde el comienzo hasta el final, las preguntas formuladas por la entrevistadora provocaron discusiones entre los miembros de la familia, a medida que se expresaban opiniones a favor y en contra. En particular, las opiniones firmes del padre encontraban continuamente resistencia y, del mismo modo, sus opiniones resistían con vehemencia las opiniones favorables sobre la realeza que expresaban los demás. Hubo una serie de alianzas volátiles: en diferentes momentos, diferentes miembros de la familia se pusieron del lado del padre. El extracto 2 se produjo durante una alianza entre padre e hijo. En el extracto 3, el padre se combina con la hija contra el hijo. La familia está discutiendo sobre la sucesión al trono y si la descendencia masculina debe tener prioridad sobre la femenina. El padre ha criticado las prácticas de sucesión actuales y el hijo responde:

3. (pp. 3-4)
Hijo: Es la tradición.
Hija: Pero por qué debe ser la tradición.
Padre: En su día y época, debes estar de broma.
Hijo: sí, Pero no se puede cambiar algo que ha sido así durante años.

Al hacer esa afirmación respecto de la tradición, el hijo está desafiando al padre, al tiempo que este desafío es, a su vez, desafiado por el padre y la hija. Y el hijo defiende su desafío impugnado. En este breve extracto es posible observar lo que ha sido identificado como el modelo argumentativo básico de crítica y justificación (Perelman y Olbrechts-Tyteca, 1971). Los participantes critican a los demás y justifican sus propias posiciones frente a las críticas; el modo básico es el desacuerdo, aunque se producirán alianzas de acuerdo para fomentar el desacuerdo argumentativo. Además, no es solo la persona con opiniones firmes la que argumenta con fuerza.

La persona que expresa opiniones firmes elabora sus puntos de vista en relación con otras opiniones, que son negadas y criticadas, ya sea de manera implícita o explícita. En el discurso familiar, las opiniones objeto de crítica se expresan de manera inmediata, cuando el padre se enfrenta críticamente a las opiniones contrarias de los distintos miembros de su familia. El discurso de opiniones resultante se caracteriza por el desacuerdo. Como tal, difiere de gran parte del discurso estudiado hasta ahora por los analistas de la conversación. Se ha afirmado que existe una «preferencia por el acuerdo» en la estructura conversacional y que los hablantes mitigan, o cubren, los desacuerdos (Brown y Levinson, 1987; Davidson, 1984; Goodwin y Goodwin, 1987; Heritage y Atkinson, 1984; Pomerantz, 1978, 1984; véase también Bilmes, 1987, para un análisis crítico del concepto de «preferencia» en el análisis conversacional). Hasta la fecha, los analistas de la conversación han tendido a tratar la argumentación como una forma marginal del discurso, por ejemplo, en contextos especiales (Atkinson y Drew, 1979; Molotch y Boden, 1985), o entre grupos étnicos particulares (Schiffrin, 1984) o por niños (Goodwin, 1983; Maynard, 1985; pero véase Schiffrin, 1985, para un tratamiento más general de la argumentación). Es posible que, debido al tipo de discurso conversacional estudiado hasta ahora, haya sido factible concluir que los «investigadores del análisis del discurso han considerado generalmente el desacuerdo como algo que los participantes en una conversación intentan evitar» (Goodwin, 1983, p. 675).

No obstante, la persona que desea mantener opiniones firmes no puede evitar el desacuerdo, ya que debe marcar sus posiciones diferenciándola de otras posiciones, aun cuando quienes expresen esas otras posiciones no se encuentren físicamente presentes en el entorno conversacional. En el discurso familiar las opiniones contrarias están, por supuesto, locuazmente presentes. El padre no muestra la vacilación de discrepar, un dato que los analistas de la conversación han identificado en otros escenarios. Maynard (1985) se refiere a «acuerdos de cobertura» y «prefacios de acuerdo» como las formas mediante las cuales se suelen alcanzar los desacuerdos en la conversación entre adultos. En lugar de señalar el desacuerdo de manera inmediata, el habla indicará inicialmente acuerdo antes que desacuerdo: «sí, pero...» es dicho como un prefacio de acuerdo, ya que el desacuerdo que sigue al «pero» ha sido precedido por la señal de acuerdo (ese «sí»). Mediante el uso de tales prefacios de acuerdo, se ha afirmado que se mitiga el desacuerdo (véase Schiffrin [1984, 1985] para análisis detallados, que son sensibles a la dinámica de la argumentación). En el extracto 3, el padre no duda en estar en desacuerdo, y sus desacuerdos tampoco se moderan («debes estar de broma»).

El discurso de las opiniones, debido a su naturaleza paradójica, o internamente compleja, no es un simple catálogo de desacuerdos declarados. Las personas que mantienen una opinión, especialmente aquellas que exhiben opiniones firmes, deben distinguir su posición de las posiciones contrarias y, al hacerlo, revelan los supuestos de la multisubjetividad. Al mismo tiempo, sin embargo, si el discurso es argumentativo, esas personas participarán en una actividad persuasiva, revelando de esta manera los supuestos de la intersubjetividad. Los rasgos retóricos básicos de este discurso podrían caracterizarse crudamente de la siguiente manera: los oradores tratan de persuadir a los oyentes para que estén de acuerdo, mientras que los oyentes tratan de preservar su desacuerdo frente a tales oradores. Puesto que los participantes en la conversación son al mismo tiempo oradores y oyentes, cada uno expresa tanto una preferencia por el acuerdo como por el desacuerdo. Por lo tanto, en el extracto 3 padre e hijo tratan de persuadir al otro, al tiempo que señalan su falta de persuasión por parte del otro.

Si la persona que mantiene opiniones firmes busca persuadir a otros, entonces debe ofrecer argumentos con los que puedan estar de acuerdo. Las opiniones firmes pueden necesitar mostrarse claramente diferentes de las opiniones de los oyentes pero, al mismo tiempo, los oradores deben construir estas opiniones retóricamente a partir de puntos de acuerdo. El empleo de lugares comunes retóricos en este sentido puede resultar fundamental (Billig, 1987, 1988). Por otro lado, los oyentes deben mostrarse cautelosos con las propuestas de acuerdo, ya que estar de acuerdo con quien sostiene opiniones firmes puede significar el abandono de la propia subjetividad. Por lo tanto, las cuestiones de acuerdo deben tratarse con cuidado. En este contexto retórico, las formas de acuerdo de cobertura (los «sí, pero») pueden no indicar una renuencia a discrepar. En cambio, pueden ser un recurso para evitar estar de acuerdo con un defensor de opiniones firmes, que mitiga el fuerte desacuerdo en la búsqueda retórica de la persuasión.

Esto puede verse en el extracto 4, donde la madre utiliza formas de acuerdo de cobertura. La familia está discutiendo sobre el costo de la monarquía y el padre se queja de esos costos, como lo ha hecho a lo largo de la entrevista. El hijo sugiere que la monarquía es rentable: «Creo que se lo merecen» (p. 14). La madre está de acuerdo con el padre al argumentar que la monarquía posee demasiadas propiedades: «Creo que deberían tener solo el palacio de Buckingham, no deberían tener todas esas grandes mansiones» (p. 14). La implicación es que la monarquía con un solo palacio sería financieramente aceptable. El padre lo rechaza, pues su crítica a la monarquía va más allá de la de la madre:

4. (pp. 14-15)
Madre: Sí, si solo tuvieran el palacio de Buckingham y no tuviesen el castillo de Windsor.
Hija: Sí.
Madre: Y el de Balmoral.
Hija: Sí.
Madre: Y todos los demás, y todos esos sirvientes que tienen que estar cuidando esos grandes lugares.

Hija: Que realmente no necesitan.

Madre: Donde solo viven una parte del año, para mí el dinero que necesitan se reduciría en un tercio, creo.

Padre: No es más que la punta del iceberg, nada más, cuando están hablando de la realeza, porque cada vez que van a alguna parte, es la cuenta, cada vez.

Madre: Sí, bueno, me parece bastante justo si…

Padre: Cada vez, digamos, que vienen a Derby.

Madre: Sí.

Padre: Para visitar o algo así, todo el lugar tendrá que estar limpio de arriba a abajo, costará miles y miles y ellos adornarán todo el lugar y…

Hijo: Seguridad y todo eso.

Madre: Sí, sí, pero no creéis que probablemente esos…

Padre: No… pagan salarios.

Madre: No creéis que probablemente haya que hacerlas de todos modos y luego solo poner las ideas de la gente que estará allí.

Padre: Ja, ja, yo preferiría poner algunas camas más en un hospital que barrer las calles durante dos días.

Madre: Sí, yo lo haría, sí, pero sigo manteniendo que si se deshicieran de todos los diferentes lugares en los que viven.

Hija: Sí.

Madre: Quiero decir, podrían irse a alguna casa grande y quedarse allí, un hotel o lo que sea, por un fin de semana, o lo que sea, a un coste mucho menor que mantener todas estas otras casas funcionando.

En este extracto, madre e hija se apoyan mutuamente y muestran un acuerdo sin vacilaciones. Cuando la madre no está de acuerdo con el padre tiende a prefigurar sus comentarios con «prefacios de acuerdo» («me parece bastante justo», «sí, sí»), etc., antes de expresar un desacuerdo. Puede considerarse el intercambio que se produce hacia el final del extracto 4. El padre expresa la opinión de que preferiría que ese dinero se gastara en camas para el hospital y no en la preparación de una visita real. La madre se muestra de acuerdo y luego expresa su desacuerdo: «pero sigo manteniendo…». Como orador, el padre ha conseguido un acuerdo mediante la táctica retórica de expresar la clase de sentimiento de lugar común con el que resulta difícil discrepar. Él ha expresado una serie de valores comunes y la madre no desea rebajar la importancia de las camas de hospital. No obstante, si la madre y el padre estuvieran simplemente preocupados por limitar el desacuerdo, la discusión podría acabar ahí: ambos han encontrado un punto de acuerdo sobre las camas del hospital. No obstante, la madre indica su deseo de no permitir que el asunto quede en un acuerdo. Ella vuelve al punto de desacuerdo anterior. Además, su forma de desacuerdo «pero sigo manteniendo» indica que su propia subjetividad permanece intacta y sin persuadir. Al hacerlo, ella también muestra que los argumentos del padre, con los que está de acuerdo, han sido retóricamente infructuosos: están argumentativamente fuera de lugar ya que fracasan en su objetivo de desviarla a ella de su posición.

En lugar de mitigar el desacuerdo, se podría decir que el discurso de la madre en este caso mitiga el acuerdo, ya que el acuerdo se concede y luego se desestima. En términos más generales, podría decirse que incluso cuando quien mantiene opiniones firmes discrepa directamente y sin vacilaciones de las opiniones de los demás, puede haber movimientos para lograr el acuerdo con los oyentes. Del mismo modo, los oyentes pueden conceder el acuerdo pero de un modo que, lejos de lograrlo, permite que se mantenga el desacuerdo. Como tales, las fuertes discusiones que pueden surgir cuando un individuo expresa/impulsa sus opiniones firmes se producen socialmente, y la complejidad retórica de las fuertes opiniones, junto con sus fuertes reacciones contrarias, deben entenderse en relación con este contexto argumentativo.

Este tipo de cosas me ponen nervioso muy pronto

Las opiniones expuestas durante una discusión presentan una dualidad, que surge de la naturaleza retórica de la argumentación. Por una parte, las opiniones pueden tener un tema ostensible, externo y, en este caso, el tema era la familia real. Por otra parte, cada opinión se produce dentro de un contexto argumentativo y se debe justificar con relación a los competidores, quienes, a su vez, deben ser degradados. En consecuencia, un argumento puede versar simultáneamente sobre un tema (por ejemplo, la realeza) y sobre las formas de argumentar sobre ese tema; en otras palabras, existe una reflexividad, de manera que los puntos de vista se convierten en un sentido real en el tema del argumento.

Los ejemplos de esa reflexividad necesitan ser demostrados antes de analizar de qué manera se tienen en cuenta las opiniones de los otros. El tema en cuestión, en relación con las opiniones firmes, se refiere a si la persona que se considera que mantiene opiniones firmes se muestra particularmente inclinada a explicar desdeñosamente las opiniones de los demás para afirmar la validez única de las propias. Las teorías de la psicología social respecto del dogmatismo y la intolerancia podrían prever que este tipo de táctica retórica sería especialmente frecuente en el discurso de quienes mantienen opiniones firmes.

La reflexividad del discurso de las opiniones puede apreciarse en los extractos 3 y 4. En el 3, el padre desecha las opiniones de su hijo como ridículas: «debes estar de broma». Él está afirmando que los argumentos de su hijo son inadecuados. Del mismo modo, en el extracto 4 la frase de la madre «pero sigo sosteniendo» marca los argumentos del padre, con los que ella está de acuerdo, como argumentativamente poco convincentes. Los participantes, en el proceso de justificar y criticar opiniones, se encuentran asumiendo posiciones en lo que constituye argumentos adecuados (Molotch y Boden, 1985). Por lo tanto, las propias opiniones devienen temas de debate y forman parte del desarrollo del argumento, en lugar de ser concepciones mentales cuya construcción acaba antes y permite que la argumentación se produzca más tarde.

En ocasiones, las opiniones firmes del padre se convertían en un foco directo y ampliado del debate. El extracto 1 se produjo durante una primera discusión sobre las opiniones del padre. La entrevistadora había preguntado cuán interesado estaba el padre en la familia real, y el padre se mostró dubitativo en la respuesta. Dijo que le interesaba leer sobre temas de la realeza, pero negaba que estuviera «*tan* (enfatizaba) interesado». El debate posterior reveló que el padre equiparaba a quienes se interesaban por la realeza (aquellos «*tan* interesados») con los partidarios acérrimos y acríticos de la monarquía; deseaba distinguirse a sí mismo y a sus intereses de tales partidarios. Sin embargo, su vacilante auto-caracterización de sus intereses no fue aceptada sin discusión:

5. (ampliación de 1, p. 1)

Padre: Bueno, sí, supongo que lo hago, sí, lo hago, supongo que realmente me esfuerzo por leerlo, sí, sí.

Hijo: Sí, bueno, eso es solo para derribarles, ¿no?

Padre: Bueno, no es así, no es realmente para derribarles, quiero decir, como he dicho, todos tenemos nuestras opiniones en esta casa, espero no estar imponiendo las mías sobre las de ustedes, sabéis que todos tenéis vuestras opiniones.

Un intercambio similar se produjo en un momento posterior de la entrevista:

6. (p. 30)

Padre: (...) Lo leo, pero no estoy interesado, ja, ja, ahora si se puede leer entre líneas, lo leo de todas formas.

Hijo: Lo lee para enfadarse.

Padre: No, no lo leo para enfadarme, pero lo leeré pero, para ser completamente sincero, no estoy tan interesado, no, solo me gusta lo que está pasando.

Madre: O sea que estás interesado.

Padre: No, me interesa lo que está pasando.

Hijo: Estás interesado.

Ambos extractos muestran un formato argumentativo similar. En ambos, el padre se muestra en desacuerdo con la caracterización que hace su hijo de sus opiniones, y en el segundo es la madre quien interviene para contradecir al padre («o sea que estás interesado»). El desacuerdo con el hijo concierne a los motivos del padre detrás de su firme interés. El padre niega un motivo ulterior y presenta el interés como una búsqueda neutra de información: a él «solo» le gusta saber qué es lo que está pasando, con la palabra «solo» que sirve para negar cualquier otro motivo. En el extracto 5, el hijo le imputa un deseo de ensuciar a la familia real y, en el extracto 6, un deseo de enfadarse. El padre argumenta contra la crítica a la manera en que mantiene sus opiniones, y en el extracto 5 hace una declaración sobre que él no impone sus opiniones.

Un tema que destaca en estos intercambios es un desacuerdo sobre si es razonable sostener las opiniones que manifiesta el padre respecto de la familia real. El hijo insinúa que la conducta implícita en el hecho de mantener opiniones firmes sirve a otras funciones, principalmente para «enfadarse». Del mismo modo que Gilbert y Mulkay (1984) y Mulkay y Gilbert (1982) mostraron que los científicos protegen el supuesto de la intersubjetividad invocando descripciones psicológicas para dar cuenta de las posiciones rivales de otros científicos, el hijo «psicologiza» las opiniones del padre. El padre, al negar la caracterización que hace su hijo, afirma que su ira está provocada por la realidad de la monarquía. Como sugiere Nairn (1988), el crítico de la monarquía debe tomar en serio la monarquía. El padre argumenta que la monarquía representa más que a sí misma y merece recibir opiniones firmes y críticas: «Este tipo de cosas me ponen nervioso muy pronto, porque son mucho más profundas» (p. 1). Fue precisamente en este punto que el padre mencionó el costo de la monarquía: «Pagamos, somos los tontos que pagamos». El hijo contesta «tú sí que me enfadas» y luego se echa a reír, indicando con su tono que esa afirmación era una caracterización del padre más que una declaración literal de ira interna. La madre se muestra de acuerdo con su hijo y, al hacerlo, está expresando un acuerdo con la respuesta del hijo en el sentido de que su padre está haciendo algunos comentarios, no para ellos sino con el propósito de conseguir algo: en este caso provocar a los demás. El contenido de las opiniones se desestima mediante esta maniobra. En este sentido, «tú sí que me enfadas» es un paralelismo argumentativo de «debes estar de broma».

La discusión se produce simultáneamente en dos niveles, ya que la familia, al discutir sobre la naturaleza de las firmes opiniones del padre sobre la monarquía, está discutiendo sobre la monarquía. La cuestión es si existe una diferencia entre la explicación de las opiniones firmes y la explicación de las opiniones de los demás. En el presente discurso, son las firmes opiniones del padre las que se consideran el problema que necesita explicación, mientras que las opiniones del otro no se consideran problemáticas. Para entender esto, no es necesario tratar el concepto de «opiniones firmes» desde un punto de vista analítico, sino ver cómo y en qué circunstancias se interpreta que las personas tienen opiniones firmes. En este sentido, cabe destacar un importante componente argumentativo de las opiniones firmes del padre: argumenta en contra de una opinión generalizada, incluso del sentido común. Los estudios relativos a la opinión pública contemporánea en Gran Bretaña, ya sea que se basen en encuestas o pruebas cualitativas, revelan el extendido apoyo que recibe la monarquía (Harris, 1965; Nairn, 1988; Rose y Kavanagh, 1976; Ziegler, 1977). Sería necesario realizar más estudios para analizar la relación que existe entre la impopularidad de una opinión y su constructo al ser mantenida con firmeza. Lo que sí podemos suponer es que cuanto más impopular es una opinión, existen más posibilidades argumentativas cuando esa opinión se manifiesta; y cuanto más impopular es, más sólida será probablemente la oposición que encontrará cuando se manifieste públicamente.

Los otros miembros de la familia justifican las opiniones del padre cuando afirman que dice lo que dice para enfadarse, o para enfadar a los demás, como si las opiniones no fuesen genuinas por sí mismas. En cambio, el padre no sitúa la causa de sus airadas opiniones en su propia psicología sino en la realidad de la monarquía. Él sugiere que el lugar que ocupa la monarquía en la sociedad es tal, que está justificado que alguien se «enfade» si sabe lo que está pasando. El padre parece aceptar el supuesto de que es su opinión la que necesita una explicación. Cuando la hija discutía sobre los álbumes de recortes de la monarquía, que ella solía conservar, su padre no la acusó de mostrar ese interés por la familia real para enfadarle. Su comentario de que «nosotros somos los tontos» es general; como sucede en gran parte del discurso político, el referente de la primera persona del plural queda sin aclarar (Maitland y Wilson, 1987; Seidel, 1975, 1985), pero aparentemente él está indicando la clase de acuerdo nacional que revelan las encuestas de opinión pública. La cuestión es que no acusa a ningún otro miembro de la familia de ser personalmente un «tonto», señalando una diferencia entre la caracterización de su opinión y la de los demás. El promonarquismo de su familia, y de hecho del país en general, es el terreno que se da por sentado, contra el cual su antimonarquismo se revela como una figura que necesita tenerse en cuenta. Si la fuerza construida de las opiniones fimes está relacionada con su lugar fuera de la opinión general y mayoritaria, entonces se verá que son especialmente las opiniones firmes las que necesitarán rendir cuentas.

El desacuerdo con respecto a la psicología del padre es uno que, en líneas generales, debe resultar familiar a los teóricos de las actitudes, discutiendo si las actitudes cumplen o no funciones emocionales. Sin embargo, el debate se plantea también sobre la racionalidad o irracionalidad de la institución de la monarquía. Por lo tanto, los psicólogos profesionales que entablen un debate sobre la caracterización de las opiniones firmes del padre es posible que ellos también se encuentren divagando en el debate sobre la naturaleza de la monarquía. Si la posición del padre manteniendo esas opiniones firmes es desechada como un «prejuicio», sobre la base de la forma en que se sustentan las opiniones, entonces el psicólogo estará de parte del hijo en el sentido de que la naturaleza de la monarquía tiene tales características que debe haber motivaciones psicológicas ocultas para que el padre adopte esa posición. Los psicólogos profesionales, que consideran la adopción de opiniones firmes como «solo», o «principalmente», cumpliendo funciones emocionales, pueden tratar de distanciarse científicamente de tomar partido respecto del contenido de las opiniones firmes. No obstante, ellos verán que sus análisis acuerdan de manera implícita con que plantea el hijo y están en desacuerdo implícitamente con los análisis del padre. El argumento no se refiere simplemente a un estado psicológico interno sino a la presumible racionalidad o irracionalidad de las propias opiniones. El hecho de ofrecer una explicación psicológica, fundamentada en la funcionalidad emocional, significa insinuar que las opiniones no deben ser tenidas en cuenta en sus propios términos y, en consecuencia, argumentar en contra de la posición del padre en el sentido de que cualquier persona razonable (es decir, no dirigida emocionalmente) debería enfadarse por los privilegios de que goza la monarquía. Por lo tanto, es probable que el psicólogo que ofrece esa clase de explicación emocional también esté comentando, si no de manera explícita al menos implícitamente, sobre las formas razonables de debatir acerca de la monarquía.

Variabilidad de las opiniones firmes

Podría resultar tentador reemplazar un funcionalismo psicológico por otro retórico, con el fin de explicar qué es lo que dice la gente durante un discurso argumentativo, en términos de cumplimiento de los motivos estratégicos en vez de los psicológicos. En lugar de decir que un individuo se dedicaba a un aspecto concreto del asunto de mantener opiniones firmes «solo» para alcanzar un estado psicológico concreto, se podría decir que lo hacía «solo» para exponer una impresión concreta o bien para rechazar un desafío argumentativo. Así como las explicaciones funcionales de carácter psicológico rebajan el contenido de las opiniones, también lo haría cualquier explicación retórica que afirmase que un comentario se ha realizado únicamente para lograr un objetivo estratégico. Al igual que la explicación funcional psicológica, puede implicar que la observación no merecía la pena en sí misma y, por lo tanto, debe cumplir funciones externas. Como tal, la explicación retórica funciona, tanto como la psicológica, que puede verse apoyando el argumento en el que se hizo originalmente la observación. Simplifica la complejidad retórica de una opinión que puede ser tanto un movimiento estratégico en el curso de una discusión como una opinión *sobre* la vida social.

Debe destacarse la naturaleza dual de las opiniones, como componentes dentro de un argumento y relatos de la realidad social, a causa de la tentación de ofrecer explicaciones retóricas estratégicas sobre un aspecto de los datos relativos al mantenimiento de opiniones firmes. La transcripción de la entrevista, en común con los estudios del discurso previos, reveló una pronunciada variabilidad en las opiniones expresadas por un solo individuo. Es posible que el padre haya sido reconocido como una persona que mantiene opiniones firmes, pero eso no significaba que elaborase un discurso homogéneo. Incluso cuando se habla de lo que pudiera ocurrirle a la monarquía en el futuro, no había que producir un discurso único y vehemente en cada ocasión. En este sentido se pueden ofrecer varios comentarios breves realizados por el padre sobre diversas cuestiones. En un momento dado dice, «Me encantaría deshacerme de ellos» (p. 11), pero un poco más tarde, esta afirmación se había suavizado: «Probablemente, quiero decir, qué podemos lamentar si nos deshacemos de ellos, no lo sé» (p. 13). En lugar de deshacerse de la monarquía, él señala un modelo continental: «Deberían dar un paso atrás y probablemente parecerse más a algunos de los reyes y reinas extranjeros» (p. 6). Por otra parte, es posible que el modelo continental sea uno que contemple la abolición: «Ellos (los franceses) hicieron lo correcto en su momento, ja, ja, y les cortaron la cabeza, ja, ja, ja, ja» (p. 13), con la broma derivando de los medios utilizados para la abolición de la monarquía más que de la defensa del republicanismo. Los comentarios parecen indicar que incluso este hombre de opiniones firmes oscila entre la defensa de la abolición y su conservación aunque con una forma modificada. Es posible que tenga opiniones firmes acerca de la monarquía y que pueda airearlas regularmente como una pancarta provocativa delante de los demás, pero no es la misma pancarta la que airea siempre ni tampoco defiende siempre la misma solución para el problema de la monarquía.

Los comentarios del padre sobre el posible futuro de la monarquía se han sacado de su contexto y esto significa que su significado argumentativo no puede evaluarse de modo adecuado. Con el fin de observar la interacción que se produce entre contenido y movimiento argumentativo, es necesario ofrecer un ejemplo de variabilidad ampliado. El padre se quejaba de la desigualdad económica. Muchas de sus quejas contra la monarquía estaban vinculadas a un ataque más general a los privilegios. Al formular estos ataques, el padre utilizaba el lenguaje del radicalismo para quejarse de los ricos, de quienes la familia real era el ejemplo más notable.

En un momento dado, su hijo intervino con una caracterización de las opiniones del padre:

7. (pp. 18-19)

Padre: ... Yo nunca podría verles haciendo un trato justo para nosotros, para nosotros, quiero decir que somos la gente trabajadora del país, ya sabes lo que quiero decir, no somos ricos, nunca lo seremos, quiero decir que lo que ellos ganan nosotros, nunca lo ganaremos en toda una vida. Quiero decir, nunca podría decir que obtendríamos un trato justo de ellos, es por eso que nunca confiaría en ellos, realmente para, hum, si pudiera honestamente confiar en ellos, probablemente les dejaría dar su opinión y deberían estar involucrados un poco más entonces; pero, ya sabes, nunca podría decir que podría confiar en ellos tanto para, eh, para ayudar, ya sabes, a la gente más pobre del país realmente, porque, quiero decir, ya sabes, la riqueza está realmente distribuida para unos pocos, unos pocos.

Hijo: Estás más por el comunismo, tú.

Padre: No lo estoy, no, que conste en acta, de ninguna manera soy comunista, de ninguna manera.

Hijo: Lo eres, suenas como si quisieras que todo el mundo esté al mismo nivel y sean todos iguales.

Padre: No, no es así, no he dicho eso, no he dicho eso, pero lo que estoy diciendo es dejar que el dinero llegue un poco más abajo en la escala, vale.

Luego siguió un breve intercambio sobre los privilegios, la medicina privada y el Servicio Nacional de Salud y el padre dijo:

7. (continuación, p. 19)

Padre: Pero lo que quiero decir es que si tuviéramos un sistema en el país en el que todo el mundo lo recibiera, ya sabes lo que quiero decir, no solo los de arriba, pero no están trabajando en un sistema muy justo, si pudiéramos conseguir que un rey y una reina dijeran «no hagas eso» y que se compartiera y todo el mundo tuviera una oportunidad justa, sería genial. No me importa la gente, tiene que haber gente rica, tenemos que tener nuestros negocios...

Las diferencias se pueden detectar entre el largo discurso del padre en el extracto 7 y su segunda parte, al pasar de un radicalismo libremente expresado a otro mucho más cauto e incluso conservador. Aunque no es posible realizar aquí un análisis completo, se puede mostrar una diferencia reveladora en el uso del pronombre «nosotros». En el primer fragmento la identificación se realiza con «nosotros la gente trabajadora» y las «personas más pobres». El «ellos», contrastado con el «nosotros», son los ricos, de los que la realeza es una parte significativa: «ellos», los ricos, no son de fiar para «nosotros», los trabajadores. La fraseología sugiere la necesidad de introducir cambios radicales a fin de eliminar la injusticia económica que ha producido «nosotros» y «ellos», pobres y ricos. El segundo fragmento muestra un cambio: «nosotros» incluye a toda la nación, ricos y pobres: «nosotros ahora» tenemos que tener «nuestras» empresas y «nuestros» ricos, pero todos, especialmente los ricos, tienen que comportarse con equidad. No es necesario eliminar la monarquía, pero existe la fantasía del buen rey y la buena reina, quienes, significativamente, le dirán a todo el mundo lo que deben hacer pero que, en abierto contraste respecto del monarca del primer fragmento, recibirán la confianza del orador. Por lo tanto, el firme opositor de la monarquía a quien, en otro momento, le hubiera «encantado deshacerse de ellos», está preparado para soñar con un monarca que creará armonía entre los ricos y los demás (no entre «ricos» y «pobres», porque esta última palabra no se emplea aquí).

No es necesario buscar demasiado para encontrar una explicación a ese cambio de énfasis entre ambos fragmentos. El segundo discurso puede verse como la realización de una tarea estratégica, algo que no era necesario en la primera intervención. Entre ambos discursos del padre se incluye la categorización de «comunista» hecha por el hijo respecto de las opiniones del padre. En el discurso, la categorización de un orador rara vez es sencilla (Condor, 1988; Potter, 1988; Watson, 1978). La caracterización de «comunista» no era una categoría retóricamente neutra, sino una acusación, ante la cual el padre reaccionó de manera inmediata y con firmeza. Estaba en juego no simplemente una caracterización de sus opiniones sino de su identidad («Estás más por el comunismo, tú»). El padre reacciona con una negación de tal identidad: «De ninguna manera soy comunista, de ninguna manera». Para repeler la amenaza a su identidad, el padre debe hacer uso de la credibilidad discursiva, renunciando a la identidad negativa y ofreciendo buenas buenas pruebas de su no-comunismo (Hewitt y Stokes, 1975). El segundo discurso da cuenta de su identidad y su visión no comunista del mundo, pues nadie podría sospechar que el defensor de los negocios y de los derechos de los ricos es comunista.

Una explicación simple relativa a la variabilidad que se advierte entre ambos fragmentos sería señalar la función retórica particular del segundo. No obstante, los peligros de este análisis, tomado por sí solo, deberían ser evidentes. Ello implicaría que el orador ha cambiado el discurso «solo» para hacer frente a un desafío argumentativamente peligroso. Si implicara que el discurso es en esencia una estrategia, y que su función primordial es estratégica, entonces el contenido sería rebajado (el padre *solo* dijo lo que dijo para crear una impresión no comunista). No obstante, no debe olvidarse la naturaleza dual de dicho discurso: es simultáneamente tanto un elemento retórico en una discusión, reaccionando ante otros argumentos, como un relato del mundo social. Aun cuando pudiera decirse que el discurso sirve a una función retóricamente estratégica, no significa que dicha función invalide o sea teóricamente anterior a la función de hablar sobre el tema en cuestión. Así como el hecho de mantener opiniones no puede producirse fuera de un contexto retórico general, los movimientos estratégicos en las controversias también deben producirse en las controversias sobre los temas tratados.

La variabilidad del contenido no puede explicarse de manera satisfactoria solo en términos de los cambios producidos en el contexto. Una condición previa para que esa variabilidad se revele en el discurso conversacional es que el orador tenga acceso a una variabilidad de opiniones producida culturalmente. En este sentido, Billig *et al.* (1988) destacan que el sentido común y las ideologías contienen temas contrarios o dilemáticos. El contenido de los dos discursos del padre en el extracto 7 se puede considerar en términos de variabilidad dentro de una ideología. Los dos discursos reflejan de manera simbólica la historia de la ideología burguesa: en el primero hay un ataque radical a los privilegios tradicionales, o el *ancien régime*, bajo la pancarta radical de «libertad, igualdad y fraternidad». Cuando se enfrenta con una revolución mayor por parte de los radicales, que quieren derribar el régimen recién establecido, la ideología se vuelve cualificada con el fin de justificar explícitamente el nuevo orden de desigualdad basado en los negocios y no en la cuna aristocrática. Es una coincidencia que el orden del discurso del padre siga el desarrollo histórico de la ideología burguesa, porque lo que una vez se reveló de manera diacrónica se conserva hoy sincrónicamente en el sentido común ideológico de la sociedad contemporánea. La cuestión es que el padre recurre a lugares comunes ideológicos y, si existe una variabilidad entre estos lugares comunes, entonces refleja la característica dilemática de una ideología más vasta que contiene a la vez un discurso radical y no radical. El firme rechazo del padre hacia el comunismo indica su renuencia a apartarse de la herencia ideológica y en este punto se puede señalar otra opinión firme. Enfrentado al desafío, que no procede del comunismo real sino de la acusación de comunismo, el padre se retira defensivamente hacia el feudo protegido y exuberante de su ideología.

Todo esto sugiere que las personas que mantienen opiniones firmes pueden mostrar variabilidad en su discurso. Este mostrará una tendencia a no ser previsible por la teoría tradicional de las actitudes que asociará variabilidad con debilidad de actitud. No obstante, los teóricos tradicionales de las actitudes podrían oponerse diciendo que las pruebas actuales no son concluyentes en ausencia de una comparación cuantitativa de la variabilidad exhibida por quienes mantienen opiniones firmes: podría ocurrir que la variabilidad mostrada por el padre aún fuese comparativamente menor que la variabilidad del discurso producido por alguien a quien no se le reconozcan opiniones firmes. Si bien esto podría ocurrir, no debemos asumir que se trata del resultado más probable, ya que la variabilidad no se debe considerar en abstracto y sin relación con el contexto retórico. Puede argumentarse que la variabilidad mostrada por el padre no es realmente sorprendente. Él puede argumentar con vehemencia, y de hecho con escasa variabilidad, que *algo* habría que hacer con la monarquía, pero puede mostrar inseguridad sobré qué debería hacerse y puede aceptar diferentes soluciones. No obstante, incluso sugerir que puede mostrar poca variabilidad a la hora de argumentar que hay que hacer algo puede necesitar una matización: la falta de variabilidad puede estar relacionada con el tipo de contexto retórico, en donde él es el *enfant terrible* republicano, pero ante un contexto diferente y, en términos británicos, inusual (por ejemplo, discutir con comunistas acérrimos) se puede emplear una retórica más tradicional (véase el capítulo 7 de este volumen). Aun así, permitiendo el contexto de la discusión familiar, la consecuencia directa puede ser que alguien que mantiene opiniones firmes, como el padre, muestre una mayor variabilidad discursiva que alguien con opiniones débiles, como es el caso de su hijo. El hijo, quien se muestra vagamente feliz viendo que la monarquía continúa como lo ha hecho hasta ese momento, es menos proclive a jugar con diferentes escenarios futuros; puede que tenga menos que decir sobre el tema, incluso cuando le incite su padre. En este caso, el individuo comprometido e interesado puede tener muchas cosas que decir y, además, provocar a una variedad de oponentes, cuyas posiciones divergentes necesitan ser contrarrestadas. Bajo estas condiciones, no es irrazonable esperar que las personas que mantienen opiniones firmes no se limitaran simplemente a repetirse una y otra vez.

Pensamientos y opiniones

El tema de la variabilidad es importante teóricamente para el estudio del mantenimiento de opiniones ya que plantea un desafío a los supuestos de la teoría de las actitudes tradicional. Además, plantea cuestiones sobre las relaciones entre argumentar y pensar, de una manera que indica una ambigüedad en la noción de «mantener opiniones firmes». En el lenguaje corriente, así como en el lenguaje técnico empleado en la teoría de las actitudes, se advierte la implicación de que la persona que mantiene opiniones firmes (o puntos de vista, actitudes, creencias) mantiene algún objeto mental definido e internamente coherente. Al igual que una máquina dispensadora produce otro paquete de cigarrillos cuando se introduce el dinero correspondiente, se supone que el poseedor de opiniones firmes produce otro paquete de palabras idénticas cuando los interlocutores introducen las pistas pertinentes. No obstante, el discurso actual relativo a mantener opiniones firmes sugiere algo más complejo. No solo existe la variabilidad sino que unido a ella está la novedad. Nuevas preguntas y nuevos desafíos argumentativos pueden transformar el contexto argumentativo y, de este modo, el significado de manifestaciones anteriores. El comentario del padre transcrito en el fragmento 7 sobre dejar «constancia en acta» de su anticomunismo indica una acción que no se había producido antes de esta forma concreta. Del mismo modo, los miembros discutían sobre hechos de actualidad, y la discusión sobre estos nuevos giros en la permanente saga real no podía en sí haber tenido lugar previamente. Cuando la conversación regresó a los puntos que se habían tratado previamente, nunca se repitió de manera exacta. Tampoco la conversación entrevistada ha sido una repetición exacta de los argumentos y discusiones previos mantenidos por la familia sobre este tema.

La metáfora de «mantener opiniones firmes» es un tanto engañosa si implica la posesión de un objeto mental formado previamente y que no experimenta alteraciones. En cambio, la cuestión de mantener opiniones firmes es un tema inacabado, ya que el discurso de las opiniones supone crear nuevas elaboraciones y cualificaciones. Las opiniones se formulan tal como se sostienen. La variabilidad contenida en el discurso del padre no debe interpretarse como si él «realmente» no mantuviese opiniones firmes, como si mantener opiniones firmes fuese otra cosa. Su variabilidad solo se hizo patente cuando participó en la actividad de mantener estas opiniones firmes en el discurso familiar e hizo frente a la resistencia ofrecida a estas opiniones. Por lo tanto, cabría esperar que la variabilidad, o al menos formas particulares de variabilidad, se asociara especialmente con el mantenimiento de opiniones firmes. Es alguien como el padre, que muestra interés («pero no *tanto* interés») y busca información nueva, quien siempre parece tener algo más que decir de una forma airada y estridente. Su pensamiento nunca parece completo porque, para irritación de los miembros de su familia, sigue mostrándose desconcertado ante el papel de la monarquía en una época democrática.

Esto puede indicar algo que potencialmente tiene una importancia psicológica social general. El mantenimiento de las opiniones, ya sea de forma vehemente u otras, es una manera de pensar en sí misma y, a su vez, el producto de un pensamiento que ya ha ocurrido. La familia no estaba «solo» recitando discursos bien aprendidos ante el micrófono de la entrevistadora, si bien la entrevista no habría tenido esa forma a menos que ellos hubiesen hablado de ese tema previamente y a menos que el padre tuviera una posición reconocible que adoptar. Y más importante aún, la familia estaba discutiendo entre ellos y, como tal, sus miembros participaban conjuntamente en el proceso de reflexión sobre el tema en cuestión (Billig, 1987). Los intercambios se sucedían tan rápidamente que no tenía sentido presuponer que los pensamientos se habían formulado primero como imágenes u otro constructo mental, antes de proyectarse desde los labios formando un desafío argumentativo. En cambio, las palabras del discurso son los pensamientos, y el modelo del argumento es un registro de la actividad de pensar. El producto final puede haber sido más complicado de lo que sugiere la frase «mantener opiniones firmes», pero indica que, al mantener opiniones, la gente piensa.

Notas

[1] La anotación de la transcripción es una versión simplificada de la explicada por Heritage y Atkinson (1984) y es básicamente similar a la descrita en el apéndice de Potter y Wetherell (1987).

Referencias

Adorno, T. W., Frenkel-Brunswik, E., Levinson, D. J. y Sanford, R. N. (1965). *La personalidad autoritaria*. Buenos Aires: Editorial Proyección.Atkinson, J. M. y Drew, P. (1979). *Order in Court*. Londres: Macmillan. Billig, M. (1985). Prejudice, categorization and particularization: from a perceptual to a rhetorical account. *European Journal of Social Psychology, 15*(1), 79-103.

Billig, M. (1987). *Arguing and thinking: a rhetorical approach to social psychology*. Cambridge: Cambridge University Press.

Billig, M. (1988). Common-places of the British Royal Family: a rhetorical analysis of plain and argumentative sense. *Text-Interdisciplinary Journal for the Study of Discourse, 8*(3), 191-217.

Billig, M., Condor, S., Edwards, D., Gane, M., Middleton, D. y Radley, A. (1988). *Ideological dilemmas in everyday thinking*. Londres: Sage.

Bilmes, J. (1987). The concept of preference in conversation analysis. *Language in Society, 17*(2): 161-181

Brown, P. y Levinson S. C. (1987). *Politeness: some universals in languaje usage*. Cambridge: Cambridge University Press.

Condor, S. (1988). Race stereotypes and racial discourse. *Text-Interdisciplinary Journal for the Study of Discourse, 8*(1-2), 69-90.

Davidson, J. (1984). Subsequent versions of invitations, offers, requests and proposals dealing with potential or actual rejection. En J. M. Atkinson y J. Heritage (eds.), *Structures of social action* (pp. 102-128). Cambridge: Cambridge University Press.

Eiser, J. R. (1987). *The expression of attitude*. Nueva York: Springer Verlag.

Eiser, J. R. y van der Pligt, J. (1988). *Attitudes and decisions*. Londres: Routledge.

Frazer, E. (1988). Teenage girls talking about class. *Sociology* 22(3), 343-359.

Gilbert, G. N. y Mulkay, M. (1984). *Opening Pandora's box*. Cambridge: Cambridge University Press.

Goodwin, M. H. (1983). Aggravated correction and disagreement in children's conversations. *Journal of Pragmatics, 7*(6), 657-677.

Goodwin, C. y Goodwin, M. H. (1987). Concurrent operations on talk: notes on the interactive organization of assessments. *IPRA Papers in Pragmatics, 1*(1): 1-54.

Harris, L. M. (1966). *Long to reign over us?* Londres: William Kimber.

Heritage, J. y Atkinson, J. M. (1984) "Introduction", en J.M. Atkinson y J. Heritage (eds.) *Structures of social action* (pp. 1-15). Cambridge: Cambridge University Press.

Hewitt, J. P. y Stokes, R. (1975). Disclaimers. *American Sociological Review, 40*, 1-11.

Jaspars, J. M. F. y Fraser, C. (1984). Attitudes and social representations. En R. M. Farr y S. Moscovici (eds.), *Social representations* (pp. 101-123). Cambridge: Cambridge University Press.

Jowell, R., Witherspoon, S. y Brook, L. (1987). *British social attitudes: The 1987 Report*. Aldershot: Gower.

Lalljee, M., Brown, L. B. y Ginsburg, G. P. (1984). Attitudes, dispositions, behaviour or evaluation? *British Journal of Social Psychology, 23*(3), 233-244.

Maitland, K. y Wilson, J. (1987). Pronominal selection and ideological conflict. *Journal of Pragmatics, 11*(4), 495-512.

Maynard, D. W. (1985). How children start arguments. *Language in Society, 14*(1), 1-29.

Molotch, H. L. y Boden, D. (1985). Talking social structure: discourse, domination and the Watergate hearings. *American Sociological Review, 50*(3), 273-288.

Mulkay, M. y Gilbert, G. N. (1982). Accounting for error: how scientists construct their social world when they account for correct and incorrect belief. *Sociology, 16*(2), 165-183.

Nairn, T. (1988). *The enchanted glass: Britain and its Monarchy*. Londres: Radius.

Perelman, C., y Olbrechts-Tyteca, L. (2009). *Tratado de argumentación. La nueva retórica*. Madrid: Gredos.

Pollner, M. (1975). "The very coinage of your brain": the anatomy of reality disjunctures. *Philosophy of the Social Sciences, 5*(3), 411-430.

Pomerantz, A. (1978). Compliment response notes on the co-operation of multiple constraints. En J. Schenkein (ed.), *Studies of conversational interaction* (pp. 79-112). Nueva York: Academic Press.

Pomerantz, A. (1984). Agreeing and disagreeing with assessments: some features of preferred/dispreferred turn shapes. En J. M. Atkinson y J. Heritage (eds.). *Structures of social action* (pp. 57-101). Cambridge: Cambridge University Press.

Potter, J. (1988). Cutting cakes: a study of psichologists' social categorisations. *Philosophical Psychology, 1*(1), 17-34.

Potter, J. y Wetherell, M. (1987). *Discourse and social psychology.* Londres: Sage.

Potter, J. y Wetherell, M. (1988). Accomplishing attitudes. *Text-Interdisciplinary Journal for the Study of Discourse, 8*(1-2), 51-68.

Rokeach, M. (1960). *The open and closed mind: investigations into the nature of belief systems and personality systems.* Nueva York: Basic Books.

Rose, R. y Kavanagh, D. (1976). The monarchy in contemporary political culture. *Comparative Politics, 8*(4), 548-576.

Sartre, J. P. (1946). Retrato del antisemita. *Sur, 138,* 7-41.

Schiffrin, D. (1984). Jewish argument as sociability. *Language in Society, 13*(3), 311-335.

Schiffrin, D. (1985). Everyday argument: the organization of diversity in talk. En T. A. van Dijk (ed.), *Handbook of discourse analysis* (pp. 35-46). Londres: Academic Press.

Seidel, G. (1975). Ambiguity in political discourse En M. Bloch (ed.) *Political language and oratory in traditional society* (pp. 205-226). Londres: Academic Press.

Seidel, G. (1985). Political discourse analysis. En T. A. van Dijk (ed.), *Handbook of discourse analysis* (pp. 43-60). Londres: Academic Press.

Smith, J. L. (1987). Making people offers they can't refuse: a social psychological analysis of attitude change. En J. Hawthorn (ed.), *Propaganda, persuasion and power* (pp. 71-91). Londres: Edward Arnold.

Van Dijk, T. A. (2010). *Prejuicio en el discurso: análisis del prejuicio étnico en la cognición y en la conversación.* Sevilla: Arcibel.

Van Dijk, T.A. (1987). *Communicating racism: ethnic prejudice in thought and talk.* Newbury Park: Sage.

Violett, C. (1988). Discourse strategies – power and resistance: a socio-enunciative approach. En G. Seidel (ed.). *The nature of the right: a feminist analysis of order patterns* (pp. 61-79). Amsterdam: Benjamins.

Watson, D. R. (1978). Categorization, authorization and blame negotiation in conversation. *Sociology, 12*(1): 105-113.

Wetherell, M. y Potter, J. (1988). Discourse analysis and the identification of interpretative repertoires. En C. Antaki (ed.), *Analysing everyday explanation* (pp. 168-183). Londres: Sage.

Wetherell, M., Stiven, H. y Potter, J. (1987).Unequal egalitarianism: a preliminary study of discourses concerning gender and employment opportunities. *British Journal of Social Psychology, 26*(1), 59-71.

Ziegler, P. (1978). *Crown and people.* Londres: Collins.

Capítulo 9
La política y el resurgimiento de la retórica[*]

Prefacio

El capítulo final se publicó originalmente en una edición especial de la revista *Economy and Society*. La atención que concitó el giro retórico lo confirma el hecho de que dicha revista, especializada en la teoría social crítica, dedicó un número completo a ese tema. Los intereses de *Economy and Society* no residían en las técnicas metodológicas particulares que exhibía la «nueva retórica» y tampoco en las contribuciones específicas que la retórica podía ofrecer a la psicología social. Su interés se centraba en cuestiones más amplias: ¿cuál es el significado de un resurgimiento de la retórica en la actualidad? ¿Puede ese resurgimiento contribuir a las tradiciones de la crítica radical o representa un impulso conservador más profundo?

Los teóricos retóricos, en su intento de dar respuesta a estos interrogantes, deben mostrar autoconocimiento. Ellos no pueden asumir de manera irreflexiva las bondades de su propia actividad sino que deben pensar que su propia actividad intelectual es en sí misma retórica. El resurgimiento de la retórica no puede, ni debe, escapar de la retórica, y, como tal, invita a un examen retórico de sí misma.

Es en este punto donde los debates sobre el resurgimiento de la retórica se unen a los debates respecto del posmodernismo. Sin duda existen paralelismos entre el giro retórico y el movimiento posmodernista. Ambos parecen rechazar

---

[*] Este capítulo se publicó originalmente en 1989 con el título de "Conservatism and the rhetoric of rhetoric", en *Economy and Society* 18,132-148.

una creencia optimista referida a que el progreso científico tiene la llave del futuro. Ambos se niegan a rechazar el pasado, ya que es un depósito de supersticiones en comparación con la racionalidad de los modernos. Ambos poseen un elemento de pastiche que trasciende el respeto por la periodización histórica. El elemento de pastiche se advierte con claridad en la arquitectura posmodernista, que bebe deliberadamente de los estilos antiguos en su polémica con el modernismo. Fragmentos de diseño tradicional –una cornisa aquí y un frontón allá– se combinan en edificios que burlan la ordenación de la historia en períodos independientes de épocas pasadas. Tal como se representa en el capítulo 2, el teórico retórico no se avergüenza en absoluto al tomar algo de Protágoras, una pizca de Quintiliano e incluso un trozo hipermoderno de la psicología social y proceder a mezclarlos todos. El resultado será un pastiche teórico, entremezclando lúdicamente pasado y presente, de un modo que confunde, e incluso ofende, a quienes representan una posición científicamente modernista.

Es una cuestión de intensa controversia si el posmodernismo debe ser considerado como un movimiento radical o reaccionario. También puede debatirse la política del giro retórico. Este es el tema del capítulo final. El debate examina las formas en que presente, pasado y futuro se representan teóricamente en el giro retórico. Para ello, se inspira en las ideas de Walter Benjamin. Su *Tesis sobre la filosofía de la historia,* una luminosa combinación de tradiciones marxistas y cabalísticas del pensamiento, anticipaba muchos de los debates actuales respecto del posmodernismo. Si el enfoque retórico debe ser un enfoque crítico, entonces tiene que hacer mucho más que ofrecer buenas técnicas para estudiar la expresión de opiniones y los procesos relativos a la argumentación. Después de todo, dichas técnicas pueden emplearse para potenciar aún más las sólidas ideas que se ofrecen a las agencias de publicidad y a las industrias de la persuasión. Para que sea crítico, el enfoque retórico debe contener un elemento extra; en su esencia debe haber una visión moral, en la que el pasado y el presente puedan criticarse en términos de futuro. En este sentido, el giro retórico necesita ofrecer algo más que descripciones de procesos argumentativos. Debería celebrar la argumentación no distorsionada o, al menos, mantener viva la esperanza de su futura celebración.

Hace ya muchos años, Roland Barthes sugería que la «retórica estaba muerta» ya que, en el siglo xx, el antiguo término de «retórica» había dejado de describir una disciplina intelectual viva (1985, pp. 118-119). Barthes se refería al hecho de que la antigua tradición de la retórica, que se inició en Grecia en siglo v aC, y que ocupó un lugar central en la vida intelectual occidental durante más dos mil años, no pudo sobrevivir al siglo XIX, al menos bajo su propio nombre. Un conjunto de antiguas preocupaciones perduran bajo otras denominaciones. Partes de aquello que alguna vez se enseñó en el plan de estudios básico del trívium medieval hoy se clasifican como gramática, lingüística y crítica literaria. No obstante, es mucho más lo que ha sido descartado. Como señalaba Barthes, Roman Jakobson, en su lingüística moderna solo conservaba dos tropos —metáfora y metonimia— de todo el cuerpo de la retórica. Los modernos criterios científicos de la verdad sustituyen a los antiguos y el propio Barthes aboga por que el nuevo análisis de los textos deje «a la retórica en el rango de objeto pura y simplemente histórico» (p. 164). Si la palabra «retórica» sobrevive hoy, lo hace principalmente en un sentido negativo, abusivo: las etiquetas «retórico», o mejor aún «mera retórica», denotan las contrapartes ridiculizadas de una acción genuina o un hecho científico. En la actualidad, una tradición intelectual que se llame a sí misma «retórica» parece invitar a su propio rechazo, como si se autodenominara «frases vacías» o «tonterías».

A pesar de la presión combinada de la semántica contemporánea y el aparente triunfo del espíritu científico, hay un resurgimiento bastante sorprendente de la retórica, cuya propia retórica necesita una evaluación. Algunas de las antiguas ideas han sido transformadas; ataviadas con los nuevos uniformes semánticos del «posmodernismo» luchan ahora contra el espíritu científico. De forma significativa, posmodernismo ha sido comparado con retórica, en su sentido histórico, por uno de sus críticos más notables. Habermas, en *The philosophical discourse of modernity* (1987), escribe que el proyecto posmodernista aspira a establecer una «primacía de la retórica» sobre la lógica, invirtiendo así el predominio del espíritu científico y positivo (pp. 185 y ss.). Además, también ha habido autores que han intentado recuperar el sentido positivo de la retórica, abogando conscientemente por un enfoque retórico del estudio de los asuntos humanos. *The new rhetoric* de Perelman y Olbrechts-Tyteca y *A rhetoric of motives* de Kenneth Burke pueden haber representado curiosidades intelectuales en los años de la posguerra, pero ya no parecen tan extravagantes, como señales de un resurgimiento retórico que se torna más visible. En fecha reciente se ha producido una verdadera avalancha de trabajos que reclaman la aplicación de la retórica al estudio de los asuntos humanos y, en particular, a las disciplinas de las ciencias sociales (Billig, 1987; Grassi, 1980; McCloskey, 1985; Nelson *et al.*, 1987). Están previstos muchos más volúmenes para las series sobre retórica publicadas por la University of Wisconsin Press. No hace tanto tiempo una revista que sustentara la tradición crítica del marxismo no habría dedicado su atención a la «retórica» o, para ser más precisos, no se habría esperado que un número especial con este título abordara las contradicciones que exponen la «mera retórica» de los ideólogos rivales.

La elección de la etiqueta «retórico» en un sentido positivo, como opuesto al sentido negativo implícito en «mera retórica», tiene un significado claro. Al llamar «retóricos» a sus enfoques, los autores se están vinculando con las antiguas tradiciones de la retórica y, en consecuencia, desconectándose del movimiento de pensamiento moderno que ha rechazado la retórica. Algunos autores pueden establecer esta vinculación citando las fuentes del pasado que han creado la tradición retórica. Incluso la etiqueta de «nueva retórica» adquiere esta vinculación y es la razón por la cual Barthes rechazaba específicamente el término. En ocasiones «nuevo», u «original», pueden ser términos reivindicados por una «nueva retórica», pero la elección específica de la etiqueta «retórica» sitúa el conocimiento reivindicado dentro de una tradición intelectual más antigua. Así pues, la etiqueta «nueva retórica» expresa paradójicamente los temas de la tradición y la novedad.

Si existe ese resurgimiento de la retórica como disciplina intelectual, entonces su importancia debe ser evaluada, y su propia retórica examinada. A primera vista, dicho resurgimiento podría parecer obviamente conservador. Unos pocos académicos románticos o desencantados pueden estar volviéndole la espalda al ambiente intelectual dominante del presente: al huir del ordenador y su vocabulario pegadizo, y de la apremiante exigencia de que los académicos demuestren su productividad económica, dichos académicos pueden estar buscando obstinadamente consuelo en figuras del pasado como Isócrates, Cicerón y Quintiliano. A los «nuevos retóricos» se les puede considerar como los «nuevos tradicionalistas», cuya novedad deriva en no poca medida del hecho de que la tradición debe ser buscada y recreada conscientemente, en lugar de ser recibida de manera inconsciente de una generación anterior. Existe otra posibilidad: un resurgimiento de la retórica podría ser una afectación superficial que, lejos de pretender perturbar el presente, forma parte de él. Tal vez será una forma de posmodernismo que acepta, básicamente, la primacía de lo moderno. Las citas de libros olvidados podrían emplearse para adornar los ensayos modernos, algo así como las aldabas victorianas que pueden servir para dar encanto a la residencia moderna más apetecible. Los imaginativos tiques de tradición pueden encontrar su lugar en el mercado económico actual, y los «nuevos retóricos» podrían tratar de satisfacer a los organismos que conceden subvenciones, del mismo modo en que los productores de antigüedades modernas encuentran clientes interesados en sus artículos. No obstante, la elección puede no darse entre un conservadurismo, que busca hacer retroceder la historia, y un conservadurismo elegante, que se encuentra bien integrado en el presente. Existe una tercera posibilidad. Como reconocía Walter Benjamin, el rescate de las tradiciones pasadas, incluso aquellas que son evidentemente conservadoras, puede representar en sí mismo un acto radicalmente crítico: «En cada época hay que intentar de nuevo arrancar la tradición a un conformismo que está a punto de dominarla. El Mesías no solo viene como redentor, sino también como verdugo del Anticristo» (Benjamin, 2007).

Conservadurismo y hablar bien

Una táctica para revivir una tradición intelectual, que ha caído en desuso, consistiría en tratar de situar la «nueva tradición» justo en el punto anterior al inicio de la decadencia. Si la retórica se ha tambaleado desde el siglo XIX, entonces los revivalistas modernos podrían tratar de promover los estilos imperantes en el siglo XVIII, cuando la antigua «ciencia de hablar bien» de Quintiliano (1921, II, xv, p. 34) aún no había dado paso a la moderna psicología de la comunicación. Si el retórico moderno intenta retroceder en el tiempo al desechar los últimos 200 años de ciencia humana para entrar en las tradiciones retóricas en sus últimas etapas de gloria, entonces el retórico habrá regresado a una época que era autoconscientemente tradicional, del mismo modo que un estilo georgiano en la arquitectura recupera un clasicismo que en el siglo XVIII era en sí mismo un renacimiento. Una mentalidad conservadora habrá sido recuperada mediante un impulso conservador, ya que los retóricos estarán buscando aquellas figuras del pasado, quienes a su vez en su época miraron hacia el pasado buscando glorias incluso más remotas.

Se pueden citar algunos ejemplos, tomados principalmente de la historia de la retórica británica, para mostrar que existía una retórica retrógrada o conservadora en el momento en que el vigoroso espíritu científico sentaba las bases de una psicología moderna. Uno de los últimos textos importantes en la historia de la retórica británica fue la obra del obispo Whately, *Elements of rhetoric*, publicado por primera vez en 1828 pero revisado profusamente y ampliado por el autor en ediciones posteriores. El propósito inicial del texto era una contribución a la *Encyclopedia Metropolitana* de Coleridge. Si Coleridge había tratado de que su desafortunada *Encyclopedia* fuese un paralelismo británico de la gran obra de Diderot, entonces, con Whately, Coleridge había escogido a un colaborador con pocas reivindicaciones de la nueva Ilustración. Whately era un clérigo tradicional y su obra retórica estaba destinada a elevar los estándares de las prédicas pronunciadas desde el púlpito. Según él, esos estándares debían mejorarse para resistir la creciente tendencia que mostraban los librepensadores a dudar de las autoridades bíblicas.

Si el propósito de *Elements* era tradicional, su estilo era intelectualmente conservador. Esta característica se advierte desde el mismo comienzo de la obra. De una manera absolutamente diferente a la del filósofo francés de la Ilustración, Whately no construía a partir de los primeros principios tradicionales. De manera superficial como un académico moderno, comenzó con lo que ahora se suele llamar una «revisión bibliográfica». No obstante, la revisión preliminar de Whately es totalmente antimoderna. La «bibliografía», que el escritor científico moderno escoge revisar, consiste normalmente en publicaciones recientes, y presenta los propios esfuerzos del escritor como la culminación histórica del tema que se debate. De este modo, el artículo académico típico, que tiene pretensiones científicas, es hoy un registro de los avances realizados. La «revisión» de Whately se titulaba *Historia de la retórica*, y es un relato de decadencia más que de progresiva ilustración. Según Whately, el retórico debe volver la vista atrás ya que la retórica no era «una de esas ramas de estudio en la que podemos seguir con interés una mejora progresiva de una época a otra» (p. 7; todas las citas se han tomado de la edición revisada de 1846). La retórica, más que cualquier otra ciencia, alcanzó una «mayor capacidad» en sus primeros días. El más competente de todos los teóricos de la retórica fue Aristóteles, cuyas obras son los primeros escritos existentes sobre el tema. El filósofo griego no fue simplemente el primero sino que «se le puede considerar también como el mejor de los autores sistemáticos de retórica» (p. 7). Whately también «revisó» a Cicerón, Quintiliano y Bacon con elogios adecuados pero breves. Luego, con un notable salto a través del tiempo, Whately afirma que «sería muy injusto en este lugar dejar inadvertida *The philosophy of rhetoric* del Dr. Campbell». Campbell puede haber publicado su obra más de medio siglo antes de la primera edición de *Elements* pero, yuxtapuesta a los antiguos, él es casi un contemporáneo. A diferencia de los grandes gigantes de antaño, Campbell es un blanco para la crítica de Whately. *The philosophy of rhetoric* podría ser un trabajo original e ingenioso pero, afirma Whately, sus defectos no pueden pasar sin mencionarse:

Campbell exhibía una «ignorancia y una idea errónea absoluta de la naturaleza y el objeto de la Lógica; sobre las cuales he hecho algunos comentarios en mi tratado» (p. 9).

Whately, en dichos comentarios, muestra la retórica de su propia retórica. Él identifica un objetivo argumentativo, u oponente retórico, cuyas ideas erróneas deben ser desafiadas. En este sentido, *The elements of rhetoric* está dirigida contra la anterior *The philosophy of rhetoric* que, de haber alcanzado la suficiencia, habría obviado la necesidad de que Whately se pusiera manos a la obra. No obstante, este no consideró su debate con Campbell como la culminación de la historia de la ciencia retórica. La «revisión bibliográfica» de Whately, a diferencia de la que hoy realiza un «científico de la comunicación», no comienza suavemente en algún pasado descartado y gana velocidad mientras galopa hacia la importantísima actividad del presente. En cambio, la «revisión» de Whately, llamada una historia, es un registro de la decadencia de los primeros y mejores esfuerzos intelectuales. Este declive, con su lamentable malentendido de la lógica, requiere que el presente autor siga humildemente de puntillas algunos pasos antiguos y muy augustos.

A comienzos del siglo XVIII, Dean Swift escribió irónicamente sobre la «batalla de los libros» en la que textos antiguos y modernos se enfrentaban con furia en los estantes de la biblioteca. En ese contexto se habría encontrado a los teóricos retóricos de la época en un lugar destacado entre quienes animaban a los textos antiguos en la batalla. Edward Manwaring, quien tituló específicamente su tratado retórico *Institutes of learning* (1968/1737) como tributo a Quintiliano, declaró en la primera página que los escritores modernos «nunca han sido capaces de igualar a los antiguos en conocimiento y aprendizaje» (p. 1). La revisión realizada por Thomas de Quincey de *The elements of rhetoric* en la *Edinburgh Review* apenas si se molestó en mencionar a Whately, ya que De Quincey se dedicó a escribir extensamente sobre sus propias ideas relativas al antiguo arte de la retórica. En su trabajo se advertía claramente una estética retrospectiva: la época actual era poco heroica y poco retórica, poco propicia para recuperar los grandes momentos oratorios del pasado. Roma era el «auténtico El Dorado de la retórica, como cabría esperar de la concisión sinuosa del lenguaje» (p. 352). La condición de la era moderna, así como su obesidad lingüística, anticipaban un retorno a cimas anteriores. La simplicidad de la República romana había permitido que los oradores se explayasen con elocuencia sobre la gloria nacional, mientras que la complejidad de la Inglaterra moderna aseguraba que el sujeto del debate político «será probablemente una hoja de ruta... tanto se vulgariza el rostro de los negocios públicos con los detalles» (p. 355). Una posición similar había asumido Fénelon, cuya *Letter to the French Academy* (1750) establecía una comparación similar entre la elocuencia de los antiguos griegos y la aridez del habla moderna, con la implicación de que la vida pública exhibía ahora una torpeza rutinaria que impedía la práctica de la elocuencia.

Es posible que De Quincey haya vuelto la vista hacia los romanos («los padres griegos son todos y cada uno retóricos de Birmingham»), pero lord Monboddo miraba hacia Atenas. El volumen 6 de *The origin and progress of language* (1967/1792) proporcionó el laurel oratorio supremo a Demóstenes y declaró, al igual que hiciera Manwaing, que en general los antiguos eran superiores a los modernos en todas las artes, especialmente en las artes del lenguaje. El griego y el latín eran más melodiosos que las lenguas modernas (una proposición aceptada también por el reverendo Hugh Blair en su *Lectures on rhetoric and belles lettres*, una obra que estaba preparada para garantizar a los modernos algunas escaramuzas victoriosas en la batalla contra los antiguos). Según lord Monboddo, el latín y el griego, en común con todas las lenguas antiguas, poseían lo supremamente melifluo del canto de los pájaros, ya que la humanidad casi seguramente había aprendido a hablar imitando la sintonía de las aves (pp. 133 y ss.). El progreso histórico había provocado una caída de esa tonalidad pura del habla. Ya sea a causa de falta de nervio o del desdén hacia el canto del ruiseñor, la vida moderna fue incapaz de llevar el lenguaje a la gloria de Grecia y a la grandeza de Roma.

En la tradición retórica, los impulsos conservadores no están restringidos a los clasicistas de los siglos XVIII y XIX. Francis Bacon sugería una explicación lingüística para el hecho de que «el ingenio de las primeras épocas era mucho más agudo y sutil que el nuestro»: las lenguas antiguas tenían un disciplinado conjunto de tiempos y declinaciones, mientras que las lenguas modernas «realizan la mayor parte de su trabajo mediante preposiciones» (Bacon, 1858/1605, p. 442). Los propios personajes antiguos, a pesar de contar con las ventajas de la gramática adecuada y el tono del canto de los pájaros, también eran capaces de mirar más atrás. Séneca el Viejo pudo lamentar la decadencia del nivel oratorio, pues en tiempos de Cicerón «las cosas han empeorado cada día» (1974, I, prefacio, p. 6; véase también Quintiliano, 1921, V, xiv, p. 32).

Un resurgimiento moderno de la retórica podría considerarse fácilmente como un renacimiento de dicha estética conservadora. Los revivalistas, angustiados por la modernidad y su falta de una estética significativa, podrían estar mirando hacia atrás para unirse a una tradición que mira al pasado. Es posible que se estén colocando en el extremo de una larga fila de figuras, cuyas cabezas siempre parecen inclinarse lejos desde el deslucido presente, sea cual sea, hacia una época pasada más dorada. Por lo tanto, un resurgimiento clásico podría inspirarse en un romanticismo conservador, en la medida en que los revivalistas modernos menosprecian la cultura científica del presente, para abogar por una educación clásica, más antigua, que hoy se considera que tiene escaso valor en términos de inversión financiera. Dicho romanticismo tendría sin duda una motivación estética y los nuevos retóricos, para ser coherentes con su antimodernismo, tendrían que reaccionar de manera consciente contra los estándares estéticos contemporáneos de la escritura académica. Podría existir un rechazo a adoptar el estilo, o la retórica, de las largas «reseñas literarias» de obras que no tienen pretensiones estéticas literarias. El retórico moderno también podría rechazar las metáforas y gramáticas sinuosas del ordenador, cuyas impresiones no aspiran ni siquiera a la melodía de la urraca.

En un fútil gesto de elitismo, los nuevos retóricos, que no constituyen ninguna elite sociológica, recurrirán para consolarse a la elocuencia del pasado, interpretando los papeles de los caballeros del siglo XVIII, mientras el resto del mundo, incluido el grueso del mundo académico, sigue con sus propios asuntos modernos. Los revivalistas, desdeñando el *plástico* de la ciencia de la información a favor del *roble* del clasicismo, comprenderán la crítica hecha por Longino a su época, según la cual el afán de riqueza había destruido la búsqueda estética de lo sublime. Para utilizar la metáfora de Walter Benjamin, los nuevos mesías de la retórica no someterán a su Anticristo sino que huirán de él hacia los rincones silenciosos de la biblioteca. Allí, en su imaginación soñarán con la reconstrucción del Templo que existió hace muchos años. El Templo, con cuya restauración sueñan, era un lugar donde se reunían los fieles para conmemorar colectivamente los acontecimientos dramáticos de un pasado incluso más remoto.

Hablar bien como persuasión

El resurgimiento de una retórica conservadora podría representar paradójicamente una reacción contra una mentalidad contemporánea a la que a menudo se llama «conservadora». Asimismo, esta última forma de conservadurismo podría reivindicar un resurgimiento de la retórica aunque se trataría de una forma diferente de retórica renacida. En la actualidad, muchos partidos políticos de derecha son conocidos como «conservadores», si bien sus impulsos políticos no se dirigen hacia la conservación o restauración del pasado. En cambio, los conservadores políticos a menudo tratan de liberar a las fuerzas del comercio contemporáneo de las tradiciones de la obligación social. A los herederos de la etiqueta política de «conservadurismo» les gusta considerarse como progresistas. Se trata de un «nuevo conservadurismo» que no teme en autodenominarse «radical» y que adopta los eslóganes de la reforma. Si en este conservadurismo moderno existe una mirada hacia el pasado, lo es a la idea del *laissez-faire* económico. No obstante, el objetivo no es devolver el mundo a la época de Adam Smith y tampoco compartir la consternación de ese economista ante el crecimiento de las sociedades anónimas. Los conservadores actuales no tienen nada en contra de la idea de las grandes empresas o los conglomerados multinacionales, ya que este es el terreno natural de su geografía. Si, como Adam Smith, mostraran interés por las tradiciones retóricas, estos conservadores radicales rechazarían sin duda el romanticismo de la nostalgia conservadora. Ellos compartirían la impaciencia de Adam Smith con quienes «son propensos a pensar que todo lo que es antiguo es venerable» (1963, p. 24).

Estos conservadores modernos son figuras de acción que quieren mover los mercados monetarios en direcciones rentables. Equipados con los últimos artilugios y maquinaria tecnológica operan siguiendo los dictados de la compraventa. Las esferas de la mercadotecnia, la publicidad y las relaciones públicas proporcionan las condiciones en las que el dinero debe cosecharse y sembrarse continuamente. Y estas esferas son intrínsecamente retóricas. Podría decirse que los exponentes de la publicidad y las relaciones públicas necesitan contar con las aptitudes de hablar bien, y estas aptitudes deben estar lo más actualizadas y orientadas al futuro posible. Los publicistas de hoy no pueden denostar con coherencia el ritmo de su época, salvo con el pretexto de comercializar el «patrimonio» o la «nostalgia» como una moda moderna. Los conservadores modernos tampoco deberían lamentar el hecho de que las habilidades retóricas se pongan al servicio de la venta de palitos de pescado o bebidas gaseosas, en lugar de utilizarse para la gloria de la nación, ya que hoy la venta de los primeros puede marcar el estilo de la venta de las segundas.

El conservador moderno solo estaría interesado en revivir la retórica en la medida en que pudiese contribuir a la curva ascendente de las ventas de palitos de pescado. Las dotes de buen orador que requiere el nuevo conservador son distintas de las que podría admirar el conservador nostálgico. Siempre ha habido una ambivalencia en la tradición retórica, contenida en la propia noción de «hablar bien». Por una parte, hablar bien implica una estética de elocuencia: el buen orador es aquel que utiliza el lenguaje de una manera sublime. Por otra parte, el buen orador es aquel que es eficazmente persuasivo, ya que el orador tiene una audiencia ante la que ceder. Según esta última noción, el criterio de «bondad» no será alguna clase de noción estética de sublimidad sino de eficacia pragmática. El orador será juzgado por los resultados que obtenga, ya sea que se trate del número de ciudadanos persuadidos a declarar la guerra a los peloponesios o del número de personas inducidas a comprar la marca de jabón publicitada.

La persuasión ha sido un tema permanente en la tradición retórica porque, como afirmara Aristóteles, la función de la retórica «era descubrir los medios de persuasión disponibles» (*Rhetoric*, I, i, p. 14). La retórica del filósofo griego era un sistema teórico elaborado para entender el discurso persuasivo. Los conservadores modernos nada románticos, que desprecian una estética que se opone decididamente a la actividad comercial, quizá no deseen desestimar una investigación que trata de descubrir el porqué de la persuasión y que aprovecha firmemente la estética para con fines pragmáticos. En consecuencia, el conservador moderno podría aprobar una retórica que afirmaba, junto con Cicerón, que «la función de la elocuencia parece ser hablar de una manera adecuada para persuadir a un público, el fin es persuadir mediante el discurso» (1959, I, v, p. 6). Un publicista moderno no podría describir sus habilidades con más franqueza pragmática que William Caxton cuando retrató la retórica en *Mirror and description of the world* (1899/1481): «La retórica es una ciencia para hacer que otro hombre, mediante el habla o la escritura, crea o haga eso que tú le has dicho que hiciera». Los anuncios en la televisión pueden resultar agradables a la vista y el oído, pero todo su arte quedará en nada y deberá ser considerado tosco si los productos que anuncia no se venden en las tiendas y el dinero permanece en los bolsillos de los compradores.

En los diálogos platónicos, Sócrates llama la atención una y otra vez a los sofistas por colocar las habilidades propias de la persuasión por encima de las virtudes de la sabiduría. Él acusa a Gorgias y Protágoras de intentar enseñar un arte persuasivo que conseguirá que el peor caso triunfe sobre el mejor. La situación no mejora cuando Gorgias presume de sí mismo: «El orador puede hablar sobre cualquier tema contra cualquier oposición de tal manera que prevalezca sobre cualquier tema que elija» (Platón, 1971, p. 457). En este caso, se presenta al retórico, al menos a primera vista, como alguien que, al igual que sucede con el anunciante moderno, está más preocupado por la presentación del caso que por el propio caso. Gorgias se jactaba de que si los médicos tuviesen que competir por conseguir un puesto en la Asamblea, el hombre que tuviera una formación retórica sería el elegido: Gorgias incluso sugería que un retórico que careciera de conocimientos médicos tendría ventaja sobre el médico que no tuviese oratoria. Es como si el candidato presidencial con las habilidades de comunicación de un actor alcanzara la victoria en unas elecciones independientemente de su falta de pericia política.

Es posible que Longino criticara a su sociedad por anteponer los valores materiales a los estéticos, y esta crítica se convierte en una crítica a la retórica cuando se considera que las recompensas por la autopresentación y el adorno oratorio superan a las de los logros más genuinos. Dion Crisóstomo sostenía que la formación en la oratoria ayudaría a que un hombre de Estado fuese «amado e influyente y estimado en lugar de ser mirado de arriba abajo» (1929, p. 213). No obstante, las habilidades oratorias se convierten en un medio para conseguir popularidad e influencia, más que en los medios que permiten la recompensa de cualidades que son más intrínsecamente valiosas.

> Una y otra vez… se puede ver en nuestras ciudades al grupo de hombres gastando, repartiendo limosnas, adornando la ciudad con dedicatorias, pero los oradores que apoyan estas medidas reciben los aplausos, como si ellos y no los otros hubieran provocado estas cosas. (p. 215)

El adorno, o presentación del mensaje, se vuelve más importante que el contenido, de modo que la persona de lengua melosa triunfará sobre el individuo valioso en el aprecio del público. Los retóricos emplearán habilidades que son pragmáticamente eficaces pero moralmente indignas, cuando toman prestado aquello que Sócrates denominaba sarcásticamente «el museo de adornos de Polus, su creación de melodías, máximas e imágenes y todas las demás expresiones bonitas» (Platón, 1929, p. 267).

Un resurgimiento de la retórica pragmática no podría llamarse resurgimiento en sentido estricto. El aumento de la publicidad masiva, especialmente en la televisión, ha visto la aparición de creadores altamente cualificados de anuncios, imágenes y eslóganes, utilizando para ello formas que habrían dejado a Polus con la boca abierta de asombro. El creador de anuncios actual dispone de toda clase de empresas científicas modernas a las que recurrir en la búsqueda de los medios de persuasión disponibles: psicología, sociología, las estadísticas de los estudios de mercado, la semiología y varias otras especialidades neologísticas. Todo este conjunto puede considerarse como los sucesores modernos de la retórica pragmática. La elaboración de frases bonitas de Polus parecerá un asunto primitivo, de aciertos y errores, en comparación con la planificación y ejecución de una campaña publicitaria moderna, con sus técnicas de elaboración de perfiles de clientes, estudios de mercado y selección de imágenes.

Si los anunciantes modernos estudiaran los textos de la retórica clásica como parte de su formación, esto difícilmente constituiría una protesta contra la modernidad. Su interés no estaría basado en una rebelión estética sino que surgiría del deseo de promover el pragmatismo científico del presente. Es posible que los creadores modernos de anuncios piensen que sería bueno para sus propias imágenes si son capaces de establecer el pedigrí intelectual de su oficio cuando se enfrentan a las críticas de un Dion Crisóstomo o un Sócrates modernos. Los anunciantes no lo estarían haciendo tan mal frente a las críticas si debieran reivindicar a Aristóteles, Cicerón, Caxton y san Agustín entre sus antepasados, con Adam Smith como nombre para lanzar a los ya conversos. Tampoco estaría mal para la moral profesional si los estudiantes leyeran sobre la fortuna legendaria de Gorgias y su estatua de oro erigida en Delfos. Pero nada de esto sería tratar de revivir algo antiguo como sustituto de lo actual. El modernismo no se vería amenazado por este símbolo de posmodernidad o premodernidad. Por el contrario, se permitiría que una o dos antigüedades con estilo adornaran un interior dominado por elegantes cromados y patrones modernistas. Varios volúmenes encuadernados en piel y colocados en la estantería de una oficina moderna pueden transmitir a los visitantes su propio mensaje persuasivo de que el pragmático exitoso no es un individuo inculto.

Además, el estudio de los antiguos retóricos podría proporcionar algún beneficio en términos pragmáticos. Los persuasores modernos pueden ser capaces de descubrir algunos de los elementos retóricos que se perdieron cuando el antiguo estudio de la retórica dio paso a las disciplinas científicas autoconscientemente modernas de la persuasión. Como mínimo, el anunciante podría ser capaz de extraer nombres útiles y de impresionante erudición para describir los patrones formales de diferentes eslóganes. Por ejemplo, a un creador de eslóganes moderno podría gustarle que le viesen distinguir las frases sucesivas en las que se repite la primera palabra de aquellas en las que se repite la última. El empleo del término «antiestrófico» para definir a la primera y «epanáfora» para la segunda puede inspirar seguridad en el dominio técnico y el bagaje cultural del orador. Esos términos antiguos podrían incluirse alegremente en la semiología, semiótica o pragmática más actuales, siempre que estén acompañadas por definiciones apropiadamente rigurosas. De este modo, los estudiantes académicos de lenguas, con ojo avizor para estar científicamente actualizados y bien equipados con términos técnicos, también podrían encontrar beneficios en el uso de lo que Samuel Butler llamó las «palabras duras» de la retórica.

No obstante, el estudio de la retórica antigua puede proporcionar algo más que un vocabulario impresionante, para que los lectores modernos puedan extraer un conocimiento más profundo de algunos de los aspectos intrínsecamente argumentativos del discurso. Se trata de aspectos que tienden a ser negados por los modelos contemporáneos de comunicación orador-oyente, pero que son vitales para la vida social y el pensamiento. Tal como ha destacado Habermas en su *Theory of communicative action*, cualquier explicación de la acción comunicativa debe incluir una teoría de la argumentación adecuada. La retórica antigua transmite, en una medida mucho más concreta que la psicología influida por el comportamiento, la sensación de que cada audiencia, y de hecho cada miembro de esa audiencia, posee la potencialidad de contrastar formas y contenidos de pensamiento. En *Topica*, Aristóteles ofrece una clasificación de pares de proposiciones argumentativas contrastadas, que forman parte de los recursos de todo orador. A cada forma proposicional se le puede oponer argumentativamente su contraria. Al poseer estos recursos, cada orador posee la capacidad estructural para la contradicción argumentativa y, de este modo, el relato de Aristóteles transmite el sentido de la estructura contradictoria del lenguaje. Del mismo modo, en la teoría retórica, el contenido de las creencias compartidas socialmente se considera como internamente argumentativa: tanto el acusador como el defensor pueden recurrir a lugares comunes compartidos por la audiencia pero que son contrarios en un contexto argumentativo. Francis Bacon incluyó una lista de máximas de sentido común antitéticas en su *Of the dignity and advancement of learning*. Whately estaba tan impresionado con la importancia retórica de estas máximas antitéticas que decidió incluirlas, en el latín original, como apéndice A de su *Elements of rhetoric*. El teórico moderno podría extenderse sobre el significado psicológico social de tales máximas contrarias, para averiguar hasta qué punto las creencias del individuo contienen la estructura de un argumento interno, y es esto lo que permite al individuo pensar o gestionar un argumento interno silencioso (Billig, 1987; Billig *et al.*, 1988).

Cabría imaginar a los teóricos modernos expoliando la retórica antigua, de modo que podría pensarse que desarrollan, con visión de futuro, el estudio de los medios de persuasión disponibles y el estudio de la psicología de la deliberación. Así, las ideas de los antiguos podían ser incorporadas de una manera adecuada y no amenazadora, con el fin de desarrollar las nuevas y ayudar a resolver los actuales puntos muertos teóricos. Aristóteles, Bacon e incluso Whately podrían añadirse a las «revisiones literarias», en posiciones preliminares o exordiales. Todos ellos serán elogiados por las ideas que nos han proporcionado a «nosotros». Sus ideas, muy valiosas para el desarrollo de la teoría, serán retraducidas al estilo discursivo, y persuasivo, del analista moderno. Y «nosotros» nos elogiaremos de manera sutil por haber «descubierto» a estas figuras olvidadas, quienes quizá solo hayan sido olvidadas por «nosotros». Para utilizar la frase de Benjamin, los primeros retóricos habrán sido redimidos por el presente, que reclamará un avance teórico y posiblemente pragmático por sus actos de redención. No obstante, la redención será ilusoria ya que los retóricos muertos estarán firmemente vinculados a las convenciones teóricas y retóricas de los vivos. Benjamin escribió que «así como las flores se vuelven hacia el sol, a fuerza de un heliotropismo secreto, el pasado se esfuerza por volverse hacia el sol que se eleva en el cielo de la historia» (2007, IV).Y habrá académicos que se calienten con esos rayos, pues se enorgullecen de haber previsto el amanecer.

El futuro de la retórica

La pregunta es si es posible para la retórica resurgir teóricamente de un modo que evite tanto el conservadurismo romántico como el pragmatismo «conservador» del presente. Esa retórica se asemejaría en ciertos aspectos a ambos conservadurismos, poseería la crítica estética del presente, pero evitaría las implicaciones reaccionarias de la crítica. Asimismo, incluiría la retórica pragmática, pero de una manera que impidiera que toda la retórica fuese cooptada en interés de una persuasión pragmática para que la utilicen los poderosos comunicadores de hoy. En resumen, tendría que ser una retórica que conservase la imagen de unidad de los aspectos estéticos y pragmáticos de la misma. Podrían ofrecerse unas pocas y breves características de dicha retórica, no importa si esa retórica se propugna en la actualidad, o si semejante plantón retórico podría volverse hacia la luz feroz y eléctrica de la modernidad y sobrevivir.

Una retórica que se opusiera al *ethos* pragmático del presente tendría que adoptar, en un contexto académico, un estilo retórico diferente del utilizado convencionalmente por los científicos de la «comunicación humana». La retórica resucitada, o más bien la retórica recién recreada, consideraría la forma del discurso como parte de su contenido. Del mismo modo que no podía dejar de reconocer las dimensiones retóricas de esos argumentos científicos, que niegan su propia retórica, una retórica de esas características necesitaría desarrollar su propia retórica para transmitir su mensaje argumentativo. Importaría si, por ejemplo, un argumento académico comienza con una «revisión bibliográfica» o con una «breve historia», ya que las filosofías de la historia están contenidas en estos estilos de comentar e ignorar a escritores anteriores. Una retórica que adoptase las convenciones retóricas de las ciencias del comportamiento actuales estaría cursando una invitación a ser cooptada por el pragmatismo del presente, ya que estaría renunciando a la oportunidad de crear su propia estética que, por su naturaleza, actúa a modo de desafío crítico al discurso convencional de las ciencias del comportamiento. Este desafío sería limitado si, por ejemplo, los nuevos retóricos promoviesen su «novedoso» enfoque en números especiales de revistas, argumentando con la persuasiva retórica de las convenciones científicas actuales que sus ideas, tomadas prestadas sin retorno de Aristóteles y otros, ayudaban a llenar lagunas o «resolver problemas» en los proyectos contemporáneos. Las convenciones de la «revisión bibliográfica» ilustrarían cómo se recluta el pasado para abordar una agenda a la moda. Y se aportarán nuevos «datos» (una palabra latina rigurosamente despojada de todo sentimentalismo clásico) con el fin de mostrar que el avance científico se realiza a diario.

Tal vez la retórica resucitada produzca una subdisciplina académica que ocupará su lugar fuera de y contra las ciencias del comportamiento actuales. La nueva disciplina podría considerar que su tarea principal es el examen de los lenguajes persuasivos de quienes afirman que no emplean un lenguaje persuasivo o retórico. Un ejemplo de dicha tarea podría ser el análisis realizado por Charles Bazarman (1987) de la retórica que entrañan en los informes de las revistas técnicas. Bazarman ha demostrado cómo las convenciones para redactar dichos informes y los recursos retóricos utilizados son en sí mismos expresiones de la filosofía conductista. Lejos de erradicar la filosofía y la retórica, estos informes son en sí mismos comunicaciones persuasivas. Un análisis como el realizado por Bazarman es en sí mismo inevitablemente retórico, ya que contiene un mensaje argumentativo contra quienes se han esforzado en apoyar con rigor la primacía de la lógica sobre la retórica. En consecuencia, se trata de una obra de exposición argumentativa, dirigida contra el supuesto de que el lenguaje de los artículos científicos es un medio de transmisión, tan neutro como el papel donde está impreso el artículo. El análisis de Bazarman tiene como objetivo destruir la ilusión de que se puede eliminar el lenguaje y dejar indemne la veracidad científica.

Una subdisciplina de la retórica, dedicada a analizar la retórica de aquellas disciplinas que niegan su propia retórica, necesitaría crear sus propias formas retóricas. No podría adoptar simplemente las formas retóricas de esas otras disciplinas, que podrían constituir el objeto de análisis. Bazarman, por ejemplo, no habría podido producir su análisis en forma de un informe experimental, respetando las convenciones de secciones independientes del método de revisión bibliográfica introductoria, método, resultados y debate, todo ello escrito en el lenguaje peculiar de la psicología experimental. Una disciplina, que contiene en sí misma la misión persuasiva de liberar a la retórica de su subordinación a la lógica, no puede adoptar formas literarias que niegan retóricamente la retórica o que tratan de persuadir al lector de que no hay ninguna intención de persuasión. En consecuencia, la escritura de una retórica reactivada podría necesitar diferenciarse de la escritura que actualmente caracteriza a otras nuevas disciplinas dedicadas al análisis de la comunicación, como la pragmática, el análisis conversacional y la psicolingüística. En todas estas disciplinas, los informes de investigación pueden seguir transmitiendo el mensaje de precisión científica aplicada a un área temática negada por otros analistas de mentalidad científica.

La noción de «resurgimiento» es importante porque una nueva retórica no puede adoptar de manera confortable el estilo de disciplinas cercanas. Sería más fácil tomar prestado de estilos antiguos que intentar crear una nueva forma de escritura. Es posible que el estilo deseado guarde una semejanza con el del ensayo antiguo, que critica, discute y es deliberadamente polémico, en comparación con el artículo científico que, aspirando a situarse más allá de la polémica, aporta los datos de las verdades científicas. La forma crítica del ensayo puede no verse avergonzada por los aspectos trópicos del lenguaje: ironía, metáfora y metonimia pueden volverse tan integrales al éxito del ensayo retórico moderno como lo es hoy el análisis estadístico para los trabajos en las ciencias sociales. El ensayista no consideraría el lenguaje como algo extrínseco al ensayo y, en este sentido, los ensayos son piezas tímidamente retóricas. La obra de Walter Benjamin, *Tesis sobre la filosofía de la historia*, ya ha sido citada y la textura de su lenguaje no guarda ninguna relación con la escritura académica convencional. Las metáforas imaginativas, y otros tropos literarios, no pueden extraerse sin dañar el argumento, ya que la forma del lenguaje es una gran parte del mensaje. Debido a que el estilo retórico difícilmente puede calificarse como moderno, estas extraordinarias *Tesis* retroceden en la historia y vuelven a capturar un estilo remoto, al tiempo que advierten contra los peligros que entraña la modernidad.

No obstante, los estilos pasados se pueden recuperar en su totalidad y no se puede descartar la retórica de la ideología actual. Si los teóricos retóricos de nuestros días intentasen escribir como si fuesen ensayistas del siglo xviii no tendrían éxito. Podríamos permitirnos presumir de ser lord Monboddo, y podríamos practicar un juego retórico sobre esta base. Pero debe ser un juego porque, por supuesto, lord Monboddo, o como cualquier otro ensayista del siglo xviii, sería en sí mismo muy moderno y formaría parte de las condiciones que permiten un renacimiento contemporáneo de la retórica. No se trata solo de razones lógicas las que necesitó el *Don Quijote* de Cervantes para ser escrito antes de que Borges crease a Pierre Menard: el impulso de crear un personaje moderno que vuelve a crear el mismo antiguo texto de *Don Quijote* es en sí mismo un impulso moderno. Si el deseo subyacente es crear una retórica moderna, que evite una nostalgia conservadora, entonces es un error seguir al Menard ficticio, y no al Borges real, en el intento de revivir de cualquier manera simple una forma literaria del pasado.

Una retórica no nostálgica, que posea una ambición mayor que la de ser una disciplina académica respetable, necesita recuperar momentos pasados de la tradición retórica, pero no debe buscar esos momentos que son en sí mismos profundamente conservadores. El retórico moderno no debe tratar de sumarse a una cola de retóricos del pasado que esperan para entrar en el museo para contemplar los tesoros de Grecia y Roma. En cambio, los momentos que necesitan recuperarse deben ser aquellos en los que la propia retórica no miraba hacia atrás. Estos son fundamentalmente los momentos expresados en los diálogos platónicos. Protágoras, Gorgias e Hipias eran figuras notables en aquella época y estaban seguros de sus habilidades recién descubiertas. Cuando Sócrates, quien compartía esas habilidades, les desafiaba, ellos ni una sola vez responden «tendrías que haber visto a Tisias y Córax, en aquellos tiempos sí que había retóricos». Y se puede detectar un idealismo acompañando a la seguridad en las nuevas habilidades. Los retóricos de Platón no exhiben el cinismo pragmático de los estudios de comunicación modernos o el estudio experimental de las actitudes. Las preguntas formuladas por Sócrates revelan que Gorgias tiene el sueño de unir la forma y el contenido del discurso. Gorgias declara que enseñará el arte del buen hablar, de modo que sus alumnos hablarán de un modo persuasivo, estético y moral: elocuencia y virtud estarán en armonía con la pragmática de la persuasión. Las preguntas de Sócrates revelan, para desasosiego de Gorgias, que se trata de un sueño y no de una realidad.

Además, la forma que asumen los diálogos platónicos, o bien su propia retórica, sugiere un mensaje, no expresado directamente por los propios Sócrates o Gorgias, aunque está implícito en los discursos de Protágoras. El mensaje es que las más altas capacidades retóricas no se encuentran en aquellos casos en los que un orador transporta a una audiencia a un estado de aceptación impotente. El perdurable mensaje de los diálogos reside en que Sócrates nunca persuade a nadie pero, sin embargo, nunca deja las cosas como habían sido hasta entonces. Por ejemplo, Protágoras y él polemizan a fondo acerca de si la virtud puede enseñarse y si los sofistas pueden pretender enseñar la virtud. No hay nada decidido: la polémica acaba en la aporía. Los dos protagonistas, finalmente, aceptan las diferencias, ninguno habiendo conseguido persuadir al otro, si bien, en el curso de la dialéctica argumentativa, ambos han formulado nuevos pensamientos. Y lo que es más importante, ambos acuerdan que continuarán la discusión en otra ocasión. Aparte de unos pocos arrebatos de cólera de escasa importancia, y un poco de mal humor de parte de Sócrates, el diálogo expresa una armonía entre estética y persuasión (aunque véase Vickers, 1988, para una referencia diferente de los diálogos). Las dos principales figuras discuten con elocuencia y de manera persuasiva, pero el caso es que ninguno persuade al otro ya que las habilidades retóricas de uno contrarrestan las del otro.

En este momento histórico, captado por Platón, se puede apreciar una comunicación irrestricta entre contendientes libres e iguales (a diferencia, por ejemplo, del embarazoso episodio en *Menón*, cuando el esclavo debe responder con obediencia a las preguntas de Sócrates mientras mira hacia bajo los diagramas dibujados en el suelo por su superior social). El ideal de unir forma y contenido retóricos se consigue porque cada oyente no se deja arrastrar indefenso por la comunicación persuasiva, sino que se le convence para que responda utilizando todos los medios de persuasión disponibles. Debido a ello, los diálogos contienen una imagen moral de una sociedad ideal. No es un lugar donde todos se han puesto de acuerdo respecto de un único criterio de la verdad, un laboratorio olímpico desde el cual los grandes dioses de la ciencia han conseguido evacuar toda opinión no contrastada y han donado sus datos como maná sobre los bancos de material. Sería un lugar sin diálogo, ya que la argumentación se sustituye por el monólogo de «reseñas bibliográficas» y datos incuestionables. En su lugar, el ideal retórico es la aporía, donde las verdades razonables y justificables entran en oposición argumentativa entre sí, como los libros que discuten entre ellos en la biblioteca de la imaginación de Swift.

Este ideal retórico está contenido en uno de los escasos pasajes en los que Marx y Engels hacen referencia a la sociedad ideal. La sociedad ideal no es aquella que ha conseguido producir una línea de partido correcta que obvia toda necesidad de debate. En *La ideología alemana* (1970) encontramos una breve y famosa frase donde los escritores revolucionarios describen cómo sería la vida en una sociedad comunista. Mañanas y tardes discurrirían pescando y atendiendo al ganado. Pero al caer la noche, una vez completada la actividad económica del día, el tiempo se puede dedicar a la crítica. Marx y Engels no aclaran a quién se criticará una vez acabada la cena. Puesto que la sociedad comunista se habrá alcanzado con éxito, podemos suponer que la crítica no estará dirigida contra los enemigos de los lazos sociales libres e igualitarios. Si eso ocurriera cada noche, la vida en la sociedad ideal sería extremadamente aburrida. Al soñar con una sociedad ideal, Marx y Engels estaban vislumbrando un lugar donde aún habría cuestiones susceptibles de ser criticadas o sobre las cuales discutir. En otras palabras, el sueño era sobre una sociedad colmada con el sonido de la argumentación libre, al menos al caer el sol cuando han finalizado las actividades destinadas a la producción de alimentos. Además, la argumentación sería interminable. Marx no debía pasar ni una sola tarde resolviendo una discusión, para que al día siguiente hubiera más tiempo para el ganado y los peces. Cada noche podía ser una ocasión para la crítica, y las delicias de la discusión no se agotarían, mientras se hubiera superado la represión política y económica. Una sociedad así no establecería una línea central del partido más allá del argumento crítico, porque la perpetuación de la crítica depende de la existencia continuada de verdades razonables contrarias. La sociedad comunista imaginada por Marx y Engels en su famoso fragmento hubiera creado las condiciones económicas para una continua aporía argumentativa.

Hoy esa sociedad parece tanto un sueño para el futuro como un modelo mediante el cual deben criticarse las realidades actuales. Una retórica no conservadora podría preservar el sueño de una sociedad libremente argumentativa como medio para formular una crítica de los estilos actuales de argumentar y pensar. Al echar la vista atrás hacia aquellos momentos de argumentación libre, que han iluminado la historia de una manera breve e imprevisible, la crítica puede mantener el sueño contra las acusaciones de que la consecución de la libertad está más allá de la capacidad de la naturaleza humana. Estas miradas hacia el pasado no intentan recuperarlo con el fin de repetirlo ya que las imágenes del pasado solo revolotean: «El pasado solo puede ser aprehendido como una imagen que relampaguea en el instante en que puede ser reconocida y nunca vuelve a ser vista» (Benjamin, 2007, V). Por otra parte, como subraya Benjamin, la imagen del pasado puede pasar deprisa en un momento de peligro.

En el momento en que la tecnología de la retórica pragmática crea los medios electrónicos para una difusión masiva y monológica de imágenes y anuncios, pasan fugazmente las imágenes pasadas de la retórica. Estas imágenes pueden incluir los momentos más conformistas de la historia de la retórica: jóvenes atenienses a quienes se les enseña a argumentar los derechos de la propiedad, Quintiliano a sueldo del tiránico Domiciano, san Agustín abogando por un sistema de persuasión para difundir la verdadera fe, etc. La lista se podría ampliar para mostrar de qué modo las técnicas de la retórica se han elaborado y adaptado a lo largo de la historia para adaptarse a la pragmática de las relaciones de poder existentes. Sin embargo, también otra imagen pasa como un rayo: la de los diálogos socráticos. En esta imagen resulta posible discernir otro mensaje. En este caso, el instante que pasa fugazmente es uno que contiene en sí mismo un instante pasado. Cuando Platón escribió el *Menón*, Sócrates había sido ejecutado y a Protágoras le habían desterrado; el diálogo era el recuerdo de un sueño de tiempos más felices. Ánito, el fiscal histórico de Sócrates, no hace una entrada inocente en el *Menón*. Platón, de forma significativa, presenta a Ánito de una manera diferente que al resto de personajes, pues este no solo se niega a discutir con Sócrates sino que repite airadamente sus prejuicios. De este modo, la imagen recuerda una crítica a una época actual, que ya no fomentaba la libre argumentación.

En la actualidad, la preservación de esta crítica es importante ya que el presente ha sido testigo de la erosión de las esperanzas optimistas de progreso. Ya no hay confianza en que la historia avance en su camino con toda la constancia de un motor de balancín victoriano hacia un futuro cualitativamente mejor. La secuencia de la historia no transcurre con un patrón de orden solar, sugiriendo que la mañana del feudalismo y la tarde del capitalismo serán naturalmente seguidas por la noche perfecta del comunismo. En estas circunstancias, la recuperación de momentos pasados, o el nuevo renacimiento de lo antiguo, no tiene por qué ser puramente nostálgico. Puede transmitir una retórica que exprese esperanza, crítica y, sobre todo, argumentación. Pueden mirar hacia atrás, pero su objetivo no es celebrar el pasado en un sentido simple, sino «cepillar la historia a contrapelo» (Benjamin, 2007, VII).

Referencias

Aristóteles (2022). *Retórica. Madrid: Gredos.*
Aristóteles (2012). *Tópicos.* Bogotá: Universidad Nacional de Colombia.
Bacon, F. (1858). *Of the dignity and advancement of learning.* Londres: Longman.
Barthes, R. (2009). *La aventura semiológica.* Barcelona: Paidós Ibérica.

Bazarman, C. (1987). Codifying the social scientific style: the APA Publication Manual as a behaviourist rhetoric. En J. S. Nelson, A. Megill y D. N. McCloskey (eds.), *The rhetoric of the human sciences* (pp. 125-144). Wisconsin: University of Wisconsin Press.

Benjamin, W. (2007). *Tesis sobre la filosofía de la historia.* Valencia: L'Ateneu de Benimaclet.

Billig, M. (1987). *Arguing and thinking: a rhetorical approach to social psychology.* Cambridge: Cambridge University Press.

Billig, M., Condor, S., Edwards, D., Gane, M., Middleton, D. y Radley, A. (1988). *Ideological dilemmas: a social psychology of everyday thinking.* Londres: Sage.

Blair, H. (1825). *Lectures on rhetoric and belles lettres.* Londres: T. Cadell.

Burke, K. (1962). *A rhetoric of motives.* Cleveland: Meriden Books.

Campbell, G. (1963) *The philosophy of rhetoric.* Carbondale: Southern University Press.

Caxton, W. (1899). Mirror and description of the world. En F. I. Carpenter y L. Cox (ed.), *The arte or crafte of rhethoryke.* Chicago: University of Chicago Press.

Cicerón (1997). *La invención de la retórica.* Madrid: Gredos.

Coleridge, S.T. (1845). General Introduction: preliminary treatise on method. En *Encyclopedia Metropolitan.* Londres: Fellowes.

De Quincey, T. (1861). Rhetoric. En *Letters on self-education* (pp. 335-414). Londres: James Hogg and Sons.

Dion Crisóstomo (1939). On training for public speaking. En *Works* (vol. 2). Londres: Loeb Classical Library.

Fénelon, F. (1795). *Carta escrita a la academia francesa sobre la elocuencia, la poesía, la historia.* Madrid: Ramón Ruiz.

Grassi, E. (2015). *Retórica como filosofía.* Barcelona: Anthropos.

Habermas, J. (2010). *Teoría de la acción comunicativa: racionalidad de la acción y racionalización social. Crítica de la razón fuincionalista.* Madrid: Editorial Trotta.

Habermas, J. (2008). *El discurso filosófico de la modernidad.* Madrid: Katz.

Manwaring. E. (1968). *Institutes of learning.* Menston: Scolar Press.

McCloskey, D. N. (1986). *The rhetoric of economics.* Brighton: Harvester.

Marx, K. y Engels, F. (2014). *La ideología alemana.* Madrid: Akal.

Monboddo, Lord (1967). *The origin and progress of language* (vol. 6). Mensoton: Scolar Press.

Nelson, J. S., Megill, A. y McCloskey, D. N. (1987). *The rhetoric of the human sciences.* Wisconsin: University of Wisconsin Press.

Perelman, C., y Olbrechts-Tyteca, L. (2015). *Tratado de argumentación. La nueva retórica.* Madrid: Gredos.

Platón (1971). *Gorgias.* Harmondsworth: Penguin Books (p. 457). [Platón (2014). *Gorgias.* Madrid: Rialp.]

Platón (1929). *Five dialogues of Plato bearing on poetic inspiration* (vol. 3, p. 267). Londres: Everyman Library. [Platón (2020). Fedro. En *Diálogos* (vol. 3). Madrid: Gredos.]

Quintiliano (1921). *Institutes of Oratory.* Londres: Loeb Classical Library, V, xiv, p. 32 [Quintiliano (1887). *Institutio oratoria,* (vol. 2, xx). Madrid: Librería de la Viuda de Hernando.]

Séneca el Viejo (1974). *Controversiae.* Londres: Loeb Classical Library, I, prefacio, p. 6 [Séneca el Viejo (2005). *Controversias (libros VI-X): Suasorias.* Madrid: Gredos.]

Smith, A. (2021). *Lecciones sobre retórica.* Oviedo: KRK Ediciones.

Vickers, B. (1988). *In defence of rhetoric.* Oxford: Clarendon Press.

Whately, R. (1963). *Elements of rhetoric.* Carbondale: Southern University Illinois Press.

Índice onomástico

Otros títulos publicados

El imperativo relacional
Recursos para un mundo
al límite
Kenneth J. Gergen

**Practicando la terapia
como construcción social**
*Sheila McNamee, Emerson
F. Rasera y Pedro Martins*

El entramado
El apuntalamiento técnico
del mundo
Christian Ferrer

Los estudios culturales
Fredric Jameson

Apocalipsis
Karl Kraus

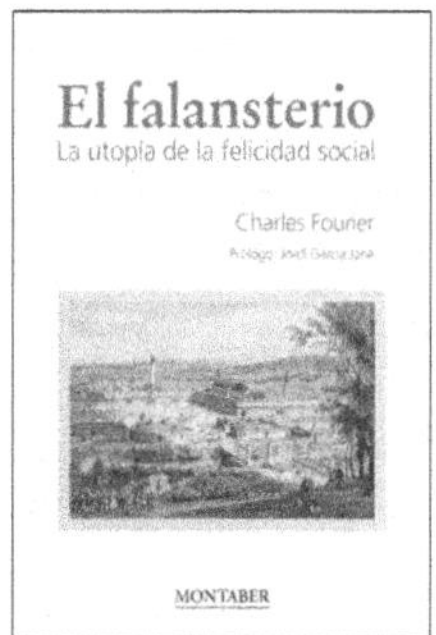

El Falansterio
La utopía de la felicidad social
Charles Fourier

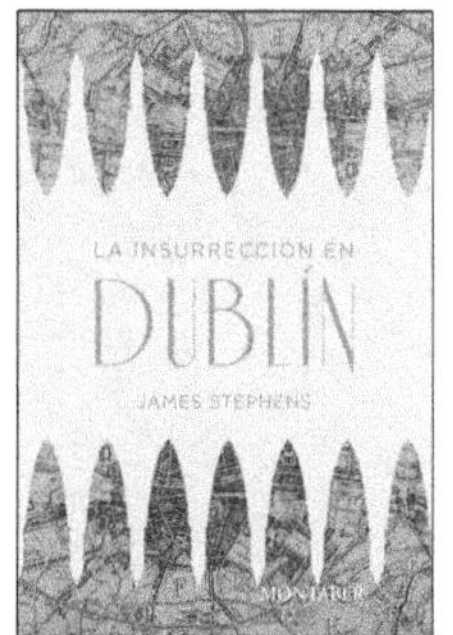

La insurrección en Dublín
James Stephens

Adaptación a utopía
Daniel Yacubovich

**El fin de las pequeñas
historias**
Eduardo Grüner

MONTABER   Brutau, 160 – 08203 Sabadell (Barcelona) – Tel. +34-931 429 486 – montaber@montaber.es – www.montaber.es